천 개의 혀를 가진 시의 언어

정끝별 _ 나주에서 태어나 이화여대 국문과 및 동 대학원을 졸업했다.
1988년 『문학사상』 신인발굴 시부문에 「칼레의 바다」 외 6편의 시가 당선되어 등단하였다.
1994년 『동아일보』 신춘문예 평론부문에 당선된 후 시쓰기와 평론 활동을 병행하고 있으며,
2008년 현재 명지대 국문과 교수로 재직중이다.
지은 책으로 시집 『자작나무 내 인생』, 『흰 책』, 『삼천갑자 복사빛』,
시론·평론집 『패러디 시학』, 『천 개의 혀를 가진 시의 언어』, 『오룩의 노래』,
여행산문집 『여운』, 『그리운 건 언제나 문득 온다』와
시선평론 『시가 말을 걸어요』, 『밥』 등이 있다.
시 「크나큰 잠」으로 제23회(2008) 소월시문학상 대상에 선정되었다.

초판 1쇄 인쇄 2008년 5월 15일
초판 1쇄 발행 2008년 5월 20일

지은이 정끝별 펴낸이 공홍 펴낸곳 케포이북스 출판등록 제22-3210호
주소 서울시 서초구 서초동 1599-2 엘지에클라트 302호
전화 02-521-7840 팩스 02-6442-7840 전자우편 kephoibooks@korea.com

값 17,000원 ⓒ 정끝별, 1999, 2008
ISBN 978-89-960412-1-4

이 도서의 국립중앙도서관 출판시도서목록(CIP)은 e-CIP홈페이지(http://www.nl.go.kr/ecip)에서 이용하실 수 있습니다.
(CIP제어번호 : CIP2008001533)

잘못된 책은 바꾸어드립니다.
이 책의 저작권법의 보호를 받는 저작물이므로 무단전재와 복제를 금하며, 이 책의 전부 또는 일부를 이용하려면
반드시 사전에 저작권자와 케포이북스의 동의를 받아야 합니다.

정끝별 평론집

천 개의 혀를 가진 시의 언어

| 다시 펴내며 |

그러니까 1994년 벽두였다. 문학평론가라는 '레떼루'를 부여해 준 지면에 당선소감을 쓰며 나는 이렇게 고백했다.

아프리카에서는 사람들이 열병에 걸리면 무조건 앞을 보고 전속력으로 뛰게 한다고 한다. 병이 쫓아오지 못하도록 병보다 더 빨리 달아나면 된다고 생각하기 때문이란다.

특히 지난 한 해 견딜 수 없는 조바심을 앓았다. 조바심으로부터 벗어나기 위해 뛰다 보니 덜컥 여기다. 세상을 유혹해보려는 욕망, 세상에 발견되려는 욕망에 그 병의 뿌리가 있었던 것 아닌가. 부끄럽다.

내가 경계하는 것은 이등품이 일등품의 대우를 받게 되는 메커니즘이다. 그러나 더 두려워하는 것은 이등품 스스로가 일등품으로 행사하는 자기기만이다.

평론을 한다는 의식은 없었다. 지금도 그렇다. 나는 단지, 언제나 내 삶의 한가운데서, 갈망의 대상이지만 결핍으로 나를 충만케 했던 시와 문학을 내 방식대로 읽어내고 기록했을 뿐이다. 앞으로도 그럴 것이다.

이 글을 쓴 지 햇수로 무려 14년이 지났다. 세상도 사람도 인심도 언어도 선뜻선뜻 변했지만 그래도 구석구석을 들여다보면 변하지 않는, 변하지 못하는 것들도 있다. 1994년의 평론 '당선소감' 그 이후로부터 1999년 3월 첫 평론집의 '책머리에'를 쓸 때까지, 그리고 다시 10여 년이 흐른 지금 첫 평론집의 평론들을 다시 읽는 내내 들었던 생각이다.

무조건 그리고 무서워서 달아나듯이 달렸던 두 다리의 페달이 좀 느슨해지긴 했지만 습관의 다리는 여전히 달려야 될 것만 같아 종종 페달을 밟아보곤 한다. 페달을 밟는 힘은 또 번번이 세상을 유혹하거나 세상에 발견되고 싶은 욕망이다. 많고 많은 저명著名과 허명虛名의 경계에서, 내가 경계하는 것은 내 스스로의 자기도취와 자기기만이다. 비평을 한다는 사명감이나 그 사명감의 왜곡된 짝패인 비평적 권위의식은 지금도 없다. 예나 지금이나 시쓰기의 한가운데서 시를 읽고 시를 해석하고 있을 따름이다. 시를 쓰는 일이 더 좋지만 남의 시를 읽는 일 또한 좋다. 좋은 시를 만나면 여전히 가슴이 뛰고, 연애 편지를 쓰는 마음으로 그 뛰는 가슴을 풀어내 들여다보고 어루만지고 싶어지곤 한다. 앞으로도 그럴 것이다. 그러니 내가 쓰고 싶은 평론은 아직 태어나지 않았다고 믿고 싶다. 그때와 지금이 이렇게 변했고 또 이렇게 변하지 않았다.

'첫'에 대한 촉수는 늘 특별하다. 조숙함을 가장한 미숙함과, 다스리지 못한 과도한 열정과, 명명되지 않는 설렘과, 화인火印 같은 최초의 등록, 분류되기 직전의 착종 등이 맨 처음이라는 '첫'에 딸려오는 아우라들이다. 이 책,『천 개의 혀를 가진 시의 언어』는 내 '첫' 평론집이다. 그만큼 이 책에 가지는 애정은 애틋한 그 무엇이다. 12편의 평문들 모두 이런저런 이유로 열정에 사로잡혀 썼던 글들인바, 여기서 다루고 있는 시의 주술성, 영화적 상상력, 에로시티즘과 여성성, 희극적 상상력, 신세대의 시쓰기 전략, 죽음, 패러디, 알레고리, 그로테스크, 반복의 미학 등은 지금도 관심 있는 화두들이다. '첫' 평론집을 받아보신 후 따뜻한 밥 한 그릇을 사주시며 "시인이 쓰는 평론은 자기 시론이어야 해"라고 일갈하셨던 스승의 가르침을 통해 내가 가야 할 평론의 길을 뒤늦게 깨닫기도 했다.

오래 전에 절판되었던 첫 평론집에 아쉬움을 품고 있던 터에 다시 내주겠다는 행복한 제안을 받았다. 대부분의 출판사들이 꺼리는 평론집을, 그것도 이미 다른 데서 나왔던 평론집을 재출간해 준 케포이북스에 감사의 마음을 전한다. 말이 개정판이지 오자와 오문 이외에는 크게 고치지 않았다. 좀더 쉽게 읽히기를 바라는 마음에서 한자를 조그맣게 나열했고, 긴 문단과 문장들은 분절시켰으며 더러는 빼기도 했음을 밝혀둔다. 다시 빛을 보게 된 글들이 시간의 침식과 부식을 잘 견뎌내주기를 바라는 마음이다.

| 책머리에 |

 시가 병들었다고 여겨 온 것은 어제 오늘의 일이 아니다. 의원이 처방을 버리고서 병을 치료할 수 없듯 시는 비평을 버리고서는 흠을 제거할 수가 없다고 일갈한 이는 홍만종(1643~1725)이었다. 병든 언어를 치유할 수 있는 가장 적확한 처방이야말로 모든 비평의 이상일 것이다. 그러나 모든 약제가 그렇듯이 비평 또한 치유제이면서 동시에 독약이고 마약이다. 병든 언어를 치유해주기도 하지만, 말짱한 언어를 병들게 하거나 병은 덮어둔 채 그 고통만을 잊게 하기도 한다.
 여전히 비평가들은 시의 머리맡에 옹색스레 모여 앉아 맥을 짚어가며 각종의 처방을 내린다. 어떤 비평가의 눈에 시는 이미 죽었으며 또 어떤 비평가의 눈에는 죽어 가고 있다. 혹간의 비평가에게 시란 결코 죽지 않는 불멸의 상징이기도 하다.
 하지만 나는 아직 치유에 이르는 처방에 이르지 못하고 있다. 비평가이기에 앞서 시인을 꿈꾸었고 그 꿈을 실현하기 위한 과정으로 비평을 하고 있는 나는, 시인으로서 체험했던 시적 경험에서부터 다른 시인들의 언어를 읽어내고 싶었다. 때문에 그들의 언어가 앓고 있는 상처나 병보다는 아픔이 먼저 보였고, 그 아픔을 이해하고 공감하다 보니 감동과 격려의 언어들이 더 동원되었다. 동병상련同病相憐했을 것이다.

 사람마다 개성이 있듯 모든 언어에도 저마다의 향기와 무늬가 있다는 것은 나의 오랜 믿음이다. 때문에 나의 비평적 화두는 늘 어떠한 독법이 그 시인의 언어를 가장 잘 드러내 줄 수 있을까 하는 것이었다. 결과적으로 얻은 것은 꼼꼼하고 다양한 시읽기였다. 시 자체가 '천 개의 혀'를 가진 무한한 언어의 가능성을 가지고 있다는 믿음이 시읽기의 방식 또한 그에 걸맞는 '천 개 이상의 혀'를 가진 언어여야 한다는 보다 열린 비평적 태도로 이어진 것이리라.

 원숭이가 나무에 높이 올라가면 갈수록 그의 추한 엉덩이는 잘 보인다고 한다. 첫평론집을 엮으면서 나는 불안하다. 남루한 궁둥이는 아랑곳없이 제 홍에 겨워 나무를 오르는 원숭이 격은 아닌지…….

| 차례 |

다시 펴내며　　　　　　　　　　　　　　　　　　　　5
책머리에　　　　　　　　　　　　　　　　　　　　　9

제1부

시의 주술성과 시인의 운명적 선택　　　　　　　　17
1 사유의 전능성과 언어의 주술성　　　　　　　　　17
2 예기치 않은 죽음을 부르는 투명한 응시　　　　　24
3 비극적 선택을 기다리는 날 선 언어　　　　　　　31
4 예견된 죽음 앞에 선 허무와 요설　　　　　　　　38
5 운명적 부름에 대항하는 오르페우스의 노래　　　45

영화에서 상상력을 베끼는 시인들을 믿느냐　　　48
1 세계는 한 편의 영화로 찍히기 위해 존재한다?　　48
2 '몬타-쥬'와 '영화시'의 원조元祖　　　　　　　　53
3 카메라 시선과 편집 방법의 차용　　　　　　　　57
4 시적 영감과 마술적 이미지를 자아내는 한 컷, 한 쇼트　63
5 '환각과 환멸의 도플갱어'를 찾아　　　　　　　　66
6 실연實演과 연기演技의 '막膜'이 찢기다니!　　　　70
7 영화에서 상상력을 베끼는 '유나버머'들?　　　　74

에로티시즘과 여성의 성性 ... 77
1 여성의 성性, 여성의 언어 ... 77
2 죽음에 이르는 에로티시즘의 욕망 ... 83
3 모성과 관능의 현현으로서의 여성의 성性 ... 88
4 물화된 욕망과 여성 성性의 자기인식 ... 92
5 세계를 인식하는 에로티시즘의 힘 ... 100

웃기는 날들의 희극적 상상력 90년대 젊은 시인들의 웃음 ... 105
1 궤변과 과장의 공격적 풍자 ... 107
2 포용과 여유의 해학 ... 111
3 전도顚倒된 난장의 웃음 ... 116
4 언어유희와 패러디의 웃음 ... 120
5 고백적 자기폭로의 희화화 ... 125
6 익살과 혐오의 잔혹한 웃음 ... 128

세계를 지연시키는 자기증식의 언어 신세대 시인론 ... 132
1 미끄러짐을 거듭하는 불연속적 치환과 환유 ... 134
2 무서운 유희 혹은 허구와의 싸움 ... 139
3 그들만의 유토피아와 단편화된 알레고리 ... 146
4 주체의 소멸과 분열증적 시쓰기 ... 151

'단 하나의 죽음'을 향한 시의 욕망들 ... 158
1 사물-존재의 내밀한 설렘과 속삭임 ... 160
2 비리고 난폭한 결빙에의 경련과 충동 ... 167
3 비움의 정화를 향한 생략 혹은 침묵 ... 174

제2부

서늘한 패러디스트의 절망과 모색 **오규원론**   183
1 방법적 전략으로서의 패러디   183
2 '안녕'한 시대의 반성적 시쓰기―대화성·자기반영성   187
3 관념화된 언어 뒤집기―관습화·자동화된 반응에 대한 부정   191
4 관념화된 언어 끌어 모으기―텍스트의 정당성에 대한 부정   201
5 기능화된 언어의 방법적 인용―정치적·물질적 욕망의 부정   208
6 서늘한 패러디 정신―부정과 해방을 위한 '기교'   213

구도求道의 신화와 알레고리 시학 **최승호론**   217
1 알레고리적 충동과 변기의 선船·禪·仙   217
2 '환幻'과 '색色'으로부터의 해방―정화의 길   223
3 '자루'로부터의 해방―조명의 길   228
4 '맨홀'과 '눈사람'과의 합일―각성의 길   236
5 '말라가는 변꼭대기'에 앉아―회귀의 길   240

고로古老를 좇는 마음의 풍경 **허수경론**   246
1 '제 사투리'로 말해지는 현실의 안팎   246
2 '당신'들을 향한 '정든 병'   254
3 '경계'를 허무는 '마음의 고로古老'   264

무덤 위에서 덜그럭대는 그로테스크 시학 **남진우론**   272
1 유폐, 몽상, 제의, 그리고 심연   272
2 나르시시즘, 사랑, 죽음, 그리고 시쓰기   287

뱃집 좋은 곡비哭婢의 노래 _{문정희론}   299
1 곡비哭婢의 싱싱한 주술   301
2 사포의 섬, 레스보스의 여전사女戰士   307
3 사랑의 관능성, 그 이중불꽃   315
4 위대한 대모신, 가이아의 여정   320

그리움의 불멸화와 반복의 미학 _{안도현론}   326
1 그리움을 불러내는 반복의 노래   326
2 통일과 민중을 향한, 의미 강조와 정서의 고양   329
3 '그대'를 향한, 산문화된 나열과 열거   334
4 자연과 생명을 향한, 의미 유보와 여백   339

제1부

시의 주술성과 시인의 운명적 선택

죽음이 우리를 찾아오기 전에,
우리가 먼저 그 비밀스런 죽음의 집을 향해 달려간다면

1 사유의 전능성과 언어의 주술성

이자벨 아자니의 「뱀파이어」는 흔한 드라큐라 영화였다. 그러나 한 백 년쯤 알코올에 담겨진 듯 탈색된 얼굴의 드라큐라가, 죽지 못한 채 견뎌야 하는 헛된 나날이 바로 죽음보다 더한 심연이라고 고백할 때, 사랑의 부재야말로 견딜 수 없는 고통이라고 독백할 때, 공포와 혐오의 대상이 되어야 할 그는 한없이 처연했고 연민스러웠다. …… 내게 필요한 죽음을 주오……. 그가 갈망했던 것은 무의미한 일상의 삶이 아닌 죽음이었고, 죽음을 부르는 사랑이었다. 그는 결국 사랑을 선택했고 동이 틀 때까지 사랑을 품은 대가로 죽는다. 이 드라큐라의 독백은 마야코프스키의 "이 세상에서 / 죽는다는 건 어렵지 않네 / 그보다 더 힘든 것은 / 사는 일"이라는 시구절을 연상케 한다. 마야코프스키의 이 시구절은, 스스로 목을 매닮으로써 자신의 생을 마감한 에쎄닌의 죽음에 부쳐진 것이다. 마야코프스키 역시 권총 자살로 생을 마감했는데, 그의 죽음 옆에는 "릴리, 나를 사랑해주오'라며 한 여인의 사랑을 간구한 짧은 유서만이 남아 있었다. 에쎄닌과 마야코프스키의 언어 속에는 드라큐라의 드라마, 즉 죽음과 죽음을 부르는 사랑이 배어있다.

죽음은 삶 속에 편재한 본능이다. 죽음에의 욕망, 그것은 삶 이전의 상태로 돌아가려는 구심적 본능이자 삶의 끝을 확인하려는 원심적 본능이다. 그것은 억압된 무의식에 잠재되어 있다가 어떤 비극적인 자각이 이루어질 때 의식의 헐거워진 틈새를 뚫고 삐져나온다. 가장 비극적인 순간에 우리는 그것보다 더한, 죽음이 수반하는 고통, 죽음이 초래하는 삶과의 단절, 삶의 아름다움과 기억과 힘의 소멸 등을 환기함으로써 그 순간을 위안받으려 한다. 뿐만 아니라 죽음은 언어의 한계다. 결핍 그 자체인 인간의 욕망은 죽음에 의해서만 충족된다. 아니 중단된다. 삶에서는 결코 채워질 수 없는 욕망을 담아내는 그릇이 언어이고 그 욕망을 환기하는 촉매제가 바로 언어이다. 이처럼 욕망과 언어의 관계는 몸과 마음의 관계처럼 서로의 존립기반이기에 언어의 부재는 곧 존재의 부재이자 욕망의 부재다. 무無이자 죽음이다. 따라서 죽음의 세계에 맞서거나 죽음이라는 존재 자체를 망각하기 위해, 또한 죽음과 독대하거나 죽음을 넘어서기 위해 언어는 발화發話된다.

일단 언어화한다는 것은, 언어가 지시하는 대상을 지금 여기로 불러내는 동시에 그 대상이 실제로 그렇게 되도록 하는 '숨겨진 힘'을 부여하는 일이다. "태초에 말씀이 있었다"라는 우주 창조를 위한 말씀이나 "말이 씨가 된다"는 속담은, 말이 상상이나 신념과 같은 인간 내면의 정신적인 현상을 실제 현상으로 현존케 하는 불가사의한 영향력을 가지고 있다는 믿음에 그 뿌리를 두고 있다. 자신의 노랫말처럼 자신의 삶이 되더라는 대중가수들의 심심찮은 고백 또한 마찬가지다. 이같은 언어의 힘을 우리는 '언어가 가진 주술성'이라 할 수 있겠다.

언어의 주술성은 흔히 사물에 생명력을 불어넣는 어떤 영적인 힘을 가진 것으로 인식된다. 그러한 힘은 말소리들, 특이한 율동, 반복과 같은 발화 형식 자체가 불러일으키는 경우도 있고, 기표signifier와 기의signified 사이의 불가분성에 대한 믿음에서 비롯되는 경우도 있다. 여기에는 분명히 주술적 사고 혹은 신화적 사고라고 부르는 사유의 원리가 작용하고 있는데, 프로이트는 이를 '사유의 전능성the omnipotence of thoughts(단지 생각하는 것만으로도 외부세계를 변화시킬 수 있다고 믿음으로써 관념적 결합관계를 실제적 결합관계로 착각하는 주술적 원리)'으로 설명하고 있다. 이를테면 어떤 사람을 생각하면 때마침 그 사람을 만나게 된다거나, 오랫동안 소식이 끊긴 사람의 안부를 묻게 되면 어김없이 그 사람이 죽었다는 비보를 듣게 된다거나, 어떤 사람을 향해 저주를 하면 그 사람에게 불행이 닥치게 된다고 믿는 경우를 말한다.

이러한 사유 형식은 삶의 행위(의식 일반)와 예술의 행위(미의식)가 분리되지 않았던 시대의 산물로서, 현실의 변화가 실제로 일어난다고 믿는 주술적 환상과 뒤얽혀있다. 라캉의 용어를 빌리자면 자신의 욕망과 언어의 욕망을 일치시키는 상상계에 해당될 것이다. 오늘날에는, 충족될 수 없는 욕망을 창작품이라는 매개를 통해 유사충족으로 승화시키려는 예술의 영역에서만 이 사유의 전능이 유지되고 있다는 프로이트의 지적은 주목할 만하다. 특히 부재하는 대상을 지금 여기에 현존케 하는 시인의 언어는 가장 전형적이고 강력한 사유의 전능성을 가지고 있다. 시라는 장르 자체가 가진 직관·정서·통찰·서정·리듬·은유와 상징 따위야말로 언어가 가진 주술성을 배가시키는 강력한 요소들이다.

언어의 주술성과 죽음, 이 둘의 연관성을 얘기하기 위해 에둘러 왔다. 언어의 힘은 사실 언어 그 자체로부터 비롯된다기보다는 언어에 관한 인간의 선택이나 결단으로부터 생기는 것일 게다. 결단이나 선택의 주체가 바로 인간이고 그 결단과 선택에는 인간의 욕망이 반영되기 때문이다. 그런 언어의 힘을 가장 잘 사용했던 사람이 옛날에는 제사장이나 무당이었다면 오늘날에는 시인일 것이다. 그들은 언어가 가진 음률과 위엄이 얼마나 큰 힘을 발휘할 수 있는지, 그러한 언어가 모든 사물의 내면에 얼마나 깊이 내면화될 수 있는지를 잘 알고 있는 자들이다. 그리고 존재의 심연과 대면하는 것을 두려워하지 않는 자들이다. 그들은 최상의 언어에 의지해 존재의 한계이자 언어의 한계인 죽음의 심연을 들여다보는 운명적인 나르시스트에 다름 아니다.

이러한 언어의 주술적 힘은 우리 시가의 전통 속에서도 쉽게 확인된다. '참요讖謠'로 불렸던 「구지가龜旨歌」를 비롯해 몇몇 향가나 고려가요는 물론, 특히 오늘날의 시비평에 해당하는 시화詩話에서 죽음의 예감이나 전조를 형상화한 경우에 사용되었던 '시참詩讖·참언讖言·예언豫言' 등의 용어에서 살펴볼 수 있다. 여기서 '참讖'은 신탁이나 하늘의 계시, 꿈의 예시, 이상한 징조 및 기타 예언과 같이 미래의 징험을 약속하거나 말로 '그렇게 될 것'을 확신하는 글자다. 유몽인의 『어우야담』 한 구절을 보자.

> 뜰의 진흙에 잘려진 지렁이 가로놓여 있고,
> 벽에 햇빛이 비치니 겨울파리 모여든다.
>
> 그의 친구 이준영은 문인이다. 늘 그 묘함을 칭찬하면서도 그 궁함을 싫어했는데, 뒤에 과연 등과登科한 지 얼마 안 되어 죽었다. 대개 '뜰의 진흙庭泥'과 '잘려진 지렁이斷蚓'는 천하게 될 것이라는 참언이고, '벽에 햇빛壁日'과 '겨울파리寒蠅'는 요절할 징조라는 것이다. 나는 수찬 윤계선과 더불어 시인 윤효원尹孝源의 집에서 간단히 술을 한 적이 있었다. 윤계선이 즉석에서 시를 지었는데, 그 한 연은 이렇다.
>
> 천리 밖에 벼슬살이하니 단맛은 다했고,
> 세상사는 봄날 지는 꽃잎처럼 바쁘다.
>
> 좌중의 사람들이 모두 아름답다고 칭찬하였으나, 나는 말하기를, "나이 어린 사람이 어찌 이런 말을 짓는가?"라고 하였다. 과연 오래지 않아 요절하였다.
> 아! 시라는 것은 性情성정의 虛靈허령함에서 나오기 때문에 먼저 天요와 賤천을 안다. 그래서 생각이 솟아나 그렇게 하지 않으려 해도 그렇게 되는 것이니, 시가 능히 사람을 궁하게 하는 것이 아니라, 궁하기

때문에 시가 절로 이와 같은 것이다. 다만 재주 있는 사람은 하늘이 또한 시기하지만 세상 사람에게 또 무슨 허물이 있겠는가? 슬프다.

―『시화총림』(하), 홍만종(저), 허권수·윤호진(역), 까치, 1993, 101쪽

위의 글에서 우리가 초점을 맞춰서 보아야 할 곳은 언어로서의 '참언'과 삶으로서의 '요절'을 맞물어 설명하는 부분이다. 더불어, 시는 자연스러운 성정의 발현이기 때문에 궁한 상황에서 궁한 언어는 절로 솟아나는 것이고[1] 하늘은 그러한 언어의 비밀을 알아버린 시인들을 시기하기 때문에 요절케 한다는 마지막 문단도 시사하는 바 크다.

인간이란 언젠가는 죽을 운명이다. 따라서 모든 인간은 막연할지언정 자신의 죽음을 예감한다. 더군다나 예술이란 자아를 떠나서는 존재할 수 없기에 모든 예술의 궁극적 관심사는 필연적으로 자아의 끝, 죽음일 수밖에 없다. 그러한 존재론적 운명을 시인들이 놓칠 리 없고 그들의 시에서 이러한 존재의 소멸 혹은 사라짐을 암시하는 구절을 읽어내기란 쉬운 일임에 틀림없다. 게다가 죽음의 전조와 예감을 찾아내려는 이러한 논의가 그리 생산적이거나 과학적인 작업이 아닐 뿐더러, 허구화된 텍스트 안의 죽음을 텍스트 밖의 죽음과 연결시키고자 하는 견강부회를 범할 수도 있을 것이다.

---

[1] 언어가 삶을 이끈다는 데 초점을 맞춘 '시가 시인을 곤궁하게 한다[詩之能窮人]'는 주장과, 삶에서부터 언어가 비롯된다는 데 초점을 맞춰 '인간이 곤궁하기에 시가 공교해진다[窮者而後詩工]'는 주장은 한시의 오랜 쟁점이다. 유몽인은 후자의 관점에 초점을 맞추고 있으나, 전자의 관점 또한 간과할 수 없다는 견해에서 이 글은 출발하고 있다.

그럼에도 불구하고 언어의 주술성에 관한 논의가 유효할 수 있는 까닭은 그것이 과학의 영역에 속한 것이 아니기 때문이라는 데 있다. 언어의 주술성은 시인의 실제 삶을 통해서만 검증될 수 있다. 그러나 대부분의 삶은 과학이 미치지 않은 부분에서 시작해 과학을 넘어서는 자리에서 완성된다. 이렇듯 언어가 가진 주술적인 힘은 과학과 이성의 사각지대에서 개화하곤 한다. 그렇기에 더욱, 자신의 죽음을 예감하고 언어화함으로써, 그 징후가 실제화되는 시인들의 언어를 살펴보는 일은 의미 있는 작업이 될 수 있다. 세기말적 죽음의 그림자에 싸여있는 우리 시대의 언어가 위치하는 방위를 점검해 볼 수 있다는 의미에서 특히 그렇다.

여기, 짧은 생을 담보로 예기치 않은 죽음 앞에서 서성였던 시인들이 있다. 삶의 바닥을 들여다볼 수 있는 투명한 예지력을 가졌고 그 예지를 담아내는 언어의 비밀을 알아버렸기에, "불현듯 존재의 비밀을 알아버"(기형도, 「나의 플래시 속으로 들어온 개」)렸기에 신의 노여움을 사 불우한 생을 일찍 마감한 시인들. 죽음의 심연에 사로잡혀 도처에서 죽음을 찾아내고 죽음의 언어로 자신의 운명을 투망했던 시인들. 그 심연에서 건져올려진 이들의 언어행위는 죽음에 대한 성찰이자 죽음을 맞이하는 의사擬似적 제의와도 같다. 그와 같은 언어는 강력한 주술성을 획득하게 되는데, 이때 실제적인 시인의 죽음은 성스러운 언어의 탄생을 위한 육체적 제물이 된다.

그들 삶이 가팔랐기에 그들의 언어가 그토록 캄캄한 죽음의 적막을 향했던 것일까, 그들 언어가 죽음을 불러들였기에 그들의 삶이 그토록 짧았던 것일까. 죽음의 극점을 향해 자신의 불우한 운명을 더듬어가는 시인의 언어, 그들의 눈길과 어조는 어떠할 것인가.

2 예기치 않은 죽음을 부르는 투명한 응시

더 이상의 관계를 허락하지 않은 채 죽음의 벽을 넘어버린 사람에 대한 가장 강렬한 기억은 죽을 때의 이미지일 게다. 따라서 어떤 형태의 죽음을 맞이하느냐에 따라 그의 삶 전체가 평가되는 경우가 많다. 이 글은 시인 기형도의 죽음, 그 기억에서부터 출발한다. 운명의 예시나 전조 같은 것이 있었다는 듯, 89년 봄에 발표했던 그의 마지막 시편들은 도처에서 자신의 죽음을 예감한다. 실제로 그의 죽음은 문예지들이 서점에 깔리고 난 일주일 후쯤에 찾아왔다. 이제 막 개화하려는 스물아홉의 나이에, 삼류 심야극장의 한 귀퉁이에서 맞아야 했던 그의 죽음에 "모든 추억은 쉴 곳을 잃었네"(「그집 앞」), "나를 끌고다녔던 몇 개의 길을 나는 영원히 추방한다"(「그날」), "그는 천천히 얇고 검은 입술을 다문다"(「가수는 입을 다무네」)와 같은 시구절이 없었다면, 실로 그 죽음은 얼마나 어처구니없는 초라함으로 남게 될 것인가. 우연을 필연으로 만들고 있는 이 언어들로 인해 그의 죽음은 '예견'된 것이 되고 신비화되었다. 그의 마지막 시는 죽음의 암시와 비유들로 가득 차 있다.[2]

---

2 자신의 죽음에 대한 예감들이 시인들의 마지막 시들에 응집되어 있다는 사실은 주목해 볼 필요가 있다. 예기치 않은 죽음으로 생을 마감한 시인들의 마지막 시들 중, 김소월의 「三水甲山삼수갑산」, 백석의 「南新義州 柳洞 朴時逢方남신의주 유동 박시봉방」, 김영랑의 「五

사랑을 잃고 나는 쓰네

잘 있거라, 짧았던 밤들아
창밖을 떠돌던 겨울안개들아
아무것도 모르던 촛불들아, 잘 있거라
공포를 기다리던 흰 종이들아
망설임을 대신하던 눈물들아
잘 있거라, 더 이상 내 것이 아닌 열망들아

장님처럼 나 이제 더듬거리며 문을 잠그네
가엾은 내 사랑 빈집에 갇혔네

— 기형도, 「빈집」 전문

    이 시가 주는 감동은 단순한 시형식과 자기 비움의 투명한 응시에 있다. 섬뜩하리만치 차가운 수사 속에 절망의 서사를 즐겨 담았던 그의 시문법과는 상당한 거리가 있어 의아스럽기도 했다. 어릴 적부터 살던 집에서 이사를 계획하고 씌어졌다는 후일담을 참고해서 보자면, 이 시에서 사랑의 대상은 지금껏 시인이 열망했던 대상들이나 그 기억들이 될 것이며, 빈 집이란 실제로 시인이 떠나올 집쯤으로 해석될 것이다. 그러나 일차적으로 이 시는 사랑의 상실을 노래하고 있

月恨오월한」, 윤동주의 「쉽게 씌어진 詩시」, 김수영의 「풀」과 같은 시들이 보여주는 주술적 예언력과 그 언어의 힘은 강력하다. 의성어, 종결어미, 어조, 반복의 형식에서 보여주는 개성적인 시어는, 특히 언어 자체가 불러일으키는 주술적인 힘으로 설명할 수 있을 것이다.

다. 다시는 돌이킬 수 없는 사랑의 상실감이 그렇게 흩어져 소멸할 수밖에 없는 자신의 운명에 대한 예감으로 확대되고 있다.

삶에 대한 지독한 열망의 또 다른 이름이 바로 사랑이었기에 그 사랑의 부재란 죽음과도 같았던 것일까. 시인 기형도가 사랑을 잃었을 때, 그의 삶에서 중요한 의미를 발휘하던 짧았던 밤, 겨울안개, 촛불, 흰 종이, 눈물 들은 '더 이상 내 것이 아닌 열망'이 되고 있다. 사랑의 열망이 사라져버린 그 빈 집이 관棺을 연상케 하는 까닭이 여기에 있다. 그곳에는 끝없는 욕망과 욕망의 결핍에서 비롯되는 수고로움과 피로 따위의, 삶을 향한 모든 열망의 축축함을 비워내려는 견고한 고독과 대지의 고요한 부름이 깃들어 있기 때문이다.

그러한 자기 비움의 투명한 응시가 1, 3연의 '~네'라는 가라앉은 종결어미에 집약되어 있다면, 2연의 '잘 있거라'와 '~아'의 점층적 호격은 정서적 고양과 함께 주술적 힘을 강화시켜 준다. 절제와 고양을 근간으로 하는 이 단순한 리듬과 어조는 예언적 자아에 잘 부합한다. 특히 여섯 번에 걸친 호격은 그의 생에서 가장 의미 있었던 것들을 향한 부름이며 그것들을 떠나보내는 제의적 형식을 띤다. 이 부름은 김소월의 「招魂초혼」을 연상시키는데, 「초혼」이 사랑의 부재를 현존화하려는 고복皐復의식이라면 「빈집」은 사랑의 욕망을 부재화하려는 고별告別의식이다. 잃어버린 것들을 부름으로써 떠나보내고 있다는 점에서 두 시는 같다. 그러나 김소월이 죽음을 삶으로 불러내려 했다면 기형도는 삶을 죽음으로 뛰어넘으려 한 것이다.

마지막 연에서, 문을 잠그는 '나'의 불분명한 위치는 시의 애매성에 기여한다. 밖에서 안을 향해 잠그는 것으로 짐작되기는 하지만

'잠그는' 방향이 모호한 것은 사실이다. 분명한 것은 '내 사랑'으로 지칭되는 삶의 소중한 것들을 가둔다는 것이고 그 행위는 스스로에 대한 잠금이자 감금을 의미한다는 점이다. 휴일의 대부분을 "죽은 자들에 대한 추억에 바치"면서 "때때로 죽은 자들에게 나를 빌려주고 싶어"(「흔해빠진 독서」)하는 시인은 자신의 모든 열망을 빈 집에 유폐시킴으로써 "스스로의 일생을 예언"(「오래된 서적」)한다. 마치 빈 관棺에 자신을 가둠으로써 생 전체를 유폐시켜버리듯이 말이다. 사랑의 욕망을 가둠으로써 사랑의 부재를 받아들이려는 그의 언어는 세계를 자신의 안쪽 깊숙이 끌어들여 순치馴致하고 있다. 그 직관의 언어는 얼마나 투명한 것인지. 삶 전체를 묘파해내는 그의 계시적 언어는 캄캄한 자신의 삶과 운명을 형상화해내려는 그 깊이에 자리 잡고 있다.

> 구름으로 가득 찬 더러운 창문 밑에
> 한 사내가 쓰러져 있다, 마룻바닥 위에
> 그의 손은 장난감처럼 뒤집혀져 있다
> 이런 기회가 오기를 기다려 온 것처럼
> 비닐 백의 입구같이 입을 벌린 저 죽음
> (…중략…)
> 두 명의 경관이 들어와 느릿느릿 대화를 나눈다
> 어느 고장이건 한두 개쯤은 이런 빈집이 있더군,
>
> ─ 기형도, 「죽은 구름」 중

자신의 주검이 놓였던 현장을 미리 검증해 놓은 듯하지 않은가. 여기서도 시인은 주검을 '빈집'으로 묘사하고 있다. 너무 이른 나이에 찾아온 치명적인 실연失戀과 욕망의 자기 비움, 그리고 거기서 비롯되는 조로早老는 그로테스크한 죽음을 담은 언어로 발설되고, 그 언어는 시인의 죽음에 의해 실연實演되고 있다. 죽기 일주일 전쯤 "나는 뇌졸중으로 죽을지도 몰라"라고 말했다던 그의 사인은 뇌졸중으로 추정되었다. 추정! 「빈집」에 가득한 짙은 죽음의 예감은 언제나 '추정'으로 남아있을 게다. 계시적이었던 그의 시의 '안개'처럼 말이다.

언어의 주술적인 힘은 이렇듯 현실적인 실현으로 더욱 강화된다. 예기치 못한 죽음으로 말을 걸어오는 또 다른 언어가 있다.

크고 넓은 세상에
객사인지 횡사인지 모를 한 독신자의 시신이
기나긴 사연의 흰 시트에 덮이고
내가 잠시도 잊어본 적이 없는 사람들이 달려와
지상의 작별을 노래하는 모습 보인다

그러므로 모든 육신은 풀과 같고
모든 영혼은 풀잎 위의 이슬과 같은 것,
풀도 이슬도 우주로 돌아가, 돌아가 — (한××)

강물 위에 떨어지는 빗방울이어라
강물 위에 떨어지는 빗방울이어라

바다로 흘러가는 강물이어라 ― (강××)

(…중략…)

오 하느님
죽음은 단숨에 맞이해야 하는데
이슬처럼 단숨에 사라져
푸른 강물에 섞였으면 하는데요 ― (나)

뒤늦게 달려온 어머니가
내 시신에 염하시며 우신다
내 시신에 수의를 입히시며 우신다
저 칼날 같은 세상을 걸어오면서
몸이 상하지 않았구나, 다행이구나
내 두 눈을 감기신다

― 고정희, 「독신자」 중

    기형도의 「빈집」이 죽기 직전 문예지에 게재되었던 데 비해, 고정희의 「독신자」는 죽은 직후 고인의 책상 위에 정서되어 있던 것이 발견되어 한 일간지에 게재되었다. 자신의 죽음을 은유적이고 상징적으로 예견했던 기형도에 비해, 고정희는 극히 사실적이고 구체적으로 예견하고 있다. 게다가 고정희의 유고시는 그의 실제 죽음과 너무 흡사한 상황이라서 섬뜩한 느낌마저 든다. 고정희가 자신의 삶에서 "죽음의 그림자가 어른거"(「독신자」)리는 것을 직감한 흔적은, 사고 직전 마지막으로 발표했던 "사십대 이랑에 들어서면 / 가야 할 길이 멀지 않다는 것을 안다 / 방황하던 시절이나 / 지루하던 고비도 눈물겹게 끌어안고 / 인생의 지도를 마감해야 한다"(「사십대」)는 구절들에서도 확인된다. 마흔이라는 나이가 "인생의 지도를 마감해야 할" 시기는 아니다. 강철같던 투지로 여성운동과 민중운동에 몸 바쳤던 그가 마흔셋의 나이에 서늘한 '죽음의 그림자'를 볼 수밖에 없었던 그 내면의 풍경은 얼마나 황량했을 것인가. '이승의 서러움'이나 '제 생애만한 쓸쓸함', '내 사랑의 눈물' 따위로 짐작할 수밖에 없는 '삶의 무게'는 독신녀의 '철 없는 마흔'의 나이로는 감당하기 어려운 '멍에'(「무너지는 것들 옆에서」)였던 것일까. 죽음이 그 모든 서러운 무게를 융융融融히 품어줄 것이라 꿈꿨던 것일까.

특히 지리산 한 정상에서 의문의 추락사를 맞이했던 그의 현실적인 죽음으로 소급해 갈 때, "객사인지 횡사인지 모를 한 독신자의 시신"이나 "죽음은 단숨에 맞이해야 하는데"와 같은 구절은 얼마나 끔찍스럽게 일치하고 있는지. 그리고 죽음을 맞이한 장소가 살아생전 매년 그곳을 찾지 않고는 못 견딜 정도로 좋아했던 '지리산 뱀사골'이었다는 점과 "내 삶의 무게 받아 / 능선에 푸르게 걸어주네, 산"(「서시」)(작고하기 6개월 전에 상재했던 『아름다운 사람 하나』에 수록)과 같은 구절을 염두에 둔다면, 그의 시가 가진 예언력은 한층 증폭된다. 아니, 발설됨으로써 효력을 발휘하는 언어의 주술적인 힘을 입증해 준다. 또한 시 중간에 '한××', '강××'와 같은 지인知人의 입을 빌려 자신의 주검을 향해 기원했을 법한 말들을 삽입한 부분은, 마치 씻김굿이나 진오기굿에서 죽은 넋이 무엇으로 환생할지를 점치고 나아가 죽은 넋의 부정을 씻어주어 극락왕생을 기원하는 무당의 언어를 재현한 듯하다. 이러한 형식 또한 주술적인 힘을 발휘하게 한다.

기형도와 마찬가지로, 고정희 또한 지리산으로 떠나기 전날 지인들에게 '누가 내 무덤 위의 풀들을 깎아줄까?", "내 죽으면 화장을 해서 강물에 뿌려주었으면 좋겠어"라고 얘기했다 한다. 그같은 예감의 언어란 얼마간은 시인의 삶으로부터 생겨날 것이다. 시인의 삶의 질서 혹은 운명의 기운이 오랜 시간에 걸쳐 몸에 배어날 때 예감으로 포착될 것이리라. 그러나 예감은 언어화됨으로써만 유효하다. 예감의 언어가 예기치 않은 죽음을 불러들일 때 그 언어는 '참언'이 되는 것이며 예언력과 주술의 힘 또한 강화되는 것이다.

3 비극적 선택을 기다리는 날 선 언어

현실을 향한 결핍감은 결핍을 메워줄 수 있는 그 무엇에 대한 욕망을 낳는다. 그러나 늘 결핍으로 일그러진 불완전한 현실과 완전한 욕망 사이의 심각한 불화는 때로 죽음을 선택하는 진정한 이유가 되기도 한다. 그런 의미에서 정도의 차이는 있을지언정, 죽고 싶고, 죽이고 싶고, 죽음을 당하고 싶은 본능적 욕망이 혼재해 있는 인간은 누구나 자기 나름의 방식으로 죽고 있는 셈이다. 현실과 욕망 사이의 심연과 같은 간극에 직면해 자살이라는 극단적인 자기파멸에 전 존재를 내맡겨버린 시인들의 언어가 있다.

그대는 잘 알고 있다. 들판은 결코
그대의 뿌리를 받아들이지 않는다.
김을 매다가 자칫 그대 자신이
잘못 뽑아버린 스스로의 뿌리,
들판은 어차피
그대 목숨의 뿌리를 받아들이지 않는다.

죽음 같은 잠뿐이다. 남은 것은
다박솔 숲 속을 찾아가는 그대의 虛飢허기
새의 둥지를 빌리는 잠뿐이다.

그러나 그대는 잠을 청하면
꿈은 마침내 혼자만의 밤,
혼자만의 잠에서 마저 떠나고 만다.
멀리 멀리 떠나고 만다.

그대는 죽은 꿈의 棺관일 뿐이다.

— 김만옥, 「春窮춘궁」 중

김만옥이라는 이름은 우리에게 생소한 편이다. 76년 스물아홉의 나이에 농약을 마시고 죽음을 결행한 시인. 무엇이 자발적인 죽음을 부른 것일까. "어디론지 / 떠나야 할 사람과 // 이제는 / 돌아 올 사람들"(「驛역」)이 모여 있는 현실 속에서, "草家초가를 둘러 치고 / 저리 높이 쌓인 가난"(「돌담 안팎」)을 껴안고 갈 힘이 빠진 채 "안에서부터 / 스스로 조용히 지치고 있"(「驛역」)었기 때문일까. 삶 전체를 잠깐 머물다 갈 간이역쯤으로 인식하고 있던 그는 이미 "내 스물 몇의 나이"에 "그 연륜의 나무도 지금 어디론가 떠나가고 있"(「가을 가로수」)음을 인식한 바 있다.

인용시에도 '떠나고 만다'가 여러 번 반복되고 있는데, '떠난다'는 술어는 그의 시 전체에서도 중요한 역할을 담당하고 있다. 이 술어는 자신의 삶을 자살로 몰아넣음으로써 현실의 절망과 궁지로부터 벗어나고자 했던 시인의 무의식을 담고 있다. '꿈'도, '거대한 해와 종달새의 노래'도 '보이지 않는' '들판'에서 그가 들여다본 것은 춘궁과 허기뿐이다. 그 들판이 더 이상 자신의 '목숨의 뿌리'를 받아들이지 않을 때 시인은 '자신이 잘못 뽑아버린 스스로의 뿌리'를 보게 된다. 그것은 불길한 예감이다. 다박솔 숲이나 잠 따위의 비유 속에는 이미 그가 선택하게 될 죽음의 단서들이 뭉쳐있다. 않는다, 뿐이다, 만다 등으로 반복되는 종결어미의 어조 또한 결연한 의지를 돋보이게 한다. 특히 한 행이 한 연을 이루는 "그대는 죽은 꿈의 棺관일 뿐이다"라는 단정적 어구에는 현실을 포기한 자의 날 선 목소리가 배어있다. 그는 '혼자만의 잠'을 청함으로써 이 부조리한 세계에 머물기를 거부하고 있으며, 춘궁과도 같았던 곤고한 삶의 한가운데를 벗어나고자 한다.

지난한 현실 앞에서 존재의 위상을 찾지 못하고 죽음으로 도피하려는 불안한 심리는 섬뜩하리만치 파괴적인 언어들로 가시화되기도 한다. 세계의 폭력성이 시인에게 가해지자 시인은 세계를 부정하고 자신을 부정한다. 92년 비공개를 당부하는 유서 한 편을 남기고 목을 맨 채 마흔의 생을 마감했던 시인 이연주가 보여주는 극단적인 자학은 그같은 세계와 자아를 향한 부정에서 비롯된다. 이연주는 생전과 생후에 각각 한 권의 시집을 내놓고 있는데 두 권 모두 그로테스크한 죽음의 언어들로 가득하다. 특히 유고 시집은 죽음을 준비하는 과정에서 꼼꼼하게 정리되었다 한다. 이연주 역시 마흔의 고비를 '위험한 시절'이라고 명명하고 있어서 그 시기에 겪었을 시인의 정신적 공황을 짐작할 수 있도록 한다. 그는 이 세계를 거대한 매음굴로, 고름과 피가 뒤범벅이 된 거대한 병원으로, 광기와 살의가 충만한 정신병동으로 이해한다. 나아가 그런 세계 속에서 옴짝달싹 못하는 자아의 무력함과 치욕스러움은 과격한 자기노출로, 불안과 절망이 혼재한 죽음에의 유혹으로 표출된다.

  이마에 재 뿌리고
  쑥향과 빈 촛대 들고
  들판으로 갔다.

  나는 밀기울 껍데기로
  훑껍데기로
  주여,
  용서하소서.

  어두움 실핏줄이 터져

못 이길 두려움에
혼절할 듯
외마디 소리를 질렀다.
주여, 용납하소서.

바람이 죽은 날들을 닦았다.
나는 혼신을 다해
촛대 위로 올랐다.

불을 그어다오.

— 이연주, 「終身종신」 전문

 자신의 죽음을 준비하고 있는 시인의 시선은 분열상태다. "이마에 재 뿌리고 / 쑥향과 빈 촛대 들고" 더럽혀진 자신의 욕망을 불태우려는 자기정화에의 의지, "실핏줄이 터져 / 못 이길" 정도의 죽음에 대한 공포, 그리고 그 죽음이 절대자가 아닌 자신의 선택이기에 "주여 / 용서하소서(용납하소서)"라고 할 수밖에 없는 절대자를 향한 간구들이 한데 엉켜 있다. 스스로 자신의 목숨을 끊어야 할 운명과 마주할 때의 결연함이자 두려움이자 죄의식일 것이다. 그의 언어에는 자신의 육신을 제물 삼아 자신이 몸담았던 타락한 현실을 '불'로써 정화시키려는 제의적 의지가 역력하다. 스스로를 불태워 죽음의 세계로 들어가려 하는 것이다. 그러기에 "용서하소서", "용납하소서"라는 간청과 마지막 연의 "불을 그어다오"라는 청유는 강력한 주술을 불러일으킨다. "나는 탔다 / 석유기름 불꽃으로 / 그리고 나는 재가 됐다"(「재의 굿놀이」)라는 구절도 같은 맥락이다.

죽음을 찾아가는 광포한 순례와도 같은 그의 언어에는 매음, 강간, 패륜, 도살 따위의 흔적들로 선혈이 낭자하다. 현실과의 부조화에서 비롯되는 자기경멸과 자기혐오의 언어는 죽음을 결행하는 데 필요한 과도한 격렬성 혹은 자기 파괴적인 공격성을 띠고 있다. "한 가족이 파라치온을 마시고 한 마을이 서로 목을 조"(「집단무의식에 관한 한 보고서」)르는 환각이나 "몇십 알의 알약과 두어 병의 쥐약과 / 목걸대로 이용할 넥타이"(「낙엽이 되기까지」) 따위에 집착하는 시인. 점차 "죽는 일에 자신이 생기"(「인큐베이터에서의 휴일」)게 된 시인. "보글보글 막 끓어오르기 시작하는 / 죽음의 / 복합적인 냄새"(「연애에 있어서」)에 전율하는 시인. 그는 삶에 너무도 큰 가치를 부여했던 까닭에 역설적으로 스스로를 경멸했으며, 자신의 진실이 더럽혀지는 것을 견뎌내지 못했기에 스스로를 혐오했다.

    웬일일까, 이젠
    거울 속 내 옷이 무서워 문도
    코도 입도 손가락이 다 무섭네.

    1992년 8월 25일.
    모르핀 치사량으로 죽은 내 륜日기일.
    그 면도날, 팔목을 자르거나, 아니, 어쩌면
    내가 벌거숭이로 태어나던

>   날, 내 生日기일.
>   ─ 이연주, 「탄생의 머릿돌에 관한 회상─위험한 시절의 진료실·6」 중

    자신의 죽음을 염두에 두지 않고선 어떤 시인도 이렇게 발설할 수는 없을 것이다. 그렇지 않고서야 어떻게 자신의 생일에 맞춘, 이렇게 구체적인 죽음의 방법들을 쓸 수 있겠는가. 철저히 고립된 시인의 영혼은 죽음 속으로 들어가 죽음 그 자체를 파괴적인 언어로 형상화해내고 있다. 그와 같은 시인 특유의 광적인 폐쇄성은 결국 밧줄 속에 자신의 머리를 밀어넣는 방법을 선택하도록 한다. 길지 않았던 생을 통해 품었던 자신의 욕망이 불모의 것이었고, 또 결실 없는 것이었다는 절망적 자각이 자기파괴적인 폭력을 낳고 있다. 이 파괴적인 죽음의 방식은 이 세상에 '쉽사리 지지 않겠다'는 시인의 의지를 역설적으로 증명하는 방식인바, 세계가 가진 난폭한 폭력의 반영이자 세계를 향한 폭력적 대응인 셈이다.

    김만옥이나 이연주가 보여 준 언어는 자기 자신에게 가장 가혹한 유죄판결을 내림으로써, 자신을 심판하려는 세상을 경멸할 수 있고 그 심판을 거부할 수 있는 권한을 스스로에게 부여하려는 날 선 선택임에 틀림없다. 나는 그들의 선택에서, 고유하게 한정된 자신의 물 속에 스스로를 비춰보고 그곳에서 자신의 아름다움만을 보려는 난폭한 나르시스트의 면모를 확인한다. 그리고 전망 없는 미래를 거부하기 위해 스스로를 파괴하는 테러리스트의 면모를 확인한다.

4 예견된 죽음 앞에 선 허무와 요설

불치의 병을 선고받고 얼마 남지 않은 삶을 시와 싸우다가 죽어가는 시인들도 있다. 질병으로 인한 불행과 그로 인한 생명의 위험을 자각할 때, 자기파괴적 욕구는 낫고자 하는 열망을 압도해버리는 경우가 종종 있다. 뿐만 아니라 병이나 그 병으로 인한 고통을 제물처럼 바치려는 경우도 있는데 이러한 열망은 불멸하는 것을 향한 순교 의지로 가시화되기도 한다.

삶으로부터 스스로를 제외시킬 수밖에 없는 자가 한 뼘 남은 삶의 모퉁이에 온몸을 비비어 일구어낸, 소멸될 수밖에 없는 것들이 소멸의 마지막 순간에 남기게 된, 그러한 언어의 궤적을 우리는 박정만의 시에서 찾아볼 수 있다. 간경화라는 진단을 받은 시인은 삶의 외곽으로 밀려나 혼자서 자신의 운명과 독대하게 된다. 그리고 그는 신들린 듯 수많은 언어들을 쏟아낸다.

87년 초가을의 일요일 오후, 아무도 없는 자신의 연립주택 화장실 변기에 앉은 채 맞아야 했던 그 요령부득의 죽음. 20여 일 만에 300편에 달하는 시들을 한꺼번에 토해냈던 신화. 이런 것이 요절이라기엔 조금 늦은 마흔둘의 나이에, 정신과 육체가 피폐함의 끝간데서 생을 마감한 박정만에게 남겨진 수식들이다. 80년대를 상징하는 어처구니없었던 고문, 가난과 가정적 불화, 간경화의 발병, 사랑의 파탄과 술로 이어졌던 그의 참담한 현실은, "그리하여 보이지 않는 손의 인도에 따라 나는 머릿속에서 들끓는 시어의 화젓가락으로 시를 쓰기 시작했다"는 접신接神의 경지 혹은 죽음의 소용돌이에서 뱉어진 언어들에 의해 완성되고 있다. 그 언어들이 일견 단순하고 죽음에 직면한 자의 분노와 안타까움을 여과 없이 쏟아낸 듯한 아쉬움이 없는 건 아니다. 그러나, 육체적으로는 '탈진'되었으나 '氣化기화를 시작한 액체'처럼 정신을 승화시키려는 집중된 의지를 담고 있기에 주목을 요한다.

> 해 지는 쪽으로 가고 싶다.
> 들판에 꽃잎은 시들고.
> 나마저 없는 저 쪽 산마루.
>
> ― 박정만, 「해 지는 쪽으로」 전문

> 나는 사라진다
> 저 광활한 우주 속으로.
>
> ― 박정만, 「終詩종시」 전문

인간이 어느 한 곳에 몸과 마음을 다 쏟아버릴 때 그에게서는 수식이 사라진다. 삶과 죽음을 오가는 영매靈媒의 상태에서 뱉어진 그의 언어들은 수식을 버리고 있다. 죽을 수밖에 없는 자신의 운명을 언어로 그린다는 것은 삶이라는 종이 위에서 스스로를 지워 가는 일이기 때문일까. 그의 언어는 무無 혹은 허무라는 하나의 단어로 환원되곤 한다.

인용시 「해 지는 쪽으로」에서 '지는 해'와 '시들은 꽃잎'은 중심 이미지다. 그 경계의 이미지들은 빛 속의 어둠과 어둠 속의 빛, 삶 속의 죽음과 죽음 속의 삶을 동시에 구현하고 있다. 꽃이 지고 해가 저무는 시간은 헐겁고도 서늘한 예감에 휩싸이게 한다. 저무는 한 인간의 운명은, 마치 존재와 부재 사이의 비무장지대와 같은 '나마저 없는 저 쪽 산마루'를 향해 해가 지는 소멸의 시간 끝 쪽으로 가라앉는다. 그곳은 그의 죽음이 가 닿은 마지막 장소이며 시인의 시와 삶이 완성되는 허무의 집이다. 「終詩종시」에서도 우주의 영원성·광대무변성과 대비되는 한 생의 일의성·순간성을 비유마저 생략한 날것 그대로 드러내고 있다. 광대무변한 우주의 긴 침묵 속으로 덧없이 사라져 가는 생生의 애처로움을 담고 있는 이같은 날것의 언어는 살아있는 시간이 얼마 남지 않았다는 절박감과 꺼져 가는 육신에 대한 실존적 인식에서 비롯되는 것일 게다. 세상의 모든 욕망과 고통과 슬픔이 비워지고 사라지기를 열망하는 그 허무의 언어는 마치 죽음에의 기록과도 같이 어떤 수사나 수식도 허락지 않고 있다.

    진이정은 93년 폐결핵으로 서른다섯의 나이에 요절한 시인이다. 이 시대에 폐결핵으로 죽다니! 폐결핵이 그를 죽였다기보다는 죽고 싶다는 충동과 순교하고 싶은 만성적 자살욕망이 그의 죽음을 앞당기게 한 것은 아니었을까. 자신의 병에 대한 방치와 치료의 소홀이 죽음을 부른 가장 큰 이유였기 때문이다. 그는 자신의 병을 시인의 병으로, 자신의 죽음을 시인의 죽음으로 전환시켜 놓은 대표적인 시인이다.

    신라도 망하고 소련도 망하고, 화랑 관창은 살맛 날 리 없어라
    나는 토하는 것이 두려워, 기침을 참는다

> 내 인생은 너무 모호했노라
> 모호함이 모여 가래가 되었나 봐
> 시인의 기침은 너무 상투적이야; 시인은 정작 구토를 걱정할 터이다
> 구토, 희망, 나는 합장으로 인사하리라, 나무 프리지아 보살마하살
> 목단향으로 나를 태워다오
>
> — 진이정, 「거꾸로 선 꿈을 위하여 · 2」 중

그에게 있어서 폐결핵은 실제적인 질병이자 시인이라면 앓아야만 하는 관념적인 질병이었고, 세상의 부조리 그 자체였다. 그러므로 '기침'과 '가래'와 '구토'는 부조리한 현실을 거부하는 시인의 존재론적인 거부 내지는 반항이었던 셈이다. "병이 나으면 / 시인도 사라지리라"(「시인」), "오 사랑 없는 자여, 당신 홀로 / 영겁토록 죽지 않으리라"(「제목 없는 유행가」)라는 토로 역시 그의 삶을 지탱하는 힘이 병 자체에 있고 그 병이 곧 삶을 향한 '사랑'이라는 역설적 인식에 뿌리를 두고 있다.

> 브라만을 믿지 않듯, 지금 나는
> 온갖 종류의 아트만을 신뢰하지 않는다
> 죽으면, 그렇다……
> 그냥 없어지는 것이다
> 이 사실을 받아들이는 데 거의 삼십 갑자가 흘렀다
> 그리고 나는 중년을 바라보게 된 것이다
> 이제 난 구체성의 신, 일상성의 보살만을 믿기로 한 것이다

> 덧없음의 지우개 앞에, 난 흑판처럼 선뜻 맨살을 내밀 뿐이다
>
> 아트만이 무너진 마당에
>
> 인생이 꿈이란 건, 그 얼마나 뻔한 비유인가
>
> 이제부터 나의 우파니샤드는
>
> 거꾸로 선 현실이다
>
> (…중략…)
>
> 나라는 물건은 원래 존재하지 않았다, 라는 각성이
>
> 둔한 내 뒷골을 쑤셔대야만 하리라
>
> 하하 원래 존재하지 않았다니,
>
> 그럼 죽고 싶어도 못 죽는단 말인가!
>
> ― 진이정, 「아트만의 나날들」 중

　　자신의 운명이 보이기 시작한 시인에게 가장 두려운 건 무엇일까. 그것은 자신의 운명을 감당해 낼 힘과 언어가 부재하다는 사실을 확인할 때일 것이다. 진이정은 그러한 힘과 언어를 가진 시인이었다. 그는 그 힘과 언어에 의지해 예정된 운명 앞에서 현실세계의 바깥 쪽, 즉 '거꾸로 선' 현실의 세계를 기웃거린다. 그리고는 수다스런 지껄임과 장황함의 언어로 자신의 죽음을 수식한다. 고통스런 이곳 현실과 저 피안을 분방하게 넘나들면서 죽음을 현실로, 현실을 죽음으로 전환시키려는 의지적 발현임이 분명하다.

　　죽음 앞에 선 박정만의 언어가 수식이라는 겉옷을 벗는 방향으로 나아간 데 비해(그러나 놀랄 만한 양적 분출은 또 다른 형태의 장광설이다), 진이정은 수사와 장광설로 죽음에 노출된 현실의 공포와 불안을 벗

어나려 한다. 특히 죽음 직전에 쓴 「거꾸로 선 꿈을 위하여」 연작 시편들은 분방한 형식을 취하고 있다. 야유와 빈정거림, 돌연한 이미지의 중첩, 이질적 문장의 삽입, 다양한 문장부호 등은 문맥 일탈, 감정 고조, 산문적 진술에 기여한다. 산만한 그러나 의도적인 이같은 언어는 '거꾸로 선 꿈'의 세계를 재현하기 위한 전략으로 읽혀진다.

현실이 거꾸로 서 있다고 믿는 그에게, 그런 현실에 몸담고 꾸는 꿈 또한 거꾸로 서 있을 수밖에 없다. "자는 것은 삶일까 죽음일까 또한 꿈은? (대체 꿈은 뉘 역성을 드는지) 자고 일어나면 전날 밤보단 좀 젊어진다 하던데…… 그럼 죽음이란 돌이킬 수 없도록 다시 어려지는 일인가"(「케이크 위의 '축 생일'」)와 같은 궤변도 이러한 맥락에서 이해된다. 삶과 죽음의 경계가 무너지고 혼융되는 곳, 그곳이 바로 '거꾸로 선 꿈'의 세계이다. 따라서 그는 브라만이나 아트만을 믿지 않는다고 진술한다. 그가 믿었던 것은 "죽으면, 그렇다…… / 그냥 없어"진다는 지극히 현상적인 사실이다. 그러나 브라만이나 아트만을 믿지 않는다는 이러한 고백에는 '거꾸로 선 현실'만을 믿겠다는, 세계에 대한 지독한 부정과 역설이 담겨 있다. 그의 부정은 여기서 그치지 않는다. '나'라는 존재 자체에 대한 부정은 물론이고, 삶과 죽음 자체도 부정하고 있기 때문이다. 「아트만의 나날」 중간에 인용된 '하하'와 같은 자조적이면서 속 빈 웃음은 그러한 부정의 힘을 불러 모으려는 절박한 언어이다. 삶과 죽음이 포개진 그 웃음은 마치 죽음 앞에 던져지는 외마디의 참언과도 같다.

삶 한가운데 똬리를 튼 채 혀를 날름거리는 질병들, 그 질병에 무력했던 진이정은 저 피안의 세계를 상정해 봄으로써 현실의 질병에 버팅길 수 있었을 것이다. 그는 저 피안의 세계에 눈을 고정시키고 자신의 병을 그곳에 이르기 위한 하나의 방편으로 사용했다. 자신의 내부에 존재하는 피안을 향한 정신의 깊이를 발견하고 현실의 고통을 초극하려 했다. 그의 시 전체에 자주 등장하는 아트만, 우파니샤드, 우주, 경전, 영겁, 무량겁, 윤회, 옴, 예배와 같은 시어들은 현실의 육체적 소멸을 넘어서 도달하고자 했던 정신의 깊이, 존재의 충일감을 드러내고 있다 하겠다.

이러한 시어는, 박정만의 '해 지는 쪽', '나마저 없는 저 쪽 산마루', '광활한 우주'와 비견되는 지향점들로, 모든 사람들에게 신성불가침의 은신처가 되어주는 미슐레적 '세계의 은신처'의 역할을 하는 공간들이다. "브라만을 믿지 않듯, 지금 나는 / 온갖 종류의 아트만을 신뢰하지 않는다"는 진이정의 진술이 역설임은 여기서도 증명되고 있는 셈이다. 그는 언제나 삶과 죽음을 벗어나는, 죽음을 통과한 후 도달하게 될 '신성한 내부'를 그리워했던 것이다. "어머니 움직임이시여 고여 있는 '나'의 슬픈 반짝임, 받아주소서 받아주소서"(「지금 이 시간의 이름은 무엇입니까」), 이때의 어머니를 향한 부름은 죽음을 향한 부름이고 그 신성한 내부로 편입되고자 하는 간구이다. 자아의 소멸을 범신론적인 우주에 편입시키고 있는 것이다.

거룩한 브라만이나 생생한 아트만을 부정하면 부정할수록 어쩔 수 없이 더 그리워해야만 했던 모순된 삶, 존재론적인 차원에 죽음의 방위를 세우려 하면서도 구체적이고 생생한 현실의 온갖 질병을 떨쳐버리지 못해 꺽꺽대던 역설의 언어는 그의 시의 개성이기도 하다. 거꾸로 읽었을 때라야 본래적 의미가 드러나는 이러한 반어적 요설은 죽음에 직면한 불안의 언어 그 자체이며, 예정된 죽음을 맞아들일 수 있는 힘을 얻으려는 시적 대응이었던 것이다.

5 운명적 부름에 대항하는 오르페우스의 노래

모든 존재는 태어난 순간부터 자신의 존재 뒤편에 죽음의 그림자를 끌고 살아간다. 대부분의 존재는 그 사실을 잊고 살지만 우리의 무의식은 호시탐탐 그 뒤를 돌아보고자 한다. 때로는 어쩔 수 없이 뒤돌아보아야만 하는 운명적 부름에 직면하기도 한다. 그러나 "뒤돌아보지 말라"는 것은 묵계다. 그 뒤가 바로 자신의 심연이기 때문이다. 망부석 설화나 오르페우스 신화의 금기를 연상해 보라. 때 이르게 때 아니게 그 부름에 뒤돌아보았을 때, 그 삶은 더 이상 미래로 나아가지 못하고 자기 앞에 놓인 현재의 삶 또한 감당하지 못하게 되지 않았던가.

그러나 시인은 감히 그 심연을 들여다보는 자이다. 그 뒤가 죽음이라는 것을 알면서도 아니, 알고 있기에 그 깊은 심연을 바라볼 수밖에 없는 자이다. 이때 시인의 언어는 자신의 운명을 담는 성스러운 성배聖杯와도 같다. 그들의 언어는 자신과 세계를 향한 마지막 종지부가 되고 있을 뿐만 아니라 일순간 시인의 삶과 그 너머를 동시에 비출 수 있는 강력한 불꽃을 지니고 있기 때문이다. 그리고 육신의 사라짐으로 인해 그들의 언어는 더욱 아름다워지는 것이고 그 언어로 인해 그들의 죽음은 빛을 발한다. 시인의 죽음과 시인의 언어가 서로 반향하면서 서로의 의미를 증폭시켜 준다 하겠다. 예정된 운명의 순간을 언어화함으로써 자신의 삶을 동결시켜버리는 그들의 언어는 삶에 대한 인식이자 완성이고, 실현가능한 권능 그 자체라 할 수 있다. 시인이 그 언어를 선택하는 순간, 그들의 미래는 닫혀버리고 현재가 완성되어버리기 때문이다. 이같은 운명적 선택은 삶에 대한 배반임에 틀림없다.

　의식儀式과도 같은 죽음에의 주문呪文들을 외우며 허겁지겁 자신의 영구차를 향해 질주하는 시인, 자신의 영구차 한가운데 누워 가는 시인, 장지葬地에 한 발 먼저 달려가 자신을 태우고 오는 영구차를 보고 있는 시인. 기형도에서 진이정에 이르는 위의 시인들이 생의 한 지점에서 그러한 시들을 읊지 않았다면 그들의 삶은 어떠했을까. 나비의 날갯짓이 거대한 폭풍을 일으키고, 말의 씨 하나가 삶 전체의 운명을 바꿔 놓는다고 하던가. 죽음을 예견했던 그들의 언어가 그들의 죽음을 불렀던 건 아닐까. "모든 것이 엉망이다, 예정된 모든 무너짐은 얼마나 질서 정연한가"(기형도, 「오후 4시의 희망」). 그리고 질서정연하게 예정대로 무너진다는 것은 얼마나 섬뜩한가.

　나는 우리 시대의 모든 죽음의 언어들이 무섭다. 그 언어들은 이 시대의 삶의 바닥을 들여다본 데서 나오고 있기 때문이다. 불길한 전망과 종말의 도래를 노래하는 우리 시대의 언어들이 단지 상상과 허구만이 아닌 것이다. 과학이나 확고한 법칙에 의해 설명될 수는 없지만, 분명한 것은 어떠한 동기에 의해 발설되든, 발설됨으로써 그 언어가 힘을 발휘한다는 사실이다. 우리 시대는 음산하다. 성수대교가, 마포 도시가스가, 대구 지하철이, 삼풍백화점이, 그리고 또……

우리의 전망이 하나씩 무너지고 있다. 예정된 무너짐을 노래하는 우리 시대의 음산한 언어들이여, 네가 심연 속을 들여다본다면 심연 역시 네 안을 들여다보리라.

영화에서 상상력을 베끼는 시인들을 믿느냐

1 세계는 한 편의 영화로 찍히기 위해 존재한다?

S#1. 홍콩에는 〈지존무상〉이라는 느와르 영화가 있었고 우리에겐 '지존파'가 있었다. 영화보다 더 영화다웠던 현실.

S#2. ―"2차 가는 길에 한 패의 젊은 놈들이 각목을 휘두르며 유혈극을 벌이는데 영 실감이 없는 거 있지."―"박진감 넘치는 효과음이나 분장, 긴장된 클로즈업, 빠르게 이동하는 쇼트들이 없어서 그래."

S#3. 언제부턴지 나는 풍광을 찾아서라면 더 이상 행장을 꾸리지 않는다. 풍광의 아름다움은 글이나 사진, 영상이 훨씬 리얼하다.

S#4. 앤디 워홀은 말한다. "어느 날 당신이 파티에 갔을 때, 거기서 사람은 당신 하나뿐일 것이다." 홀로그램의 파티여!

영상은 현실을 압도하고 우리는 어느덧 영상화된 현실에 더욱 익숙해져 있다. 영상화된 현실, 가상의 현실, 홀로그램화된 현실. 바로 눈앞에서 생생히 재현되는 이 신비한 헛것들 속에서 허우적거릴 21

세기는 상상이 현실화되는 그리하여 상상과 현실의 경계가 무화無化되는, 아름다우면서도 공포스런 세계일 것이다. 이 리얼한 헛것들은 현실의 온갖 번뇌와 사념을 잊게 하고, 헛것으로서의 사유, 헛것으로서의 발견을 관觀하는 선禪의 도구나 대상이 된다. 그 사유가 텅 비어 있고 그 발견이 부재에 가 닿아 있다는 점에서, 그것은 또한 선禪 그 자체로서 열반의 자리에 위치한다.

> 그렇게 텔레비전을 못 보게 해도
> 그래서 스위치 꼭지를 감춰버렸는데도
> 아이들은 어느새
> 앉아서
> TV를 禪선하고 있다
> TELEVISION
>
> — 황지우,「아이들은 먼 것을 보기를 좋아한다」전문

세계의 모든 것은 '한 권의 책'으로 끝맺기 위해 존재한다고 일갈했던 19세기 시인 말라르메의 화두는, 21세기를 목전에 두고 있는 오늘날에 이르러 세계의 모든 것은 '한 편의 영상'으로 찍히기 위해 존재한다로 바뀌어야 한다. 이미 20세기를 '영화의 시대' 혹은 '영화의 사회'라 천명한 바 있었고 실제로 영상매체는 문화 전반의 핵심 요소로 자리잡게 되었다. 사실 책으로 대표되는 글쓰기 문학written literature이 지배적인 역할을 수행한 것도 단지 몇 세기에 불과하다. 이제 영상시대가 그 뒤를 잇게 된 것이다. 우리가 꿈꾸는 모든 것은 영

상화되고 있으며, 문자에 의해 수집되었던 온갖 정보들은 영상을 통해서 제공되고 있다. 물론 글쓰기의 전달 수단인 문자도 시각을 요구한다. 그러나 그것은 단지 말[言]이라는 청각의 대용일 뿐이다. 이제 영화는 책에 필적할 대안적인 매체 양식이 된 것이다.

> 아무래도 그녀는 미쳤다.
> 원고지 앞에 멍청히 쭈그리고 앉아 중얼거리는
> 아내는 미쳤다. 제발 현실을 직시하라구
> 할 때마다. 몽상가들이 꿈꾸는 것은 바로
> 현실입니다. 제발, 할 때마다
> 몽상가들이 꿈꾸는 것은 현실입니다.
>
> ─ 장정일, 「실비아 플라스에게 빠진 여자」 중

> 험프리 보가트에게 빠진 사나이. 라고
> 그녀는 쓴다. 그리고 계속해서 쓴다
> 동글동글한 필체로 그녀는 쓴다. 남편은 퇴근해서
> 저녁을 먹는다. 라고 저녁을 마친 남편은
> 영사기가 설치된 취미실로 간다. 라고
> 그녀는 쓴다
>
> ─ 장정일, 「험프리 보가트에 빠진 사나이」 중

원고지 앞에 쭈그리고 앉아 "놀랍지 않아요?"라고 묻는 아내나, "몇 겹의 문을 걸어 잠그"고 칠 년 동안이나 영사기만을 쳐다보는 남편은 같은 처지다. 원고지와 영사기라는, 매체만 서로 다를 뿐 그들은 무언가에 빠져 있고 미쳐 있다. 시나 영화에는 그들을 매료시키고 유혹하는 그 무엇이 있다는 건데, 현실 너머를 지향하는 모종의 몽상이 바로 그것이다. 몽상에 빠진 아내와 남편에게 현실이란 문자나 영상이 주는 이미지에 의해 해석될 뿐이다. 그들은 모두 현실을 압도하는 헛것을 좇는다. 이때 문장과 쇼트, 한 편의 시와 한 편의 영화는 같은 역할을 한다. 기본적으로 '시—화자—독자'의 관계는 '영화—카메라—관객'의 관계와 유사하다. 화자의 시선은 카메라 앵글과 기법적으로 유사하다. 때문에 시에 익숙한 사람은 영화에도 쉽게 빠져 들게 마련이다. 이렇게 같은 처지임에도, 그들은 서로를 '미쳤다'고 여긴다. 19세기적 '시'에 미친 아내와 20세기적 '영화'에 미친 남편 간의 불화, 여기에 바로 시와 영화의 장르적 간극이 있다.

시와 영화의 장르적 간극은 첫째, 환상 너머의 새로운 현실을 창출해내는 이미지의 질적 차이에서부터 발생한다. '읽는 독자'와 '보는 관객'의 체험은 다를 수밖에 없다. 즉 문자를 통해 간접적으로 '상상되는' 기술descriptive 이미지의 반향과, 영사기를 통해 눈앞에 직접 '펼쳐지는' 영상filmigue 이미지의 반향은 다를 수밖에 없는 것이다. 시 속의 이미지가 문자를 통해 간접적으로 읽혀진다면, 영화 속의 이미지는 컷을 통해 직접적으로 전해진다. 둘째, 시에 있어서 기표와 기의의 관계는 묘연하고 시적 상상의 즐거움의 대부분은 이 묘연한 거리에서부터 비롯되는 데 반해, 영화에서 기표와 기의는 거의 동일하다(포스트모더니즘적 시쓰기 혹은 영화에서는 흔히 그것들의 연관성을 끊어버리는데, 이때 의미는 기표의 자유로운 유희에 의해 발생한다). 때문에 문자는 상상에 의해 독자들이 상상한 만큼의 무한한 이미지를 형성하지만, 카메라의 한 컷은 하나의 이미지[像]로 모아진다. 다른 관점에서 보자면 시의 이미지는 독자의 품을 많이 빌리는 능동적 이해를 요구하지만, 영상 이미지는 특별한 긴장을 요구하지 않고도 관객을 단숨에 매혹해버린다. 셋째, 문자에 의해 차례로 기술되는 대상들은 수적으로 제한적인 데 반해, 컷에 의해 표현된 대상들은 그 수나 다양성에 있어 제한이 없다. 색채, 피사체의 크기, 조명, 음향, 카메라의 움직임 등에 의해 영화가 잡아낼 수 있는 표현 대상은 무한하다. 이를테면 타르코프스키나 레오까라의 압도적인 한 컷을 언어화한다고 했을 때 그 언어는 얼마나 장황해질 것인가.

이처럼 실재를 가리키는 영상 이미지는 그 직접성으로 인하여 이미지를 현실 그 자체로 착각하게 한다. 그리하여 영화가 곧 현실일 수 있고 현실이 곧 영화일 수 있다는 믿음을 부추긴다. 또한 영상 이미지의 강렬한 흡인력은 보는 이의 모든 의식을 '징발'해버린다. 흡인력이 강하다는 것은 수용자의 자유로운 상상력을 그만큼 제한한다는 것이다. 인간 의식을 징발해버릴 수 있는 강력한 의식산업으로 그것들이 제도화될 수 있다는 점에서 영상 이미지의 영향력은 실로 대단한 것이다.

2 '몬타—쥬'와 '영화시'의 원조元祖

1895년 뤼미에르에 의해 최초의 영화 '열차의 도착 L'Arrviée d'un Train a La Ciotat'이 상영된 이래 동서양을 막론하고 문학과 영화는 공생 관계를 이뤄 왔다. 소설로부터 영화가 비롯되었다느니 영화 문법을 소설이 가져갔다느니 하는 주장은 물론, 영상화를 전제로 한 영상시가 있다느니 시보다 더욱 시적인 예술영화가 있다느니 하는 주장들이 이를 증명하고 있다. 그러나 오늘날 문학이 영화에 미치는 영향력에 비해 영화가 문학에 미치는 영향력이 점차 증가되고 있다는 것은 부인할 수 없는 사실이다. 문학적 영감과 소재를 영화화하던 시대는 가고, 어느덧 영화적 영감과 소재가 문학화되는 시대가 도래한 것이다. 실제로 시나 소설을 쓰다 감독으로 나서기도 한 작가와 시인들도 많다. 영상매체의 파급효과가 비단 문학에만 국한되는 것은 아니다. 영상 시뮬레이션은 이미 모든 장르를 잠식해 주변문화와의 넘나듦을 야기시켰으며, 이는 복합성 혹은 다원성을 근간으로 하는 포스트모더니즘적인 문화 전략과 통하게 되었다. 뿐만 아니라 우리 일상에까지 파고들어 영화와 현실을 구별하지 못하게 하고 있다.

영화관의 관객들은 스크린 위의 피사체를 '자신의 눈으로' 보고 있다고 생각한다. 카메라의 렌즈를 의식하지 못하는 것이다. 하지만 관객과 영사막의 사이에는, 정해진 앵글 속에 영상의 구도와 범위를 제한하는 카메라의 시선이 있다. 대부분의 영화적 글쓰기는 이 시선의 문제와, 연대기적 시간을 심리적 시간으로 대체하는 시간의 문제로 압축된다. 우리 현대시에서 시공간을 자유롭게 넘나드는 카메라의 시선을 십분 활용하고 있는 최초의 예를 김기림의 「기상도」(1935)에서 찾아볼 수 있다.

> 국경 가까운 정거장
> 차장의 신호를 재촉하며
> 발을 구르는 국제열차
> 차창마다
> 「잘 있거라」를 삼키고 느껴서 우는
> 마님들의 이즈러진 얼골들
> 여객기들은 대륙의 공중에서 띠끌처럼 흐터졌다
>
> 본국에서 오는 장거리 라디오의 효과를 실험하기 위하야
> 「쥬네브」로 여행하는 신사의 가족들
> 샴판 갑판 「안녕히 가세요」「단여 오리다」
> 어부들은 그들의 탄식을 기적에게 맡기고 자리로 돌아간다
> 부두에 달려 팔락이는 오색의 「테잎」
> 그 여자의 머리의 오색의 「리본」
>
> ― 김기림, 「기상도-세계의 아침」 중

국제열차의 정거장에서, 차창의 이즈러진 얼굴로, 여객기로 이동하다가 다시 갑판 부두의 오색 테잎에서, 여자의 리본으로 이동하는 카메라 시선은 클로즈업에서 롱샷으로, 다시 클로즈업으로 빠르게 빠져나오고 있다. 카메라의 잦은 공간 이동과 몽타주에 의한 쇼트의

연속적 교체를 특징으로 하는 이러한 기법을, 김기림 자신은 '聯想연상의 飛行비행'이라는 말로 표현한 바 있지만 박용철은 보다 직접적으로 필름의 다수한 단편을 연결시킨 '몬타—쥬'라고 지적한 바 있다. 몽타주는 시간의 연속성을 해체하고 연속적인 행위의 전후를 커트해 병치시킴으로써 동시성 · 공간성 · 현장성을 획득하는 대표적인 영화기법이다. 김기림은 의식적으로 공간과 공간, 이미지와 이미지를 연결해주는 언어를 제거한 채 현대문명의 여러 단면을 '그대로 던지'고 있다. 이와 같은 몽타주 기법은 이미지의 돌연한 병치로 인해 시를 새롭게 하고 현대문명의 불안한 양태를 표출한다.

보다 직접적인 영화 기법의 도입은 조향의 시 「검은 SERIES—*Ciné Poéme*」(1958)에서 확인된다.

   1, (C.U)
유리창에 시꺼먼 손바닥
따악 붙어 있다.
指紋지문엔 나비의 눈들이……
   (M.S)
쇠사슬을 끌고
수많은 다리[脚]의 행진.
   (O.S)
M…〈아카시아꽃의 계절이었는데……〉
W…〈굴어 내리는 푸른 휘파람도……〉   —밝은 목금 소리

— 조향, '검은 SERIES—*Ciné Poéme*' 중

시나리오의 형식을 차용하고 있는 시다. 지문으로 제시된 C.U (Close Up), M.S(Midium Shot), O.S(Over the shoulder Shot)는 카메라와 피사체의 거리 내지는 카메라의 위치를 지칭하는 전문용어다. 각 장의 하단에는 배경음까지 제시하고 있다. 이처럼 시에 시나리오 형식을 차용해 거둘 수 있는 효과는 많다. 우선 형식 자체가 시나리오 방식으로 씌어졌기 때문에 독자는 스크린을 염두에 두고 읽게 된다. 스크린을 전제로 하는 이같은 독서는 매우 즉각적이고 사실적인 시각 효과를 유발한다. 위의 시에서 논리적이거나 일상적인 의미 맥락을 찾아내는 일이란 불가능하다. 클로즈업된 유리창의 손바닥과 지문, 쇠사슬을 끌고 가는 다리들, 남녀의 대사, 그리고 배경음 간의 유기적 관련성은 전혀 없다. 그러나 이 쇼트들이 일련의 계기성을 가지고 나열될 때 그것들은 불행한 인간 존재의 형상이라는 그로테스크한 이미지를 형성한다. 이같은 쇼트들의 현란한 몽타주는 현실적인 문맥을 생략함으로써 이야기를 비약시키기 위한 영화적 속도감을 창출해내고 있다. 또한 여러 이미지를 제시함으로써 한 주제에 대한 복합적인 관점을 동시적으로 묘출하거나 삶의 다양성을 보여 줄 수 있도록 한다.

특히 부제로 달려 있는 'Ciné Poéme'이라는 명칭이 주목되는데, '20세기의 새로운, 지배적인 종합 예술로서의' 영화의 가능성을 타진하는 「시나리오 문학론」(1961)이라는 글에서 조향은 'Ciné Poéme'을 다음과 같이 정의하고 있다.

① 시나리오의 형식을 끌어다 넣어서 쓴 산문시 : 필름에 의한 시적 작품

② 극적 요소라든가 무대적인 요소를 가지지 않고, 순수하게 시각적 표현에다가만 치중해서 현대시적 감흥을 표현한 영화 : 시에 의한 영화적 이마쥬

①은 영화를 전제로 한 영상시에 가깝고, ②는 시각적 이미지를 재료로 한 시영화에 가깝다. 이 둘 모두를 'Ciné Poéme'이라 지칭함으로써 장르적 범위를 불분명하게 하고 있을 뿐만 아니라 영화시를 시나리오 형식의 시로만 한정시켜 그 범위를 너무 협소하게 잡고 있다는 아쉬움은 있지만, 우리 현대시사에서 그는 '영화시'에 본격적인 관심을 보인 시인임에 분명하다. 19세기적 '책'이, 21세기적 '영화'의 감염에 '속수유책'을 모색하고 있는 양상은 80년대 이후의 시들에서 보다 다양하게 가시화된다.

3 카메라 시선과 편집 방법의 차용

영화의 비밀은 카메라 조작과 편집에 있다. 확대시키는 클로즈업 기법, 멀리 찍는 롱샷의 기법, 흩어져 있는 단편들을 하나의 텍스트로 편집하는 몽타주 기법, 색다른 원근법, 투명한 환각, 영상 위에 영상이라는 이중노출 혹은 이중인화, 움직임의 신기루, 중복의 마술 등이 인도하는 영상의 세계는, 우리의 감각 자체를 바꾸어 놓고 또 심화시켰다. 이들 기법은 과학적 장치나 확신 이전에 하나의 황홀경이다. 그리하여 영상으로 본다는 것은 피사체를 새로운 시선으로 끊임

없이 갱신한다는 의미이자, 일상적인 시각을 파고들어 그것을 '바라보는' 또 하나의 시선을 창출한다는 의미이다. 정열적이면서도 차갑고, 불안하면서도 초연한, 인간의 모든 열망의 실체는 이 영상 속에서 더욱 완벽해진다.

    S#1.

    ※F.I.

    카메라가 높은 하늘에서 점점 내려오며 고속도로 위를 질주하고 있는 오픈카를 클로즈업시킨다. 운전사는 젊고 잘생긴 청년으로, 즐거운 듯 경쾌한 휘파람을 불고 있다. 카메라가 그의 상반신을 비추다가 뒤로 빠진다.(D.I.S)

    (…중략…)

    S#7.

    ※F.I.

    카메라가 고속도로를 질주하는 자동차를 비춘다. 잠시 후, 스톱 모션되면서 포토 컷.

    C#1. 자동차와 자동차의 충돌사진 (흑백사진)
    C#2. 굴러떨어지는 오픈 카 (S#4의 C#1)
    C#3. 거적에 쌓인 도로가의 시체 (칼라사진)
    C#4. 콘바인 위에 줄지어 선 자동차 공장의 자동차 (흑백사진)

C#5. 허공을 향한 자동차의 바퀴 (S#4의 C#4)

C#6. 러시아워 때 자동차로 길이 막힌 도심의 네 거리 (칼라사진)

C#7. S#5 중에서 남자를 기다리던 여주인공의 모습 중에서 하나 (흑백사진)

— 장정일, 「자동차」 중

(검은 방. 철제 접철식 의자에 앉아 있는 인형들. 벽을 스크린으로 하여 16밀리 영상기가 돌아간다. 8,7,6,5의 숫자가 명멸한 뒤 클로즈업 되는 인물. 푸른 죄수복을 입고 있다. 처음에는 전신이 다음에는 상반신 그리고 그의 죄수번호 570505-1535219가 비춰진다.)

— 하재봉, 「비디오 / 자술서」 중

장정일은, 여자를 만나기 위해 오픈카를 타고 고속도로를 질주하던 청년의 교통사고를 중심으로 그들의 사랑과 이별을 시나리오화하고 있다. 인용은 도입부와 끝부분만을 했다. 먼저 도입부를 보자. 주로 한 신(S#)의 도입부에서 전체 상황이나 그곳의 인물들을 설정해 주는 화면이 롱샷이다. 이 시의 도입은 '높은 하늘에서 점점 내려오'는 롱샷(L.S) 혹은 에어리얼 쇼트(공중촬영)에서부터 시작해 클로즈업(C.U)으로, 다시 미디엄샷(M.S)으로 찍다가 디졸브(D.I.S)로 빠지고 있다. 이렇게 화면의 크기를 조절하는 것은 관객이 쉽게 영화에 몰입할 수 있도록 하기 위한 장치다. 그리고 시의 마지막 부분은 흑백과 칼라로 구성된 일곱 개의 컷으로 몽타주되고 있다.

일반적으로 영화는 전통적인 시간의 질서와 달리 서로 다른 시간의 나열, 즉 '동시성'을 전제로 성립된다. 따라서 이질적인 두 가지 이상의 사건들이 시간을 초월해서 병렬되기도 하고, 과거·현재·미래가 자유롭게 전개될 수도 있다. 클로즈업으로 시간을 정지시킬 수 있는가 하면, 플래시백으로 거꾸로 돌릴 수도 있다. 이 시의 주된 스토리는 교통사고로 죽은 남자의 영혼이 결국 약속 장소를 찾아와 기다리던 여자와 함께 우는 S#6에서 끝이 난다. 인용된 S#7의 C#1에서 C#7까지는 플래시백으로 다시 과거의 시간으로 거슬러 올라가 교통사고 장면의 스틸 사진을 병치시키고 있다. 특히 칼라 사진과 흑백 사진을 병치시킴으로써 철저한 우연·익명·일회성에 지배되는 일상과 비일상, 삶과 죽음, 질주와 막힘의 대비를 시각적으로 고조시키고 있다.

반면 하재봉은 괄호 속 지문으로 카메라의 시선을 지시하고 있다. 자신을 감방에 갇힌 수인囚人으로 극화시켜 16밀리 영사기의 눈으로 현상해내고 있다. 검은 방과 의자에 앉아있는 인형들은 영화관의 관객을 비유하고 있는데, 재판장에 배심원들이 앉아있는 상황과도 겹친다. 검은 방(감옥), 아니 극장 혹은 재판장에서 "벽을 스크린으로 하여 16밀리 영상기가 돌아가"면서 보여주는 시인 자신의 삶과 내면풍경이 영화적 틀을 빌려 카메라의 시선으로 객관화되고 있다. 카메라의 시선은 롱샷에서 클로즈업으로 확대되고 있다. 인용에서 제외된 다음 연은 스크린에 등장하는 죄수가 스스로의 죄를 자술하면서 참회하는 독백이 이어진다. 따라서 영화적 장치를 마련하는 인용 부분에 의해 이후의 독백은 '단순한 시적 기교 혹은 순간적 정신착란'으로 허구화될 수 있다. 이러한 효과는 새롭다. 아무리 시각적인 이미지와 서사성을 사용한다 하더라도 독자가 생각하는 영상의 구도나 상황을 구체적으로 제시하기란 쉽지 않다. 하지만 영상기법을 활용한 시들을 통해 직접적이고 구체적인 영상의 효과를 맛볼 수 있다.

영상화된 시작품에서 각각의 장면 혹은 이미지들은 편집에 의해 창출된다. 필름의 단편들이 그것을 편집하는 감독의 의도에 따라 조정되는 것처럼, 시인 역시 영화적인 틀을 갖고 있는 각 장면들을 자신의 의도에 따라 편집함으로써 시의 의미를 창출해낸다.

……………………… 오전 8시 50분 문예회관 대극장 뒷골목 곳곳의 벽에 연극 포스터가 다닥다닥하다 알몸의 사진 비명처럼 공기와 부딪치다……………………… 오전 10시 30분 연세대학교 교문 양옆에서 토플 강좌와 5·18 특별법 현수막이 팽팽하게 펄럭이다 단단한 철대문 속에서 결핍으로 입구는 어디서나 하나로 열리다…………………………… (…중략…) 오후 5시 아파트 마당에서 자전거를 타는 한 무리의 아이들에게 날개를 달아주고 싶다……………………… 밤 8시 공터에서 아이들이 농구 시합을 하고 있다 달이 물끄러미 허공에 있다. 몸싸움을 하다 한 아이가 공을 동그란 링 안으로 넣고는 공터의 사방으로 뛰어다닌다 그 아이에게서 달빛이 터져나오다……………………… 밤 12시 불빛이 사라진 아파트 — 묘지 문화 또는 방전된 에너지

— 이원, 「95.10.4일의 스윙」 중

이원의 시는 카메라의 눈에 포착된 미세한 일상 풍경들을 반복적으로 변주한다. 오전 8시 50분부터 밤 12시까지, 문예회관 대극장에

서부터 아파트로 이동하면서 시인이 바라본 일상적인 풍경 9개를 순차적으로 몽타주하고 있다. 제목에 전경화시킨 '스윙'은 재즈 기법이다. 반복과 변주를 통해 현실을 재즈적으로 병치하고 있음을 부각시키려는 의도로 읽혀진다. 9개의 신은 대부분 롱샷에서 시작해 클로즈업으로 끝이 나는데, 카메라의 눈이 점차 명확해지도록 서서히 줌을 확대하고 있다. 각 신의 끝부분에 시인의 주관적 해석을 살짝 덧붙이고는 있지만, 설명을 가능한 한 억제한 채 건조할 정도로 장면화함으로써 영화의 '보여주기'를 극대화하고 있다.

 카메라가 연속적으로 공간을 이동하면서 '바라보고' 기록하고 있다는 점에서 이 시는 파노라마적이고 다큐멘터리적이다. 파노라마나 다큐멘터리가 한정된 카메라의 시선에 의존하고 있는 것과 마찬가지로, 그 기록은 시인의 눈에 포착된 것만을 재현하게 되고 독자의 시야는 시인의 카메라적 시선에 의해 통제된다. 이같은 카메라적 시선에 의한 공간 묘사는 중심적인 것보다 주변적인 것을, 의도적인 순간보다는 우연적인 순간을 포착하고 있으며, 그 배열은 어떤 사건의 연관 관계에 의한다기보다는 공간적인 인접성에 의해서 구성되고 있다. 여기서 독자는 제시된 그대로의 공간 단편들을 하나의 공간으로써 통합해내야 한다. 즉 똑같은 서술구조 혹은 카메라의 시선 속에 시공간적인 변주만을 보이고 있는 위의 시가 기계적인 일상 혹은 그 틀로부터의 탈출의지를 드러내고 있음을 간파해야 한다. 그같은 의지는 '묘지'와 '방전'이라는 마지막 문장의 중심 시어에서 역설적으로 드러나고 있으며, 공기와 부딪치다, 열리다, 날개를 달다, 달빛이 터져나오다와 같은 각 신의 마지막 동사에 집약되어 있다.

4 시적 영감과 마술적 이미지를 자아내는 한 컷, 한 쇼트

특정 영화의 영상이나 스토리를 환기하여 시를 풍요롭게 하는 방법도 있다. "시는 이미지다"라고 언명한 이도 있듯, 이미지에 민감할 수밖에 없는 시인에게 영화의 강렬한 장면은 매혹의 대상이다. 언어화되지 않은, 언어화되기 어려운 이미지만의 환상, 어둠 속에서 푸르게 도드라져 빛나는 불가사의한 영상기호들. 사실 잘 만들어진 한 컷, 한 쇼트는 때로 천 마디 말 이상의 파급 효과를 지닌다. 그 강렬한 이미지는 항상 현재적 이미지로 각인되곤 한다. 또한 스크린 위에서 '지금 일어나고 있는' 현재의 이미지는 관객들에게는 현실에 다름 아니다. 현실 / 회상 / 상상을 가로지르는 압도적인 영상 이미지들은, 시인들의 능동적 감상에 의해 다른 이미지로 변형된다.

> 사랑은
> 언제나 절벽 끝에서 완성되지만,
> 모든 정열에는 눈이 없어서
> 사랑 뒤의 바다를 보지 못하고,
> 출렁이는 푸른 숨결 속에
> 제 육신을 눕힌다.
>
> — 이세룡, 「페드라」 전문

인용시가 수록된, 이세룡의 『채플린의 마을』(1988)은 영화 내용을 주제로 하거나 그 이미지를 변주한 시편들로 채워져 있다. 그는 이 시집의 서문에서 "내 머릿속에, 내 가슴속에 남아 있는 영화의 내용을, 혹은 제명에서 오는 느낌을 그대로 혹은 정반대로 쓴 시들"이라고 밝히고 있다. 인용시는 영화 〈페드라〉의 마지막 장면을 환기시킨다. 페드라(새어머니)와 알렉시스(전처 아들)의 금지된 사랑은 벼랑으로 치닫고, 걷잡을 수 없는 절망의 끝에서 죽음을 선택하는 두 연인의 비극은 알렉시스가 스포츠카를 타고 페드라를 부르며 절벽을 질주함으로써 끝이 난다. 바흐의「토카타와 푸가」선율이 물보라처럼 격정적으로 치솟을 때 폐부를 찢는 알렉시스의 절규! 시인의 시선은 바다를 향해 "페드라—"를 외치며 몸을 던지는 주인공을 좇아가면서, 그들의 사랑을 "사랑은 / 언제나 절벽 끝에서 완성"된다는 잠언으로 응집시킨다. 독자들 또한 영화에서 보았던 장엄한 영상과 음악과 절박한 주인공의 외침을 환기하면서 이 구절을 보다 입체적으로 감상하게 될 것이다.

위와 같은 시들은 무려 두 시간 이상 상영되는 영화 한 편을, 짧은 시 한 편으로 혹은 한 구절로 압축시켜 놓는다. 그 언어는 여과에 여과를, 절제에 절제를, 함축에 함축을 거듭한다. 그러나 만약 위의 시가 「페드라」라는 제목이 아니었다면? 그 구체적인 영상 이미지를 잃는 대신, 보다 보편적인 이미지 혹은 의미를 자아냈을 것이다. 따라서 특정 영화를 대상으로 하는 이러한 시들은 시의 상상력과 그 의미를 보다 풍요롭게 실현할 수 있는 동시에 제한할 수밖에 없는 모순된 운명에 처하게 된다.

아이다호란 영화가 있지

그 영화에
— 나는 길의 감식가야
평생 길을 맛볼 거야 —
그런 기막힌 언어의, 독백의 길이 있지
길이 있는 영화는
끝없이 걸어가는 꿈이 있어
끝없이 산책하는 내부가 있는 한
당신에 관해 건방질 것도 없이 나는 최고의 감식가지

— 박용하, 「감식안에 관하여」 중

    박용하의 시에서 영화 「아이다호」는 여러 편에 걸쳐 변주된다. "나는 길 위에 서면 무한한 성욕을 느낀다"(「로드 무비」), "길 위에서라야지만 내 영혼은 왕국을 느낀다"(「태양의 휴게소」)라고 노래하는 그의 시편들은 '로드 포엠'과도 같다. 그에게 있어 길이란 삶 그 자체이다. 로드 무비의 간판격인 「아이다호」의 도입부에 초점을 맞추고 있는 이 시는, "나는 길의 감식가야 / 평생 길을 맛볼 거야"라는 주인공 마이크의 독백을 그대로 인용하고 있다. 박용하는 특히 이 '감식'이라는 단어를 사랑과 연결시켜, "그건 그대를 최고로 맛볼 줄 안다는 것이지 / 그대의 자존심을 최고로 지켜준다는 것이지 / 그대의 오르가슴을 절정으로 이끌어준다는 것이지"라는 구절을 끌어낸다. 영화의 강렬한 장면들로부터 시적 영감 혹은 마술적 이미지를 시사받은 시인들은 이처럼, 그 장면 사이에 존재하는 '빈틈'에 스며들어 그 틈을 자신의 언어로 메운다. 독자들 또한 자신들의 기억 속에 남아 있는 영화의 이미지를 떠올리며 이중독해를 하는 재미를 느낄 수 있다.

5 '환각과 환멸의 도플갱어'를 찾아

또 다른 시인군은 영화의 퇴폐적 장면, 주제, 이미지들을 다양하게 활용하여 대중미학, 소비미학, 상품미학, 키치미학 등으로 요약되는 현대문화적 속성을 대변하기도 한다. 섹스와 폭력과 광기의 센세이셔널리즘, 닳고 닳은 통속성과 상업성을 근간으로 하는 현란한 영상 이미지의 난무는 현대 영화의 현주소이기도 하다. 이때 영화는 욕망을 가르쳐주는 절망의 포르노그래피가 된다.

> 섹스, 거짓말 그리고
> 사회적 폭력 및 성적 불안을 조성하는 혐의로 체포된
> 통제 불가능한 상상력
> 내 어머니의 자궁 속으로 나는 육십 년간의 여행을 떠난다
> ─ 하재봉, 「비디오 / TV는 나의 눈」 중

하재봉이 'TV는 나의 눈'이라고 말할 때, 그 영상의 세계는 "나의 것이 아닌 / 나의 것이 아닌 것이 / 나의 것인", "나의, / 친구 나의 애인 / 나의, 스승"이며, 그리고 "우주의 거대한 자궁"(「비디오 / TV는 폭발한다」)이다. 하재봉에게 현실이란 "리모콘을 움직여 마음대로 조

종하는 / 컬러 화면 뒤에 숨어 덧칠된"(「비디오 / 비디오 1984」), 가짜 세상에 불과하다. 온통 섹스와 거짓말, 폭력, 성적 불안과 같은 통제 불가능한 상상력으로 도배된 '불법 비디오'와 같은 것이다.

유하 시에서 그 양상은 보다 구체화된다. 그는 메타시네마적인 유희를 통해 실재the real와 영화the reel 간의 경계에 대한 회의적 물음을 던진다.

> 나는야 할리우드 키드였으므로, 할리우드 여배우 이름이나 외우며 사춘기의 전부를 허비했지 저수지의 개, 같은 날들이라고 비웃지 말게 난 모든 종류의 진지함을 경멸했어, 그게 나의 호환이고 마마야 과연, 이름 속에 갇혀 있는 게 진리일까? 비비안 리의 해골에 담긴 물을 마시고 잠깐 깨달음을 얻은 적도 있었지 하나 나의 상상력은 자꾸만 썩은 물이 고인 저수지처럼 음습한 곳으로 향하는 것 같아 심지어 불량 불법 비디오에 나오는 모든 배우의 이름을 알고 싶어 이발소 그림, 화신극장의 쇼걸, 만화에 나오는 등장인물들, 해적판 레코드 위에서 희미하게 광란하고 있는 기타리스트, 바기나에 난 점이 인상적이었던 포르노 배우…… 폐기물의 환희…… 뭐 그딴 것들, 내 청춘의 독서목록이랄까 나는야 쓰레기의 이름으로 붐비는 지하 도서관, 내가 택한 건 향기 없는 진리보다 지금 이 순간, 독버섯의 매혹,
> ― 유하, 「드루 배리모어, 장미의 이름으로」 중

그는 제도화된 욕망의 양산과 그 절대적인 악의 징후들을 일련의 상업 영화나 불법 비디오에서 읽어낸다. 그것들은 곧 '세운상가'라

는 공간을 중심으로 성장한 '헐리우드 키드' 세대의 불법 비디오적 감수성과 상상력의 양태를 대변한다. 헐리우드 키드의 본거지인 세운상가는 '캄캄한 허무의 벌집'(「세운상가 키드의 사랑」)이며 '어두운 욕망의 벌집'(「세운상가 키드의 사랑 2」)이다. 포르노와 폭력이 빚어 낸 허무와 환멸의 환각으로 얼룩진 "욕망의 이름으로 나를 찍어"(「세운상가 키드의 사랑 2」)내는 곳이기도 하다. 어느새 일상이 되어버린, 비디오가 지배하는 과(過)실재 속에는 영화 〈장미의 이름〉, 〈헐리우드 키드〉, 〈저수지의 개〉, 〈개 같은 날들〉, 그리고 문화공보부의 홍보용 광고와 그 밖의 불량 불법 비디오의 영상들이 마구잡이로 뒤섞여 있다. 이 수 편의 영화적 끌어들이기는 더 이상 '끌어들이기'가 아니라 일상 그 자체로 발산되는 시인의 '인식틀'이 되고 있는 셈이다. 독자들 또한 자신이 읽고 있는 것이 영화인지 시인지, 허구인지 실재인지 구별이 모호한 혼란스러움을 경험하게 된다. 이같은 혼란스러움은 경계중첩의 유희를 한층 더해 준다.

정형화된 교육 과정과 삶의 관문들, 그 국화빵틀을 어김없이 통과해 온 체험부재의 세대들. 그들의 현실 체험은 대부분 이렇듯 사각의 스크린을 통해 이루어지고 있다. 현실 체험을 앞서는 그 가상 체험의 매혹적 이미지에 함몰될 때, 매혹의 이름을 찾아 헤매는 '환각과 환멸의 도플갱어'(「드루 배리모어, 장미의 이름으로」)는 곧 시인 자신 혹은 우리 자신이 된다. '살아 있는 사람의 유령'이라는 사전적 의미의 도플갱어 Doppel ganger는 어떤 인물의 정신적 분신 혹은 또 다른 자아 alter ego를 이르는 말이다. 예를 들자면 〈플라이〉라는 영화를 빗대어 형상화한 "플라이와 합성된 인간들 / 파리인간의 주둥이를 집요하게 간질이는 / 수많은 망식의 그림자들"(「환멸을 찾아서 4―비디오 숍 가는 길」)이 바로 영화 주인공인 박사의 도플갱어이자 시인 유하의 도플갱어다. 이러한 괴물은 과학의 완벽성에 도전하는 인간의 비극적 결함이 구체화된 것으로, 영화의 부정적 결함이나 영화의 재앙에 대한 은유가 되고 있다.

'향기 없는 진리'와 '독버섯의 매혹' 중에서 단연코 후자를 택하고 있는 유하는, 자신을 성장시킨 문화 양식을 통해 과연 무엇이 삶이고 무엇이 진리인지를 냉소적으로 성찰한다. 제목이 시사하는 '장미'의 아름다움과 향기는 '존재의 참을 수 없는 휘발성'으로 인해 시적 자아에게는 매혹인 동시에 허무의 대상이 되고 있다. 그 '장미' 또한 영상 이미지의 은유적 표현에 지나지 않는다. 헛것들에 대한 열망이 사그라들고 그 열망의 악취 혹은 향기마저 휘발되고 남은 빈 껍질이 진리가 되어버린 현실에 대한 환멸의식을 드러내준다 하겠다. 이제 영화야말로 현실이 되고, 현실 경험이란 한낱 환멸에 불과한 시대가 도래한 것이다. 남진우가 보고 있는 세기말 밤의 공포 영화는 이제 스크린 밖을 튀어나오고 있다.

> 대형 화면 가득히 산송장이 넘실거린다
> 산 자의 피에 굶주린 저 죽은 자들의 광란
> 붙박이 의자에 걸터앉아 후텁지근한 공기를 들이마시며
> 세기말의 밤을 공포 영화로 보낸다
> ― 남진우, 「공포 영화와 함께 이 밤을」 중

6 실연實演과 연기演技의 '막膜'이 찢기다니!

이제 영화는 세계를 영사막 속에 담는 것이 아니라 영사막 속에서 세계를 끄집어내고 있다. 장정일이 "그녀는 자신의 / 따분한 삶을 화려한 것으로 바꾸어주는 영화의 유혹으로부터 / 벗어날 수가 없다. 내심으론 얼마나 많은 은퇴와 / 복귀를 반복했던가. 그러면서 그녀는 매일 8미리 필름을 찍었고 / 이제는 그녀가 영화를 찍는 것인지, 영화 속의 그녀가 / 그녀를 대신 사는 것인지 모르게 됐다"(「8미리 스타」)고 장자의 '호접몽'을 패러디하면서 능청을 떨 때, 그 능청에는 장자적 호접몽이란 오늘날 영화적 백일몽에 다름 아니라는 철저한 냉소가 깔려 있다. 앞에서 살펴본 바와 같이 장정일은 영화 속의 주인공과 현실 속의 자아가 구별되지 않게 되리라는 사실을, '실연'과 '연기'의 경계가 해체되고 있다는 사실을 예견한 바 있다.

현실 속에 환幻이 끼어들고 현실이 또 다른 모습으로 허구화되는, 현실 속의 환각, 현실 환각, 가상의 현실화. 확실한 영상 세대인 90년대 시인들에게서 이러한 양상은 더욱 첨예화된다.

> 한 女子·여자가 나와 몸을 비꼬네
> 여전히 性器·성기는 잘려나가고
> (참! 불필요하게도) 허벅지에서 가슴까지
> 안개가 뿌려지네
> 시야는 완전 ZERO
>
> — 성윤석, 「극장이 너무 많은 우리 동네 1」 중

> 사람들은 사랑과 정열만으로도
> 떠날 수 없고 누군가 복수를
> 꿈꾸는, 바람 불고 비 내리는
> 거리에 가면
> 나타났다 없어지는 죽음에
> 가면 우리 삶도 영화가
> 될까 새로운 필름을 예고하는
> 나날의 극장에 가면

― 성윤석, 「극장에서」 중

'극장이 너무 많은 우리 동네' 사람들의 시야는 이미 '완전 ZERO' 상태다. 영화에 중독된 이 제로의 시야는 관음증voyeurism과 페티쉬fetish적 도착증이 가미되어 있다. 실제의 살갗에 가 닿지 않은 채 물화된 부분만으로 대리만족에 이르는 그러한 도착 세계에 매몰된 '우리 동네' 사람들은 영화와 삶을 구별하지 못하고, 극장과 동네를 구별하지 못한다. 그들에게 스크린의 경계란 없다. 그들은 영화 속 주인공들처럼 산다. 현실의 사랑과 정열, 복수와 죽음은 모두 처절하게 영화화된다. 더 정확히 말하자면 현실 자체가 삼류 영화처럼 가십화되고 통속화되고 있다. 삶의 공간은 새로운 영화를 예고하는 극장으로 비유될 뿐이다.

모든 것을 '보여주는' 영화의 가장 큰 마력은, 즉각적인 대중적 감염을 통해 현실에 과감하게 끼어들어 대리현실과 대리만족에 의한 가상의 현실을 만들어낸다는 데 있다. 이때 영화는 현대인의 욕망을 제조하는 제조기가 되고 현실 자체가 되고 만다. 현실은 곧 욕망이 포화상태에 도달한 환幻의 속성을 띤다. 현실의 환幻, 그 총체적인 눈속임은 리얼리티와 픽션, 현실과 영화, 실연과 연기 사이의 구별을 불가능하게 한다. 그리하여 영화 텍스트와 세상 텍스트는 등가물이 된다.

    거울 속에 누군가 거울을 안고 나타난다 그대이다, 그리고 그대의 거울 속에는 그대를 품은 내가 있다 그러므로 그대와 나는 과거와 미래를 꿰뚫는 무수한 '그들,' ─ 나는 그대의 옷을 벗긴다 이런 동작은 양수 속에서부터 습득되어야 한다는 누군가의 목메인 傳言전언이 있다
            ─ 강정, 「춤─리버 피닉스에게 보내는 幻滅환멸의 俳優論배우론」 중

    나는 너무 많은 것을 그에게서 갈취한다 膜막은 나와 그녀의 것이다 건조한 그녀 몸을
    적실 피를 짜낼 것이다 膜막은 나의 몸이다 내 몸을 찢어 나는 그녀의 살이 되리 그가
    다가온다 膜막은 그의 결정이다 나는 실수했다 결정적이다 내가 영화 속에 들어와버리다니
            ─ 강정, 「不二불이─영화이야기」 중

    영화가 하나의 창문처럼 세계를 투명하고 '사실적'으로 재현한다고 믿었던 바쟁은 순진했다. 오늘날 스크린은 단순히 창문이 아니다. 그것은 일그러진 자신을 되비쳐주는 나르시시즘의 거울이자 섹

스 파트너의 처녀막처럼 실제 삶에 근접해 있다. 젊은 시인 강정의 시를 보자. '거울'을 통해 대상화되던 배우 '리버 피닉스'는 시인 자신이 되고, 또 다른 배우들도 '거울'에서 금세 튀어나와 관객 자체가 되고 시인의 섹스 파트너가 된다. 스크린에 재현되는 화면이란 결국 우리 자신이 욕망하는 내면의 영화에 지나지 않는다. "나에게는 더 들어갈 수 없는 膜막이, 그와 나는 한 여자를 가운데 두고 섹스한다" 에서 알 수 있듯, 강정은 영화와 현실 사이에 놓여진 스크린을 그와 나 사이에 있는 한 여자의 처녀막과 같은 '膜막'(혹은 커튼이나 거울)으로 인식한다. 따라서 그에게 있어 영화보기란 영화와 현실 사이의 '섹스'가 된다. 급기야 '들어갈 수 없'던 스크린의 막膜이 찢겨지고 결국 '내가 영화 속에 들어와버리'는 삶의 '결정적인 실수'를 범하게 된다. 이때 '극장'은 '자궁'이 된다. 그곳은 '역한 감각을 발산하는' (「불안스런 것들」), 축축하게 피로 얼룩진, 사랑과 죽음이 겹쳐지는 장소이다.

이처럼 스크린과 극장이 자궁 혹은 무덤으로 비유되는 것은 90년대 시인들의 공통적 특징이다. 앞서 인용한 하재봉의 시가 그랬고, "극장 벽면 귀퉁이에 / 서둘러 그려진 저 性器성기 속의 性器성기!"(「극장이 너무 많은 우리 동네 1」)라고 표현한 성윤석의 시도 그랬다. 강정은 특히 이같은 영화의 마력을 '감염의 율법'(「이런 우주를 말하라」)이라 일갈한 적이 있는데, 그에게도 영화에 감염된 현실이란 "한 명의 인간이 그 자신의 망령과 함께 죽음을 實演실연하는"(「극장」) '극장'에 불과한 것이었다. 자궁의 공간과 무덤의 공간을, 그리고 영화의 공간과 삶의 공간을 하나로 인식하고 있음을 알 수 있다.

영화와 현실이 이처럼 한 치의 빈틈도 허락지 않을 때 상상은 사라진다. 대상을 재현하는 것이 이미지라면 그 이미지를 생산하는 것은 상상력이다. 그러나 재현할 실체가 없고 이미지가 실체인 세계에서 상상이란 그 존재 근거를 상실할 수밖에 없다. 상상이 매장되어 버린 과포화된 이미지의 세계들. 그 세계 속에서는 영화가 현실을 닮은 게 아니라 현실이 영화를 닮아간다. 황지우가 "영화는 삶을 예행 연습시킨다"(「선택할 수 없는 것」)라고 노래하던 때는 지났다. 영화는 삶을 앞질러 산다. 더 이상 예행이나 연습이 아닌 것이다.

7 영화에서 상상력을 베끼는 '유나버머'들?

스크린으로 경험되는 직접적인 현현顯現의 순간, 모든 감각과 정서를 추동시키는 현란한 이미지와 사운드, 이 현기증 나는 현현 앞에서 19세기적 문자는 어떻게 살아남을 것인가. 힘겨운 이해와 상상과 전문적인 독법을 필요로 하는 시의 언어를 누가 들여다볼 것인가. 신현림과 박용하는 이렇게 자포자기한다.

> 감각의 성감대를 찌르고 핥고 부드럽게 매만지는
> 매혹적인 영화 볼 시간에 창 없는 詩시를 누가 읽나
> 열리지 않는 詩시를 누가 들여다보나
>
> — 신현림, 「중경삼림을 보고 돌아온 밤」 중

> 티브이와 컴퓨터가 전부인 양 목매단 도넛 같은 녀석들에게서
> 무엇을 희망하겠는가
> 하물며 대중 매체에서 상상력을 베끼는
> 시인의 시에서 무엇을 바라겠는가
>
> — 박용하, 「지구에 살기 위하여」 중

마르쿠제의 말을 빌려 지적하자면, 대중매체에서 상상력을 '베끼는' 시인들은 과연 시인의 '책임을 유기하고' 있는 것인가. 신현림이나 박용하의 자기부정이, 절망의 현실 속에서 또 다른 희망의 현실을 창조해내야 하는 시인의 책임과 역량을 스스로 포기하는 것이란 말인가. 그러나, 그럼에도 불구하고, 그들의 냉소적 자포자기는 역설적으로 들리고 심지어 순결하기까지 하다. 특히 박용하가 꿈꾸는 "車차를 파킹시키고 / 여자도 파킹시키고 / 까짓 것, 삶도 파—아—킹—시키고"(「블루, 블루, 블루」), '숨을 끄게 하는 / 한 편의 우수한 영화', 우리를 천국의 매표소까지 데려다주는 '꿈같은 영화'란, 곧 그와 같은 한 편의 시에 대한 열망으로 읽혀지기 때문이다.

여기 영상매체에 깊숙이 발을 들여놓고 일정 부분 중독되기도 한 영화 '마니아' 시인들, 그들은 영상매체를 시에 등장시켜 그 시를 읽는 우리로 하여금 기꺼운 감염을 유도하고 있는 것인가, 속수무책의 감염에 대비해 스스로 항체를 만들 수 있도록 항원을 주입하고 있는 것인가. 오늘날 모든 문화를 지배하고 있는 것은, 박용하의 말마따나 '슈퍼마켓에 나열된 캔'(「지구에 살기 위하여」)같은, 대중들이고 그들의 예술이다. 그러고 보면 현대사회의 소외라든가 우연의 연속으

로서의 필연을, '유효기간이 지난 캔들'로 이미지화했던 왕가위의 영상은 실로 의미심장한 것이었다. '유효기간'이 이미 결정된 '슈퍼마켓에 나열된 캔'들 사이에서 시의 위의威儀란 위태하기 그지없는 지경에 이르렀다. 시가 나아갈 '속수유책'은 감염인가 예방인가. 둘 중 하나일 것이다.

나는 믿는다. 장정일에서 강정에 이르는 영화 마니아들, 영화에서 시적 상상력을 베끼는 시인들이, 아직까지는 시인의 책무에 성실히 복무하고 있다고. 그리하여 감염에 대한 면역을 위해, 혹은 감염을 예방하기 위해 먼저 온몸으로 받아들이고 있는 것이라고. 삶을 있는 그대로 재현해주고 그 삶을 바라보는 법을 일러준다는 영화의 비밀스런 약속이 어느덧 리얼한 헛것으로 변질되고 있으며, 그 눈속임이 얼마나 무한하고 또 리얼할 수 있는지를 보여주는 것이라고. 나아가 어떻게 리얼 그 자체로서 삶과의 경계를 와해하고 삶 자체가 되어버리는지를 보여주고 있는 것이라고. 그들은 분명 그 균들을 먼저 보고 그 번식을 불길하게 예견하는, 미리 중독된 '유나버머'(기술문명에 반대하는 테러, 또는 그 사람)들이라고.

에로티시즘과 여성의 성性

1 여성의 성性, 여성의 언어

  남자에게서 취하신 그 갈빗대로 여자를 만드시었으니 이 이차적 존재로서의 여성은 한 부분이 모자란 채 역사에 등장했는데 그것은 성 바울에 따르면 머리이고 프로이트에 따르면 남근이다.

— K. K. 루트반, 『페미니스트문학비평』, 김경수 역, 문학과비평사, 1989

  원래 사람의 모양은 아주 둥글었는데, 지금의 모습은 그 둥근 몸을 가운데로 딱 반으로 갈라놓은 모습이라는 것이다. (…중략…) 한 몸에서 두 조각으로 나뉘어진 인간들은 그 반쪽이 다른 반쪽을 그리워하고 다시 한 몸이 되려고 하였다.

— 플라톤, 『플라톤의 대화』, 최명관 역, 종로서적, 1975

우리가 잘 알고 있는 위의 신화는 각각 헤브라이즘과 헬레니즘에 입각한 인간 창조 신화에 해당한다. 이 두 신화는 모두 결핍과 욕망으로 길항하는 남녀 간의 사랑을 설명할 때 자주 인용되는데, 성경의 신화가 그 결핍을 여성에게 두고 있다면 플라톤의 신화는 양성兩性 모두에게 두고 있다. 특히 성性의 관점에서 남녀를 이야기할 때 우리는 성경의 관점을 따르곤 했다. 모든 관점에서 성은 남성의 전유물이었기 때문이다. 온전한 '갈빗대'를 소유했던 남성은 생리적으로 강한 성욕을 가지고 있어 그것을 억제하기 힘들 뿐만 아니라 억제하는 것은 남자답지 못하다는 이유로 자신의 성적 방종, 일부다처적 행동, 성폭력 따위를 정당화시켜 왔다. 이에 비해 남성으로부터 '갈빗대'를 얻은 여성은 생리적으로 남성보다 성적 욕구가 약하고 자제력이 강하다고 평가되었다. 때문에 여성이 남성과 같은 행동을 취할 경우에는 비난의 대상이 되었다.

그러나 페미니즘의 시각에서 성을 논할 때 플라톤의 인간 창조 신화는 보다 유용하다. 양성을 구비한 완전한 존재로서의 본래적 인간에 대한 열망이 바로 성과 사랑에 대한 욕망이라고 해석될 수 있기 때문이다. 여성에게나 남성에게나, 성과 사랑에 대한 열망은 결여되고 온전치 못한 인간 현존재를 넘어서 완전한 인간 존재에 도달하려는 본능의 표출인 것이다. 그러므로 성에 대한 욕망을 남성이나 여성, 어느 한 쪽에 국한된 전유물로 제한해서는 안 된다. 그것이 추구되고 충족되는 양태만이 여성적 / 남성적, 정신적 / 육체적인 것으로 구분될 수 있을 뿐이다.

주지의 사실이지만 페미니스트에게 문제가 되는 것은 남자됨과 여자됨의 실질적인 규범화가 남성중심적 지배구조, 즉 가부장적 구조로 이루어져 있다는 사실이다. 성을 향유하는 방식에 있어서도 마찬가지이다. 남성 자신은 어떠한 성적 제약도 받지 않는 자유로움과 가능성으로 열어놓은 채 여성의 성을 금기시하고 여성을 성적 대상화시켜 놓았다. 남성 성의 보조자 혹은 수혜자로 규정해 놓은 결과 여성은 성에 있어서 수동적이고 결핍된 존재로 이해되었다. 그러므로 페미니즘 관점에서 에로티시즘을 논의할 때 주목해야 할 사항은 성행위를 근거로 하는 에로티시즘의 본능적 특성이 사회적인 과정에 의해 어떻게 지배받고 변형되었는가 하는 점일 것이다.[1] 이러한 사실은 성이 여성 억압의 주요 변수이고 남녀의 권력관계를 포함하는 사회구조의 근간으로 작용하고 있음을 보여 준다.

나는 이 글이 에로티시즘 이면에 숨겨져 있는 남녀차별적·정치적·문명비판적 성격을 간과하지 않기를 바라며, 그리고 가부장제의 근간인 '남근중심적인 해석 전통'에서 벗어나 조금이라도 새로운

---

1 나는 여기까지 성性과 사랑, 섹스, 에로티시즘이라는 단어를 별 구분 없이 사용했다. 그러나 그 단어들을 페미니즘이라는 용어와 함께 언급할 때는 좀더 엄밀히 구분해서 사용해야 할 것이다. 논자에 따라 Sex로서의 성과 Gender로서의 성이, 섹스Sex와 사랑Eros이, 성애Sexuality와 에로티시즘Eroticism이 모호하게 혼용되기도 한다. 게다가 푸코의 Sexuality에는 제도적인 장치 혹은 구조라는 사회·정치적인 개념이 첨가되기도 한다. 그러므로 본고에서 '성性'은 생물학적 특성으로서의 성Sex과 사회화된 성Gender이 혼용된 개념으로 사용하게 될 것이다. 그리고 섹슈얼리즘은 생물학적이고 육체적인 성행위를 전제로 한 사랑에 한정해 사용하고, 에로티시즘은 생물학적인 성행위에서 비롯되는 감정이라든지 의지 혹은 행동방식과 같은 심리적이고 사회적인 요소들이 포함되는 육체적·정신적 사랑, 관능적 쾌락, 성적 욕망, 감각적·감성적인 친밀성 따위를 포괄하는 개념으로 사용하고자 한다.

'여성적인 환유법적 독서'가 되기를 희망한다.

사실 시쓰기를 통해 드러나는 여성만의 본질적인 에로티시즘의 특징을 한 마디로 정의하기는 어렵다. 그런데도 분명 여성의 시쓰기에는 남성의 시쓰기와는 다른 무엇이 있어 왔다. 여성은 주로 자신의 육체와 성에 대한 경험과 욕망을 '개인적인 것', '말할 수 없는 것'으로 감추려 했다. 남성시인과 비교해 볼 때 여성시인의 시에 나타나는 성묘사는 추상적·간접적·암시적·상징적이었다. 성에 대한 그러한 감춤과 침묵은 여성에게 억압과 통제로 강요되었던 관습적 성규범에서 연유한 결과이다. 그러나 이제 여성은 자신의 성에 대해 보다 적극적으로 말하기 시작했다. 성에 관한 자신의 언어를 찾기 시작한 것이다. "어서 입을 벌려 봐. 파도 소리. 돛단배 떠나는 소리. 초록, 초록 물 한 방울, 말 한 마디. 초, 록, 뱀, 한 마리. 세모꼴로 부서지는 소리.「아」「아」「아」입이라도 벌려 봐."(김혜순,「말-3. '아'字 처음 피어나는 소리」)라고 갈망할 때, 그 말이란 여성 성에 관한 여성 자신의 언술을 일컫는다 하겠다.

김혜순이 다음과 같이 노래할 때 그의 언어는 성에 대한 여성의 피해의식을 보여 준다. 그는 성에 대한 암시적 감춤과 그 이면에 깔린 억압적 기제의 드러냄 사이를 아슬아슬하게 넘나들고 있다.

> 옷을 입은 그들이
> 옷을 벗은 나를 풀었다.
> 나의 가슴엔 두 송이 백합
> 백합 두 송이 캐내면

내 꿈들이 터지는 소리

내 비명 소리.

내 가슴 밑둥지

독버섯을 따내며

그들은 호통을 쳤다.

가슴 속 골목골목

버섯꽃들이 자꾸만 썩어서

꿈들은 이리저리 섞이고

호미를 든 그들은 지쳐서

광주리를 버리고 가슴 속

언덕 밭에서 쉬었다.

일생의 내 꿈들을 창피하게 창피하게 흩으며

옷을 입는 그들은 지겹다, 지겹다 말했다.

내 머리맡에는 백합 두 송이

썩고 있었다.

― 김혜순, 「解剖해부」 중

    대부분은 공격적이고 파괴적인 정력을 남성다움으로, 순결과 정조를 여성다움의 상징으로 생각한다. 그래서 남성은 여성을 정복한다 또는 먹었다고 말한다. 여성들에게 내재된 피해의식은 이같은 남성중심적 성인식에서 비롯된다. 김혜순의 「解剖해부」는 성의 폭력적 구조, 즉 남성적 공격성과 여성적 수동성 속에서 해체되는 여성 자아를 그려 보인다. 그 불평등한 구조는 '옷을 입은 그들'과 '옷을 벗은 나'의 상징성에서 출발한다. 옷을 입은 남성과 벌거벗은 여성의 성적 결합은 에로티시즘을 추구하는 예술의 주된 모티브로, 사회화된 남성의 성폭력을 극단적으로 드러내는 상징이다. 마네의 「풀밭 위의 식사」야말로 그 단적인 예가 될 것이다.

그러한 폭력성은 시인의 순결한 자아 혹은 처녀성을 의미하는 백합 두 송이와 꿈이 파괴되는 '비명 소리'에 의해 더욱 강조된다. 특히 풀다, 캐내다, 따내다, 호통을 치다, 지겹다 따위의 동사가 남성적 가해성을 강조하고 있다면, 썩다, 흩어지다, 창피하다와 같은 동사의 움직임은 남성적 가해성으로 인한 여성의 고통과 죄의식을 드러내고 있다. 여성이 상처받기 쉬운 성의 피해자로서 성행위에 있어 부정적이거나 수동적인 태도를 취할 수밖에 없는 현실을 단적으로 보여준다 하겠다. 남성 위주의 성규범 속에서 여성이 경험하는 성에 대한 갈등과 모순은 클 수밖에 없는 것이고, 그런 사회가 강요하는 순결 콤플렉스와 임신에 대한 위험은 여성으로 하여금 성행위 그 자체를 두려워하거나 죄악시하도록 한다. 두려워하거나 죄악시하지 않는 경우라면, 이같은 위험을 피해 정신적이거나 낭만적인 사랑의 환상에 빠지는 것이 고작이다. 그러나 여성이, 타자인 남성을 중심으로 자신의 성을 맞추고 굴절시킬 때 여성은 결국 자신의 성으로부터 스스로 소외될 수밖에 없을 것이다.

2 죽음에 이르는 에로티시즘의 욕망

�죠르쥬 바타이유는 에로티시즘을 '죽음까지 파고드는 삶'이라고 언급한 바 있다. 에로티시즘의 충동은 열정적이고 풍요로움으로 꽉 찬 삶의 욕구와, 파괴적인 살해 혹은 사멸을 향한 죽음의 욕구로 이루어져 있다. 굳이 그의 말에 기대지 않더라도 풍요로운 에로티시즘이 삶과 죽음의 순환을 암시하고 있음은 주지의 사실이다. 우리에게 잘 알려진 최승자와 채호기의 시에 드러나는 사랑과 죽음에 대한 인식은 공통적이면서도 사뭇 다르다. 이들의 언어는 여성과 남성이 에로티시즘을 서로 다르게 인식하고 있는 좋은 예이다. 최승자나 채호기에게 있어서 자궁은 시인의 자의식이 형성되는 장소이며 성행위가 이루어지는 현장이다. 또한 그곳은 죽음이 드나드는 곳이다. 그러나 최승자는 기존의 성규범과 성쾌락에 내재되어 있는 여성 성의 억압과 소외, 그리고 여성 성의 박제화를 '죽음'으로 표출한다. 이에 비해 채호기의 '죽음'은 성적 희열과 동일하게 묘사된다. 그는 성행위 자체를 자신의 모든 상처와 불안을 정화시키려는, 다시 말해 모든 남성이 꿈꾸는 생명의 근원 혹은 재생의 과정으로 파악한다.

> 이윽고 잠, 닫혀진 회색 강철 바다,
> 속으로 한 사내의 그림자가 숨어들어
> 내 꿈의 뒷전을 어지러이 배회하고
> 환각처럼 흔들리는 창가에서, 누구시죠?
> 내게 희미한 두통과 고통을 흘려 붓는, 누구시죠?

내 死産사산의 침상에 낮게 가라앉아,
누구시죠? 누구 누구 누구 ……?

밤부엉이가 밤새 내 지붕을 파먹었어.
아침엔 날이 흐렸고
벌어진 큰골 속으로 빗물이 뚝뚝 흘러들었어.
이미 죽은 내 몸뚱이 위에
누군가 줄기차게 오줌을 깔기고,
휘파람을 불며 유유히 떠나갔어.

— 최승자, 「밤부엉이」 중

    여성의 성을 과도하게 억압하거나 그와 반대로 과도하게 신비화시키는 폐쇄적 고착화는 여성의 성性적 정체성을 상실하게 하고 자아분열을 초래하게 한다. 또한 여성 자신의 억압과 소외를 야기할 뿐만 아니라 자신과 관계를 맺는 남성의 성마저 억압하거나 소외시키는 결과를 초래하게 한다. 결과적으로 여성에게든 남성에게든 성에 내재된 자기승화의 잠재력은 부정되고 만다. 최승자의 시에서 여성의 자궁은 '닫혀진 회색 강철 바다'나 '死産사산의 침상'으로 비유되고 있다. '밤부엉이'와 같은 '한 사내의 그림자'는 내 꿈의 뒷전을 어지러이 배회하며 내게 희미한 두통과 고통을 흘려 붓는다. 그 그림자는 여성적 자아의 거처인 '내 지붕'을 파먹을 뿐만 아니라 죽은 내 몸뚱이 위에 오줌을 깔기고 유유히 휘파람을 불며 떠나는 폭군의 것이다. 이 시대의 정치·경제적 메커니즘이나, 세계 혹은 미래라는 이름으로 변용되기도 하는 그 폭군은 언제나 시인에게 사산의 침상을, 불모의 사랑을, 폐허의 꿈을 가져다 준다.

성에 대한 최승자의 사유는 왜 이렇게 죽음에 귀착하고 있는가. 여러 가지 요인을 생각해 볼 수 있겠다. 여성이 성을 거부할 수밖에 없는 실제적인 장애 요소인 성교의 고통이나 임신과 출산에 따른 고통을 떠올릴 수도 있고, 여성 성의 의미와 중요성이 올바로 평가되지 못하는 불평등한 사회구조적 모순을 떠올릴 수도 있다. 또한 80년대라는 당대적 시대 상황을 떠올릴 수도 있을 게다. 한 마디로 시인은 가부장적 권위와 폭력을 전제로 하는 모든 제도와 권력과 성을 함께 거부하고 있다. 이같은 부정의 정신은 일체의 비전이나 전망을 거부하는 허무에의 투신을 초래하기도 한다. 특히 성에 대한 극단적인 피해의식은 시인으로 하여금, 거식증세를 보이는 식욕부진의 여자처럼, 자신의 성적 욕망 자체를 부정하게끔 한다. 성으로부터 어떠한 위안이나 희열을 발견하지 못한 채, 성 자체를 부정하고 자신의 여성 성을 거세시켜버리는 자기혐오에 이르도록 한다.

최승자의 '관능의 수액'은 "나의 뿌리, 죽음으로부터 올라"(「누군지 모를 너를 위하여」)오고 있으며, 그의 자궁은 닫혀져 있고 이미 죽은 상태로 묘사되곤 한다. 뿐만 아니라 그의 자궁은 고통받는 육체, 지겨워진 삶, 그리고 거기에서 비롯되는 폐허적 죽음만이 남아 있으며, 성에 대한 피해의식으로 가득 찬 상처의 통합체이자 그 폐허에서 허무적 안식을 얻으려는 변방의 도피처일 뿐이다. 그러기에 얼핏 최승자의 자해적 시쓰기는 무의식 중에 그가 해체하려고 했던 남근중심적 상상력을 강화시켜주고 있지나 않은지 의구심마저 들게 한다.

채호기 시 전체를 꿰뚫고 있는 것은 몸과 몸이 섞이는 관능적 확장과 파열이다. 관능은 그가 세계를 인식하는 유일한 통로이자 시선이며, 관능의 정점은 죽음과 맞닿아 있다.

    서로의 상처 속으로 들어가
    치열한 병균이든지
    서로의 튼튼한 위장 속으로 들어가
    그대의 살과 뼈와 피가 되든지
    나의 살과 뼈와 피가 되시든지

    나 이제 그대의 몸 속으로
    내 몸을 밀어넣어
    그대와 한몸이 되느니
    그대의 자궁 속에 웅크려
    그대의 살과 피로
    新生신생을 꿈꾸겠네
    그대여 내 껍데기여

― 채호기, 「몸」 중

　　채호기는 이 시대의 불안과 공포, 들끓는 욕망을 '몽염'이라는 추상의 껍질로 가두어 놓고 그 단단한 껍질 속에서 고독한 존재론적인 자기초월을 꿈꾼다. 그 꿈은 "그대 몸의 캄캄한 동굴에 꽂히는 기차처럼 / 시퍼런 칼끝이 죽음을 관통하는 / 이 지독한 사랑"(「지독한 사랑」)을 통해서 이루어진다. 인용시처럼, "그대의 몸 속으로 / 내 몸을 밀어넣"는 관능적 행위로 도달하고자 하는 시인의 지향점은 늘 '新生신생'으로 표상되는 자기갱신이다. 그는 에로티시즘의 절정에서 경험하는 의사擬似적 죽음을 통해, 자기존재의 부정태로서의 '주검'을 여성의 자궁 속에 묻어버리고 다시 태어나고 싶어한다. 이때 자궁은 초월적인 자기도취에 현실의 옷을 입혀주는 '따뜻한 황홍색 능소화'(「몸 밖의 그대 5」)와 같은 위안처이다.

다른 존재로 변용하기 위해 새로운 몸을 얻고자 하는 시인의 욕망은 반드시 "분홍빛 여린 살꽃을 찢"(「상처」)음으로써 가능하다. 몸의 아픔과 찢어짐을 수반하는 이러한 가학적 욕망은 '여성의 피부 상실'을 연상케 한다. 여성의 피부는 여성혼을 담는 용기容器 혹은 여성적 자아를 상징한다. 순수한 육체적 관계 속에서 여성이 인간이기 위한 필수 조건을 상징한다 하겠다. 그의 시 도처에서 찾아볼 수 있는 아픔과 찢김으로 상처받은 몸은, 남성의 성적 충동의 강렬함에 의해 파괴되는 여성적 이미지를 담고 있다. 그럴 경우, 여성의 자궁은 남성의 열광적인 자기도취나 정열적인 자기애의 수단에 머물게 될 것이다. 그 단적인 증거가 바로 "그대여 내 껍데기여"라는 구절에서 드러나고 있는 것은 아닌지.

남성의 모든 현실적 욕망과 결핍을 포용하고 채워줄 수 있도록 여성이 알몸으로 열려있어야 한다는 것은 지금까지도 가장 유효한 남성중심적인 '성의 각본'이다. 여성이 피부를 상실하고, 그리하여 아무 장벽 없이 여성을 꿰뚫고 들어가서 모태와 같은 자궁 속에서 다시 태어나고 싶은 열망은 그 각본이 추구하는 가장 고차원적 지향점이다. 그러나 그 지향점은 남성의 가학성, 그 이기적 갈구를 합리화시켜 놓은 것에 지나지 않는다. 채호기의 시에는 이런 남근중심적 성 신화에 미학적 가치나 존재론적 의미를 부여하는 수사적 장치들이 내재해 있다. 지배와 예속의 역학관계 속에서 이루어지는 여성의 자기헌신, 자기소멸이 진정한 사랑과 행복에 이르게 한다는 믿음이야말로 여성 성에 대한 또 하나의 신화다. 이러한 신화에 휘말릴 때 여성은 자신도 모르는 사이에 이 시대의 성의 각본에 자발적으로 참여하게 된다. 최승자는 온몸으로, 자신의 성마저도 부정해가며 그 신화를 거부했던 시인이다. 자발적으로 동조하든 온몸으로 거부하든, 우리는 분명 그 신화로부터 자유롭지 못하다.

3 모성과 관능의 현현으로서의 여성의 성性

여성 스스로가 긍정하는 여성의 성과, 남성이 기대하는 여성의 성에는 차이가 있다. 도식적이라는 위험 부담을 무릅쓰고 말해보자면, 여성이든 남성이든 대부분의 시인들이 여성의 성적 잠재력을 출산과 모성에 두면서 그것에 자율적이고 존재론적인 의미를 부여한다. 뿐만 아니라 많은 남성시인은 여성의 성적 잠재력을 감각적 관능을 충족시킬 수 있는 성애의 대상으로 파악한다. 상대적으로 여성시인이 남성의 성을 관능이나 성애의 대상으로 인식하지 못한다는 점에서 그렇다. 여성 성의 상징인 '배꼽'을 바라보는 마광수의 시선은 쾌락지향적 관능성에 더 초점이 맞춰져 있다.

네 속에 깊숙이 새어나오는 붉은 胎兒태아의 신음소리,

　　지금껏 스미는 그 悽絶처절한 살내음,

　　아아 億萬年억만년 우리 業報업보를 이루게 한 것.

　　신비스런 詛呪저주의 샘, 生命생명의 샘, 苦痛고통의 샘,

　　에덴에서 아담을 脫出탈출시킨 自由자유의 자죽!

　　아름다운 束縛속박이냐 소란스런 希望희망이냐

　　푸른 핏줄 엉겨붙어 한층 슬프게 夭夭요요한

　　— 너 외로운 배꼽이여.

　　　　　　　　　　　　　　　— 마광수, 「배꼽에」 중

　　마광수가 숱한 수사를 동원해 가며 묘사하는 '배꼽'은 성행위를 위한 여성의 육체적 성기를 지칭한다. 사막 같은 허허한 가슴 위에 재치있게 솟아난 '한줄기 샘물'로 '처절한 살내음'을 풍기고 있는 그 배꼽은 '요요한' 아름다움의 상징이다. 그것은 시인에게 원초적 쾌락을 제공할 수 있는 신비스런 저주이자 생명과 고통을 안겨주는 약속이고 희망이다. 특히 마지막 연의 "너 외로운 배꼽이여"라는 구절에서 시인은, 남성을 유혹하는 결핍된 존재로서의 여성을 예찬한다. 그는 여성 몸의 특정 부위를 강조하면서 성의 해방 혹은 성의 자유라는 이름으로 추종되는 쾌락지향적 면모를 보여주고 있다. 그러나 이는 남성의 시선과, 남성의 환상과, 남성의 욕망 안에서 그려지는 특정 유형의 여자다움의 양식일 뿐이다.

최승자를 필두로 한 여성 성의 거세화나 불모화는 강요된 여성 성의 조건을 부정했다는 점에서 그 의의를 인정받을 수 있다. 그렇지만 건강한 여성 성의 회복과는 거리가 있다. 진정한 여성 성의 회복은 여성의 성을 거부하거나 부정하는 데서 오는 것이 아니라 그 강요된 조건의 무게와 맞서 여성 성의 정체성을 완성시키는 데서 온다. 김승희의 몇몇 시들에서 우리는 여성의 성에 대한 예사롭지 않은 통찰을 엿볼 수 있다. 김승희 역시 성에 대한 피해의식이나 불모화에 많은 언어를 투자하고 있다. 그러나 다음과 같은 시는 보다 성숙한 자신의 성적 정체성을 보여준다.

> 이제 배꼽은 과거 완료가 아니라 언제나 현재진행형으로 나의 삶 속에 움터오르고, 어머니 — 아, 어머니 — 라고 불러보면 바닷가를 울면서 걸어가는 한 여인이 떠오릅니다. 그녀의 슬픔 그녀의 사랑 그녀의 절망을 따라 나의 배꼽은 또 하염없이 시원의 태 속으로 적셔들어가고, 어머니 — 자비와 저주의 비밀구좌이신 어머니 — 나의 어머니시여……
> — 김승희, 「배꼽을 위한 연가(1)」 중

김승희는 자신의 성이 놓여있는 현실적 기반에 대해 고민한다. 여성이라는 현실적 조건에 맞서, 여성을 억압하는 기존의 '성의 각본' 혹은 '성 신화'를 부정하고 부정하면서도 결코 부정할 수 없는 하나의 사실과 직면한다. 바로 여성의 성이 '어머니'라는 존재 조건과 맞닿아 있는 부분이다. 그는 생명을 잉태하는 존재 조건으로서의 여성 성을 긍정할 수밖에 없었던 것이다. 이러한 여성 몸의 경험 중

임신과 출산, 수유로 이어지는 모성과 관련된 경험은 가장 강렬하고 지속적이다. 아이를 낳고 기른다는 것은 여성의 몸이 경험하는 가장 구체적이며 현실적인 성의 실천이다.

김승희가 여성 성의 상징으로 '배꼽'을 예찬할 때, 그것은 여성의 존재론적 조건을 의미하며 그 속에서 인간 모두가 같아지는 인간 평등의 출발점이 된다. 시인은 그러한 배꼽이 "나의 삶 속에 움터오르고" 비로소 "하염없이 시원의 태 속으로 적셔드는" 것을 자각한다. 시인의 어머니가 할머니로부터 이어받았고 시인이 시인의 딸에게 이어줄 모성으로서의 그 배꼽은 여성 성의 요체이다. 또한 그것은 탯줄과도 같이, 남성중심적 세계 안에서 자신의 정체성을 찾으려는 여성적 자아끼리 이어지는 은밀한 대화의 끈이다. 이때 여성의 성욕은 모성애로 대체된다. 이러한 대체를 통해 여성의 성은 자기승화의 능력을 획득할 수 있으며 여성은 자신의 성에 대해 좀더 관조적이고 초월적인 자세를 취할 수 있다는 것이 모성의 신화다.

그러나 김승희는 이러한 모성의 신화 속에 감춰져 있는 여성 성의 억압적인 측면에 더욱 초점을 맞추고 있다. 때문에 그의 배꼽은 풍요로운 생명의 원천이라는 긍정적 가치만으로 미화되지 않는다. "죄와 어리석은 욕망이 고불고불 서리서리 끼어 있"고, '슬픔'이고, '절망'이고, '자비이자 저주의 비밀구좌'라는 구절에서도 알 수 있듯이, 신화화된 모성적 가치에 수반되는 현실적 고통이나 갈등이 강조되고 있는 것이다. 모성에 대한 이같은 양가감정은 시인이 자신의 여성적 조건 안에서 밖의 현실과 부딪치면서 겪게 되는 갈등에서 비롯된다.

사실 헌신적인 사랑의 원형, 신비한 생명의 근원으로서의 이 모성은 어머니의 도움이 없이는 제대로 살아갈 수 없는 미성숙한 자녀를 대상으로 한다. 전적으로 사랑을 받아야 하고 또 주어야 하는 이 본질적으로 불평등하고 일방적인 모성애를 남성이 여성에게 기대할 때 문제는 달라진다. 그것은 여성에게 강요되는 헌신적인 사랑의 전형으로, 이때 남성은 가부장적 사회와 문화 속에서 '군림하는 주인'으로서 여성의 헌신적인 사랑을 요구하는 것임을 주목해야 한다. 뿐만 아니라 모성이라는 이름으로, 성의 또 다른 주체로서 당연한 여성의 성적 본능과 쾌락의 추구가 억압되어 왔다는 사실 또한 간과해서는 안 될 것이다.

4 물화된 욕망과 여성 성性의 자기인식

산업화와 물질문명이 이룩한 소비중심적 쾌락의 추구는 여성들로 하여금 성에 대해 적극적이고 개방적인 태도를 가지도록 부추겼을 뿐만 아니라 여성을 가부장적 억압체계로부터 해방시키는 긍정적 역할을 담당했다. 그러나 그 이면을 자세히 들여다보면, 그와 같은 여성 성의 개방은 새로운 형태의 성적 억압과 얽혀있다. 구시대의 가부장적 권위가 시장의 상품화라는 권위로 대신한 것에 불과한 것이기 때문이다. 시장 논리에 의해 여성은 철저히 상품화되었고 새로운 감시와 통제의 틀 속에서 성적 대상화 되었다.

크라운 호텔, 해밀턴 호텔, UN쇼핑센타 사이 사이

몸살나는 욕망을 채워 드리죠 짜릿짜릿하게

기울어지는 정열을 세워 드리죠 화끈화끈하게

하룻밤 끝내주게 놀구 싶으시면

코녀랑 부담없이 놀구 싶으시면

저를 찾아주십쇼 술값 몸값 두둑이 갖고

이태원, 국제도시로 각광받고 있는 이태원으로 오십쇼

— 이승하, 「무방비도시─뼈끼의 노래」 중

너와 연애하고 싶다

너의 입술 속으로 혀를 집어넣으며

구체적으로, 색쓰고 싶다 (…중략…)

자궁 속으로 들어가 살 섞지 않아도

서로 신호가 가고 말이 통하는 완벽한 세계!

거울을 보며,

귀를 베어낸다

그러나, 나는 불감증이다

— 하재봉, 「비디오 / 콤팩트 디스크」 중

한 사회에서 인간의 성이 억압과 지배의 불균형을 이룰 때 성은 왜곡된다. 그 실례는 간통죄라든지 순결과 같은 성에 대한 억압기제가 존재하는 반면, 다른 한편에서는 공공연한 성상업주의와 성매매가 걷잡을 수 없이 증가하는 우리 사회에서도 확인된다. 이승하는 '하룻밤 끝내주게' 그리고 '부담없이' 놀고 싶어하는 남자 고객에게 여자를 대주기 위해 호객행위를 하는 '삐끼'의 목소리를 빌어, 여성 매춘이 바야흐로 국제화·세계화되어 가는 현실을 비판한다. 여성에게 순결을 강요하고 여성의 순결을 보호(?)하기 위해 남성의 성적 욕구를 공공연하게 해소할 수 있는 또 다른 성적 배출구의 역할을 매춘 여성이 담당했었다는 것을 지적하는 일은 새삼스럽다. 특히 '이태원'의 '코녀(코리안 걸)'는 여성 성의 착취라는 단순한 매춘, 그 이상의 국가적 예속과 착취라는 정치성을 담고 있다.

여성 성의 물신화와 상품화는 억눌리고 뒤틀린 성문화의 또 다른 단면을 보여준다. 비디오그래피로 대표되는 포르노와 대부분의 포르노적 광고가 바로 그것이다. 하재봉은 욕망의 환상 혹은 이미지로만 존재하는 비디오그래피화된 성적 허상에 시달린다. TV나 비디오, 영화, 잡지를 비롯한 대중매체는 온갖 에로틱한 표현을 총동원해 여성을 향한 성의 환각을 조장하고 간접적인 성충동을 불러일으킨다. 결과적으로 여성의 성은 물론 남성의 성까지도 상품화될 대로 상품화되었고, 성의 무정부상태라고 할 만큼 성은 난무해졌다. 이때의 성은 더 이상 육체와 육체가 교통하는 직접적인 관계가 아니다. 인용시처럼, 대상 없이 '전원 스위치를 올리면' '성감대가 예민하게 반응'할 수 있는 오토매틱화된 비디오그래피적 관계이다. 그러기에 시인은 '자궁 속으로 들어가 살 섞'으며, '구체적으로, 색쓰고 싶다'고 열망한다. 장정일이나 유하가 보여주는 여성 광고 스타, 여성 배우나 여성 탤런트들에 대한 성적 환각도 같은 맥락으로 읽힌다. 여성을 향한 성적 욕망은 도처에 편재해 있으며 그 욕망은 실재성을 상실한 이미지 속에서 떠돈다. 그 결과는 "그러나, 나는 불감증이다"라는 하재봉의 시구가 잘 암시하고 있다. 매춘이라는 익명의 만남 속에 순간적 쾌락으로 파편화되는 성, 실재 없는 환각으로서의 성은, 서로 교통하지 못하는 닫힌 마음과 닫힌 육체를 재생산하는 오늘날 여성 성의 존재 양태를 여실히 드러낸다.

남성이 여성의 성을 상품화하고 과잉의 성적 분방함을 누린 대가로 '불감증' 혹은 '무력증'에 시달리고 있을 때, 여성은 자신의 성에 대한 대담한 노출과 능동적인 인식을 준비한다. 김상미의 시는, 여성은 성적 호기심을 가지거나 성적 욕구를 느껴서도 표현해서도 안 된다는 남성적 가치관에 대해 정면으로 도전하고 있다.

> 날마다 그녀는 성욕에 시달리고
> 햇빛 속을 달리는
> 자전거 바퀴살만 보아도
> 온몸에
> 화상을 입었다
>
> 어느 날
> 그녀는 진찰실 문을 밀고 들어가
> 삼시간에
> 의사를 덮쳐버렸다

정말 예민한

프로이트 요법이었다

— 김상미, 「그녀와 프로이트 요법」 중

　김상미 시의 화자는 '남성화된 여성'의 면모를 가지고 있다. 그의 시는, 여성에게서 성적 잠재력과 가능성을 빼앗아버린 가부장적 성규범에 대항해 여성의 성본능을 부활시키고 여성의 성을 육체적인 사랑 속에서 구현하려는 의지를 담고 있다. 그런 의도로 프로이트를 끌어들인 전략은 효과적이다. 프로이트는 여성의 억압된 성충동을 해방시키는 데 일정 부분 기여한 바 있다. 유아기적 체험에 근거한 무의식적 성충동을 사회화된 자아와 초자아가 억압한다는 것이 프로이트 충동이론의 골자다. 일견 프로이트는 동등하게 남녀의 성충동을 인정한 듯하다. 그러나 '남근선망'이라는 이름으로 남녀 간의 심리적 구조의 차이를 여성의 열등함으로 가시화시키고 있을 뿐이다. 사춘기를 기점으로 남자는 리비도의 거대한 증진이 나타나고 여자는 음핵성욕에 관한 억압이 나타난다고 주장함으로써 결국은 기존의 남근중심적 사고를 답습하고 있기 때문이다.

　김상미는 프로이트가 여성 성의 해방에 기여한 긍정적 측면을 끌어들여 역으로 그 한계점을 공격한다. 그의 시에는 '날마다 성욕에 시달리'는 '입술이 새빨간' 여성과, 그 여성을 치료하는 프로이트 과잉 추종자인 의사가 등장한다. 의사가 내린 프로이트적 처방책에 의해 성적 부추김을 당한 여성 환자의 행동은 '의사를 덮쳐버리는' 성적 과잉의 결과를 초래한다. 여성의 성적 잠재력을 드러내는 이 강렬한 욕망의 언어는 가부장적 성이데올로기에 대한 저항의 의미를 내포한다. 프로이트적 용어를 사용하면 욕망의 통제가 아버지의 기호, 곧 남성의 언어이기 때문이다. 그는 직접적이고 공격적인 여성의 성적 욕망을 표출함으로써 여성을 남성의 성적 대상으로서가 아니라 독자적인 성의 주체로서 인식하려 한다. 그러나 프로이트 추종자인 의사의 부추김을 받고 '의사를 덮치는' 그의 언어는 여성 자신의 몸에 맞는 옷이라기보다는 남성의 옷을 빌려 입은 듯하다. 그 화자는 너무도 적극적이고 충동적이어서 본질적인 여성의 성본능을 구현하고 있다기보다는 남성중심적 성과 쾌락이 지배하는 사회의 정신적·심리적 불건강을 드러내고 있다. 전통적인 성 문법에 대한 이러한 도착적 전도는 여성 성의 회복이 아니라 진정한 '여성'이 되기 위한 과도기적 의미를 지닌다.

또 다르게 프로이트를 매개로 여성의 성에 대해 접근하고 있는 이가 바로 장정일이다. 그의 시들은 다른 남성시인의 시에 비해 덜 남성도취적이고 덜 남근적이다. 일면으로는 남근 세력의 해체를 지향하고 있기도 하다. 특히 그는 「프로이트식 치료를 받는 여교사」 연작시들을 통해, 레즈비언에 빠진 여성, 순결 콤플렉스에 시달리는 여성, 성적 환각에 몰두하는 여성, 신데렐라 콤플렉스에 빠진 여성을 그리고 있다. 이는 여성에게 강요되고 억압된 성의 반향이 어떻게 표출될 수 있는가를 비판적으로 보여주고 있다는 점에서 여성의 성을 새롭게 부각시킨 의의가 있다. 그러나 그 시들이 환기하고 있는 역기능 또한 간과해서는 안 된다. 다음 시에 주목해 보자.

> 그들은 떼를 지어 꿈 속의 나를 겁탈해요. 발가벗긴 채 나는 교탁 위에 눕혀지고 개들은 내 다리 사이를 낚시터의 우끼처럼 잠겼다 떠올랐다 지나가요. 그런데 나는 내 표정을 모르죠. 꿈 속에서 나는 언제나 가면을 쓰고 있어요. 그러니까 아무리 보려고 해도 겁탈당하는 내 얼굴을 읽을 수가 없어요. 즐거운지 공포에 차 있는지 거부하는지 반응하는지 혹은 웃는지 우는지 더 바라는지.
>
> — 장정일, 「프로이트식 치료를 받는 여교사 · 5」 중

이 시가 보여주는 문제점은 변태적인 성적 환각에 시달리고 있는 여성을 묘사한 데만 있는 것이 아니다. 그 변태적 성욕 속에 여성의 욕망이 고착화되어 있다는 데에도 있다. 여성의 성적 잠재력을 '겁탈'에 대한 무의식적 열망으로 표현하면서, 그 열망을 인정하는 것이 여성이 성적으로 억압되어 있는 '가면'을 벗는 것인 양 그려지고 있기 때문이다. 남근중심적 사고에서 강간은 여성의 '유혹' 앞에서 남성이 능동적으로 성욕을 보여주는 것이라는 맥락으로 이해된다.

인용시는 여성의 성적 욕망이 강간을 원하는 무의식적 욕망과 연루되어 있다는 암시로 읽혀진다. 남녀교합에 있어 강간 같은 것은 있을 수도 없고 여자들은 항상 섹스를, 그것도 강간을 원한다고 유도한다. 그같은 유도는 극단적으로는 겁탈이나 강간의 책임이 여성에게 있다는 논리도 가능하게 한다. 그러한 피학적 성욕이 여성의 무의식적 욕망인 양 그림으로써 가학적이고 폭력적인 남성 성욕을 합리화시키는 일면을 지니고 있는 것이다. 성에 대한 남성중심적 단면을 극명하게 보여 준다.

최승자·김승희·김상미로 이어지는 여성시인들이 억압되고 금기시되었던 여성의 성에 대한 장벽을 무너뜨리는 데 기여한 바 크지만, 성기나 성행위 그 자체를 노골적으로 표현한 예는 여전히 드물었다. 그같은 '터부'를 거부하는 최영미의 시어는 여성시가 자유롭지 못했던 억압의 하나를 깨뜨렸다는 의의를 가진다. 그는 여성시에서 암묵적으로 금기시되어 있던, 음부, 간음, 정액, 섹스나 씹, 밑구녕과 같은 노골적인 시어들을 거침없이 사용한다.

> 그런 사랑 여러번 했네
> 찬란한 비늘, 겹겹이 구름 걷히자
> 우수수 쏟아지던 아침햇살
> 그 투명함에 놀라 껍질째 오그라들던 너와 나
> 누가 먼저 없이, 주섬주섬 온몸에
> 차가운 비늘 꽂았지
> 살아서 팔딱이던 말들
> 살아서 고프던 몸짓
> 모두 잃고 나는 씹었네
> 입안 가득 고여오는
> 마지막 섹스의 추억
>
> ─ 최영미, 「마지막 섹스의 추억」 중

여성시인들은 성기나 성행위 그 자체에 대한 언급은 자신이 금기시해야 할 것으로 받아들였다. 때문에 그들은 성을 암시적인 비유로 표현함으로써 여성 자신이 알 수 없는 혹은 말할 수 없는 어떤 것으로 신비화시켜 왔다. 최영미의 시어는 여성을 속박해 온갖 성적 금기나 성적 편견으로부터 자유롭다. 그에게 성행위, 섹스 그 자체는 "찬란한 비늘, 겹겹이 구름 걷히자 / 우수수 쏟아지던 아침햇살 / 그 투명함"이며 "살아서 팔딱이던 말들 / 살아서 고프던 몸짓"으로 인식되고 있다. 금기시되었거나 암시적 비유의 틀 속에 밀폐되었던 여성의 성을 직접적으로 드러내 보인 그의 언어는, 시적 성취나 완성도를 함께 끌고 가지 못한 아쉬움이 있기는 하지만 그가 자신의 성을 담보로 글을 쓴 결과임에는 틀림없다.

5 세계를 인식하는 에로티시즘의 힘

대체로 우리의 미의식 중 많은 부분이 에로스적 욕망과 연결되어 있다는 사실은 위대하다고 평가되는 기존의 예술작품을 통해 쉽게 감지될 수 있다. 에로티시즘은 분명 미의식과 같은 인간의 정신상태를 반영한다. 지극히 직접적이고 노골적으로 성을 표현하는 작품들을 보면, 그것들을 보고 즐기기는 할지언정 그 작품이 표현하고자 하는 의미나 내용을 거의 기억하지 못하는 경우가 종종 있다. 거기에는 창조적 미의식이 결여되어 있기 때문이다. 우리 삶을 풍요롭게 하고 창조적으로 이끌어 가는 예술 창조의 원동력으로서의 참된 에로티시즘은 단순한 노출이나 감각적인 까발림에 의해 획득될 수 있는 것이 아니다. 독자들의 잠재된 성심리에 깊숙이 작용하여 공감대를 형성할 수 있는 문학적 장치에 의해 형상화될 때 비로소 가능하다. 인간의 진정한 성본능을 표출하는 동시에 세계를 인식하는 관능적 통찰이야말로 에로티시즘이 보여주는 궁극적인 힘이다.

> 늦겨울 눈 오는 날
> 날은 푸근하고 눈은 부드러워
> 새살인 듯 덮인 숲속으로
> 남녀 발자국 한 쌍이 올라가더니
> 골짜기에 온통 입김을 풀어놓으며
> 밤나무에 기대서 그짓을 하는 바람에
> 예년보다 빨리 온 올봄 그 밤나무는
> 여러 날 피울 꽃을 얼떨결에
> 한나절에 다 피워놓고 서 있었습니다.
>
> ─ 정현종, 「좋은 풍경」 전문

정현종은 인간의 관능적 희열과 자연의 섭리가 서로 화해롭게 교감하고 있는 정경을 '좋은 풍경'이라 한다. 그 풍경의 배경을 이루는 푸근한 날씨와 부드러운 눈은 '남녀 발자국 한 쌍'을 더욱 정겹게 돋보이도록 한다. 이 시가 보여주는 에로티시즘의 절정은 밤나무에 기대서 하는 '그짓'을 수식하는, "골짜기에 온통 입김을 풀어놓으며"라는 구절에 있다. 다른 감각에 비해 입김은 가장 가까운 거리에서 지각할 수 있는 촉각을 통해 전달되기에 그것이 환기하는 관능적 상상력의 힘은 크다.

이 시가 여기에서 끝났다면 그 에로티시즘이 환기하는 의미와 깊이는 그리 크지 않았을 것이다. 마지막 구절에서 에로티시즘의 깊이는 확보된다. 왜냐하면, '그짓'을 하는 바람에 밤나무가 "여러 날 피울 꽃을 얼떨결에 / 한나절 다 피워놓고 서 있"다는 마지막 구절에서 인간의 관능적 행위가 자연의 일부로서 상호조응하며 우주적 교감으로 확대되고 있기 때문이다. 늦겨울에서 봄으로 이어지는 계절의 순환과 함께 자연을 배경으로 한 남녀의 성행위는 풍요로움 그 자체를 환기하는 건강하고 행복한 에로스를 구현한다. 시인은 이 풍요로운 관능적 희열을 통해 성적 억압을 포함한 가부장적이고 교조적인 사회의 구조 전반을 여유 있게 비웃고 있다.

정현종에 비하면 허수경이 보여주는 에로티시즘의 풍경은 좀더 끈끈하고 절절한 색채를 띤다. 그의 시가 보여주는 관능의 힘은 '엉겨붙다'라는 동사의 움직임에 녹아 있다.

> 육지의 불빛이 꺼져가는 아궁이 쑥냄새 같은 저녁이었고 모래 구멍엔 낙지들이 살고 있었습니다 수만의 다리로 머리를 감추고 또한 머리와 다리가 무슨 兩性양성처럼 엉기면서 먼 저녁의 구멍을 지탱하고 있었는데요 그 구멍마다 저 또한 어둠이겠지만 엉겨붙어 살아 남는 것들이여 멀리 무덤 같은 인가에도 엉겨붙는 저녁과 밤과 새벽이 있을 거구요 이리 어둑하게 서 있는 나는 저 미역 저 파래 저 엉겨붙는 그리움으로 육지를 내치고 싶었습니다 진저리치는 저 파도 저 바위 저 굴딱지처럼 엉겨붙어 엉겨붙어,
>
> — 허수경, 「남해섬에서 여러 날 밤」 중

저녁의 모래구멍에 낙지가 엉겨붙어 있는 형상은 어떠한 직접적인 성 표현보다도 관능적이다. 허수경의 관능적 시선은 시공간적 경계를 넘어선다. 그리하여 멀리 무덤 같은 인가에 저녁이, 밤이, 새벽이 엉겨붙어 있고 미역, 파래, 파도, 굴딱지 들이 바위에 엉겨붙어 있는 데까지 나아간다. 남성성과 여성성으로 엉겨붙고자 하는 우주만물의 열망을 읽어 낸 시인은, 자신도 이 막막한 세상에 그처럼 '엉겨붙음'으로써 삶의 어둠과 고통을 견디려 한다. 자연과의 친화력에서 비롯되는 농염한 관능의 힘임에 틀림없다. 허수경의 시에서 보이는 질긴 생명력은 이 세상의 궁기 흐르는 막막함을 이처럼 '엉겨붙어' 보듬어 안는 데서 비롯된다. 그래서 그의 관능은 초월의 에로티시즘이라기보다는 껴안음의 애절한 에로티시즘에 가깝다. 정현종의 '좋은 풍경'과 마찬가지로, 허수경의 '엉겨붙는 그리움'의 에로티시즘에는 남성/여성, 억압/지배, 가학/피학의 불균형한 이분법적 대립구조가 해체되어 있다. 그 에로티시즘은 '兩性양성처럼 엉기면서' 둥글게 한몸이었던 인간 본래의 모습에 대한 그리움을 담고 있기 때문이다. 모든 타자 속으로 퍼져나가 세계를 인식하고 그러한 인식을 통해 전망을 획득하고자 하는 인간 본연의 모습을 향한 열망의 다른 이름인 것이다.

나는 이 글을 시작할 때 어떤 방식으로 전개할 것인가를 놓고 이리저리 고민했는데, 지금까지의 서술을 보면 여성시와 남성시를 대비적으로 나열하면서 이루어졌다는 아쉬움이 없지 않다. 그러나 이같은 서술 형태는 여성시에 에로티시즘이 어떻게 드러나고 있는가를 남성시와의 차이를 통해 드러내는 데 용이해서였다. 여성을 남성과 대립의 위치에 두고자 한 것은 아니었다는 말이다. 나는 여성이 잃어버린 욕망이나 쾌락, 즉 육체적 자율성과 말(시쓰기)의 자율성을 회복해야 한다고 소박하게 생각했다. 그 회복 과정은 필연적으로 남근중심적 성규범과 남근중심적 언어에 대한 거부에서부터 출발할 수밖에 없을 것이다. 그러나 궁극적으로는 남성과 다른 자율적인 여성의 욕망과 육체성에 대한 인식에서 비롯된 참된 여성의 언어를 통해 구현되어야 할 것이다.

흔한 말이지만, 이항대립적인 either / or의 구조에 의해서가 아니라 both and neither 혹은 and—also의 구조에 의해 이루어져야 한다는 페미니스트의 주장은 에로티시즘에 접근할 때도 여전히 유효한 잣대로 보인다. 여성 언어의 영역을 남근중심적인 질서와 대립시킬 것이 아니라 그 대립을 넘어서 여성 성의 비밀을 놓치지 않는 제3의 영역으로 확대시켜야 한다는 것이다. 인류 문명의 원동력으로서의 풍요롭고 행복한 에로티시즘, 세계를 인식하는 통찰의 힘으로서의 에로티시즘, 이러한 참된 에로티시즘은 남성과 여성의 성이 '차별'에 의한 대립이나 대항이 아닌, '차이'에 의한 공존과 병립으로 동등하게 그리고 조화롭게 융화되는 영역에서 이루어질 것이기 때문이다.

웃기는 날들의 희극적 상상력

90년대 젊은 시인들의 웃음

> 비극적 본성을 가진 자들의 파멸을 바라보는 것
> 그리고 깊이 이해하고 공감하고 동정하면서도
> 그것을 웃어 버릴 수 있는 힘, 그것은 신성한 것이다.
> ─ 니체

웃음은 적敵이 분명한 시대에 만개한다. 극도로 폐쇄적이고 억압적인 사회에서 현실의 모순과 부조리를 직접 비판할 수 없을 때 적을 향한 칼날은 웃음으로 굴절될 수밖에 없다. 그리고 그 웃음의 밑바닥에는 비극적 인식과 비판적 지성이 반석처럼 자리하게 된다. 식민지 상황에서 자아를 정립하지 못한 채 혼란의 탁류 속으로 스스로를 함몰시켜버린 이상李箱의 자조적이고 희화적인 웃음이 그렇고, "누이야／諷刺풍자가 아니면 解脫해탈이다"라고 노래하며 소시민적 속물근성과 비소함을 풍자했던 김수영의 자학적이고 위악적인 웃음이 그렇다. '諷刺풍자냐 自殺자살이냐'라고 김수영의 시구를 창조적으로 오독했던 김지하는 자살에 이를 수밖에 없는 현실의 폭력을 공격적인 풍자의 웃음으로 전화시켰으며, 물화되고 파편화된 삶 그 자체를 패러디했던 황지우 역시 풍자적 해체 전략으로 지배이데올로기를 교란하고 검열의 장벽을 넘으려 했다. 물론 설화의 세계에 천착하여 포용과 관용의 자세로 한 시대의 폭압을 감싸안았던 서정주의 따뜻한 해학적인 웃음도 있다. 이들은 모두 사회현실에 대한 분노를 각각 자학과 공격 혹은 해체, 드물기는 하지만 해학에 의한 전략적 웃음으로 굴절시키면서 현실의 모순이 개선되기를 희망한 비극적 시인이었다.

웃음은 건강한 생존을 위한 일종의 통로이자 배설의 기능을 담당한다. 단적인 예로 웃을 때 우리는 숨을 내쉬었다가 들이쉬는 반면 감정을 억누를 때면 숨을 죽이고 있어야 한다. 뿐만 아니라 웃음은 우리의 슬픔과 분노를 덜어주어 마음을 가볍게 하고 정신을 새롭게 하는 치유의 기능도 가지고 있다. 웃음은 우리의 정신을 더 크고 선하고 관대하고 예민하게 만들어주기 때문이다. 이때 웃음은 신성한 것이 된다. 밀란 쿤데라는 웃음을 "세계의 도덕적 모호성을 발견케 하고 타인들에 대한 뿌리깊은 판단불능을 발견케 하는 신선한 빛, 인간사의 상대성에 대한 도취와 확실한 것이 없다는 확신에서 오는 야릇한 쾌감"이라고 정의했다. 움베르토 에코도 웃음을 신神에 도전하는 '불경스러운' 인간 고유의 본성으로 간주했다. 오늘날의 웃음을 규정하는 이들의 정의 속에는 도덕적 모호성, 판단불능, 상대성, 불경함 따위의 속성이 강조되고 있다.

이같은 웃음의 속성은 90년대 젊은 시인들의 웃음을 설명하는 데 특히 유용하다. 이상李箱에서부터 황지우로 이어지는 선배시인들의 웃음이 비극적이고 공격적으로 날 서 있었던 것과 비교해 볼 때, 90년대 젊은 시인들의 웃음은 풍자적 공격성이나 통쾌함의 정도는 줄어들고 있다. 반면 이 시대의 불가해한 제반 모순들을 입체적으로 조명해 보려는 다양함과 개성은 더하고 있다. 이제부터 장광과 요설, 자조와 언어유희를 특징으로 하는 90년대 젊은 시인들의 웃음 속에 내재된 희극적 상상력을 따라가 보자.

1 궤변과 과장의 공격적 풍자

웃음의 가장 중요한 요소는 비판정신이다. 웃음을 무기로 삼는 시인은 그 사회에 대한 냉철하고 폭넓은 혜안과 더불어, 현실의 모순과 부조리에 함몰되지 않는 거리의식 내지는 객관정신을 지녀야 한다. 이 비판정신을 근간으로 하는 대표적인 웃음이 바로 풍자이다. 풍자적 웃음은 사회의 모순과 허위를 능란한 궤변으로 까발리거나 그것을 과장하여 공격한다. 이는 대상을 향한 비우호적인 태도에서 비롯된다. 그같은 웃음은 모순과 부조리에 마비되어 있는 우리의 경직성을 겨냥한 공격의 화살이자, 세계를 향한 부정의 화살이다. 옳고 그름의 가치판단과 세계에 대한 비전을 전제로 하고 있다는 점 또한 풍자의 특성이다. 그러기에 고전적인 풍자가는 파괴적인 공격성과 굳건한 세계 개선의 의지, 이 둘을 능란하게 뒤섞어 웃음을 직조해내는 자이다. 김지하의 풍자시들을 연상해 본다면 쉽게 이해될 수 있는 부분이다.

90년대 시의 한 지류를 이루는, 물질문명을 비판하는 시들의 상당 부분이 풍자적 웃음에 의존하고 있다. 그러나 이들 대부분의 시들은 파괴와 부정의 정신으로 세계를 공격하고는 있으나 세계에 대한 개선의지는 약하다.

> 어제는 六·三山육·삼산에 올라 내 세상이 우스운 줄 알았지 가야금 소리 명기들의 창가 소리 번잡한 紅雲홍운에 가린 롯데山산과 석촌호수를 주지로 육림에 건설한 진시황의 아방궁을 발밑에 두고 동자가 따라 올린 쓴 소주에 가래침 뱉아 마시며 어찌 세상을 한하지 않으리요 요·순과 공·맹의 시대가 아득하다 천하가 만리장벽으로 양단되어 지사는 칼을 쓰고 색욕과 식욕의 동시충족을 위한 장안의 호텔만이 문전성시라
>
> ─ 함성호, 「山中問答산중문답 ─ 청색 감광지에 관한 요설」 중

풍자는 그 효과를 높이기 위해 대상의 어떤 특징을 과장해서 왜곡시킨다. 문명비판시에서 흔히 보이는 종말론적 폐허의식이 이 풍자적 과장과 만날 때 쓰디쓴 웃음이 만들어진다. 함성호는 현대 도시의 거대한 건축물을 통해 우리의 일상을 지배하고 있는 물질문명의 파괴적 욕망을 읽어낸다. 서울이라는 거대도시를 상징하는 63빌딩, 롯데빌딩, 석촌 인공호수, 수많은 호텔 등의 초현대적 건물이 의고투擬古套의 비유와 언술에 둘러싸여 있다. 게다가 초현대적인 빌딩숲 한가운데를 횡행하는 온갖 타락한 욕망을 읊어 대는 시의 본문은 은자들의 청담淸談을 담아내던 '산중문답'이라는 제목과 어그러져 있다. 시인이 바라보는 도시는 주지육림의 "색욕과 식욕의 동시충족"을 위한 욕망의 구렁텅이다. 타락한 자본주의의 욕망을 상징하는 거

대한 건축물의 번성에서 시인은 후기산업사회의 여러 파괴적 징후와 미래사회에 대한 불길한 예감을 암시한다. 함성호의 풍자는 대상과 언어, 언어와 언어 사이의 기묘한 균열에서 발생한다. 인간 욕망이 빚어 낸 과학문명의 종언을 풍자적 역설(시인 스스로는 부제를 통해 '요설'이라 명명하고 있다)로 표현하면서, 그 이면으로는 세기말적 위기의식을 경고하고 있는 것이다.

자본주의의 파괴적 국면을 풍자하는 대부분의 시들은 폐허화된 현실 풍경이 궁극적으로 우리들의 타락한 욕망에서 비롯되고 있음을 간과하지 않는다. 그러기에 타락한 욕망을 담고 있는 타락한 언어를 그대로 반영해 냄으로써 독자를 유혹하고, 타락한 언어를 생산해내는 타락한 사회를 공격하고자 한다. 물질문명을 비판하는 시들이 보여주는 풍자적 웃음의 한 전략이다.

>   두루치기 일색인 정치면의 양념으로
>   팔팔 끓인 스포츠면 찌개에
>   밑반찬으로
>   씀바귀 맛 나는 상계동 철거 주민들의
>   눈물로 즉석 동치미를 담그면
>   매운 고추가 동동 뜬다 거기다가
>   똥누고 나니까 날아갈 것 같다는
>   변비약 아락실 아침 광고하는 여자의
>   젓가락처럼 쫙 벌린 허벅지를
>   자린고비로 쳐다보기까지 하면

나의 반찬은 너무 풍성해

— 함민복, 「라면을 먹는 아침」 중

피는 피끼리 만난다는데 피로 달려야지
혁명은 피로 물들었나니
피 안 묻은 백성이 어디 있더냐
오광의 빛나는 천하통일
이루다 설사하리 설사하리 하나하나
밀어붙여라 밀어내기로 밀어붙여라
여(보시오)당네, 삼단 좋아하고
싹쓸이하다 피에 당하지 당해

— 정남식, 「고스톱」 중

    대부분의 풍자는 현실 폭로의 교묘함으로 인한 재미와 그렇게 드러나는 악에 대한 분노 혹은 자기비애를 동시에 선사한다. 일단 웃지만, 웃고 나면 씁쓸하기 그지없는 위의 시들도 마찬가지다. 함민복은 왜소한 주체와 그 주체가 바라보는 대상으로서의 현실, 그 모두를 비웃고 있다. '더 많은 국물을 위해 소금을 풀어' 라면을 끓여 먹어야 하는 자신의 가난과 궁상을 엉뚱하게 '상다리가 부러질' 정도의 풍성함으로 과장하고 있다. 그러나 그 풍성함이란 다름 아닌 라면을 먹기 위해 깔아 놓은 신문의 기사와 광고를 통해 드러나는 요지경의 사회 풍경일 뿐이다. 현실과 주체 간의 이같은 대비적 과장은 시인의 현실적 소외를 더욱 강조한다. 그리고 현실의 상황과 그 현실을 바라보는 주체의 시선, 그 간극에서 웃음은 유발된다. 일견 시인은 웃음에 기대어 시적 자아와 현실과의 간극을 무화시키려는 듯하지만, 실제로 그 간극은 더욱 강조되고 있다. 이같은 웃음의 효과는 물론 상상에 의한 정서적 해결이지 현실적 해결을 꾀한 것은 아니다.

정남식은 그러한 정서적 해결을 더욱 장난스럽게 유도한다. 그의 입담은 일상성에 고정된 독자의 시각을 겨냥한다. 피, 오광, 설사, 삼단, 싹쓸이와 같은 고스톱의 언어와 그 게임법칙을 원용해 정치현실을 풍자하고 있는 것이다. 이 시의 웃음은 아무 관련이 없는 일련의 두 사건, 시인이 묘사하고 있는 고스톱판과 독자가 읽어내야 할 현실의 정치판이 같은 맥락으로 엮이면서 고스톱판의 언어들이 전혀 다른 의미로 해석되는 희극적 오해에서 유발되고 있다.

2 포용과 여유의 해학

현실모순에 대하여 폭로적이고 공격적인 성격을 띠는 풍자적 웃음과 달리, 그 모순을 완곡히 드러내는 온건한 웃음으로 해학이 있다. 해학적 웃음은 현실을 단선적이거나 적대적으로 보지 않고 포용과 융화의 태도로 보는 데서 발아한다. 그러기에 현실을 향한 공격성은 완화되고 그 현실로 인한 슬픔이나 분노는 간접화된다. 웃음의 밑바닥에는 분노나 눈물이 배어 있지만 결코 그 비극적 자장 속으로 함몰되지는 않는다. 분노나 눈물을 자기만이 견뎌내야 할 몫으로 받아들이고 비극 너머로 나아가려는 여유있는 웃음의 깊이를 담보하고 있는 것이 바로 해학이다. 때문에 부조리하기 짝이 없는 현실은 한껏 우회적으로 형상화되어 있고 거기서 비롯되는 웃음은 유쾌하고 따뜻하고 화해롭다. 그러나 90년대 젊은 시인들의 시에서 이같은 해학적 웃음을 찾아내기란 쉽지 않다. 여유라고는 찾아볼 수 없는 강퍅한 현실이 그 일차적 원인이라면, 웃음을 생산하는 주체들이 현실모순을 끌어안고 화해의 품을 벌리기에는 너무 젊다는 것이 그 이차적 원인이라 하겠다.

> 니미럴 것, 땔나무가 정 머시기허면
> 두 몸 디럽다 붙어 타오르면 될 것 아녀
> 어두버 잘 안 뵈는 시상을 위해서
> 우리가 보란 듯이 타오르면 될 것 아녀
> 인자는 쌍것들도 푸지게 한 시상 살아 봐야 할 것 아녀
> 힘 좋은 서방 만나 쪼깨 목구멍에 풀칠허고 살라는가 혔더니
> 니미럴 것, 증말 사람 환장하겠구만 확 뒤집히겠구만
>   — 이승하, 「옹녀가 전라도 사람이었다면」 중

> 이 보래이, 내가 그걸 우예 알겠노
> 내가 혼자 따시게 겨울 날라꼬 지랄치고 장승 패 왔더노
> 얼어 죽을 수는 없다꼬 눈 딱 감아 뿌고 안 팼나
> 산 사람이 살아야지 눈 하나 깜짝 안 하는
> 무신 얼어 죽을 놈의 장승이 우리한테 밥 멕여 주나
> 시상이 까꾸로 선다 캐도 등 시리고 배 고푸면

말짱 도루묵인 기라

　　　　— 이승하, 「강쇠가 경상도 사람이었다면」 중

　위의 두 시는 '옹녀와 변강쇠'라는 판소리 사설을 차용한 화답시의 형식을 취하고 있다. 전라도와 경상도의 질박한 사투리와 욕설로 이루어진 구어(口語)적 대화체는 해학적 묘미와 함께 우리말의 고유한 맛을 살려주고 있다. 또한 외설적으로만 알려졌던 옹녀와 변강쇠가 고통스런 현실을 해학으로 초극하고 변혁하려는 민중의 원형으로 재조명하고 있다는 점도 특징적이다. 특히 유머러스하게 희화된 육담과 욕설은 다산과 재생을 기원하는 제의적 난장의 흔적으로 볼 수 있는데, 그 흔적에 기대 민중적 웃음을 유발하고 있다. 또한 두 주인공을 전라도와 경상도를 대표하는 남녀로 상정함으로써 지역 간의 화해를 유도한다. 그의 시가 보여주고 있는 골계적 어조나 향토적 정서가 따뜻한 웃음을, 그리고 그 안에 내포된 의미는 화해의 정신을 담고 있음을 단적으로 보여 준다 하겠다. 그러나 고전의 현대적 변용이나 사투리·구어체의 차용에 중점을 둔 이러한 웃음은 서정주를 비롯해 신경림, 김지하에 이르는 앞선 시인들이 이미 전범을 보여 준 바 있어 우리에게 상당히 익숙하다.

　3백, 4백, 5백, 소의 무게가 매겨지고 농부의 입은 오랜만에 벌어진다. 그 순간 소는 꼬리를 힘차게 쳐들고 오줌을 누기 시작한다. 농부는 울상이 되어 소의 꼬리를 잡는다. 1, 2, 3, 소의 무게는 떨어지고 농부는 소의 꼬리를 끌어내리려고 필사적이다. 마지막으로 소는 물똥을 폭포처럼 내갈긴다. 농부의 어진 이마 위에.

— 성석제,「농부의 꿈」중

신의 집에 거하는 소는 우유와 맥주를 먹고 자라난다
매일 아침 청결히 목욕하고 특별히 선발된 무녀들로부터 안마를 받는다
어찌 한데 지푸라기 똥더미 위에서 조미료 친 사료 따위 씹을쏘냐
고전음악과 느린 무도를 즐기고
바람난 암소 따위 쳐다보지도 않으며
자고 먹음에 절제가 있다

— 성석제,「신의 집에 거하는 소」중

　　서사적 구조나 알레고리를 차용해 우회적으로 현실을 비꼬는 웃음에는 해학적인 요소가 많다. 그러한 웃음은 공격의 날을 은밀히 감추는 것인데, 자칫하면 웃음의 진면목을 그냥 지나쳐버리기 쉬운 난점이 있다. 그러므로 한 번 더 걸러서 해석하고 다시 한 번 되짚어 읽어 볼 때 그 웃음은 진가를 발휘한다. 성석제는 비극적인 인간의 삶을 우화나 서사에 기대어 우회적으로 드러내는 데 능한 시인이다.
　　「농부의 꿈」에서, 소의 무게를 조금이라도 더 나가게 하려고 소금과 물을 번갈아 먹일 때의 농부 마음은, 계량대 위에서 소가 오줌을 누고 물똥을 폭포처럼 내갈기는 순간의 마음과 대조된다. 그 대조가 불러일으키는 돌발적인 상황에서 우스꽝스러움은 야기된다. 우스꽝스러움이란 긴장의 당돌한 해소이다. 이 해소는 판이하게 다른 영역

으로 옮겨가는 예기치 않은 전환에 의해 이루어진다. 단 1g이라도 소의 무게를 올리기 위해 필사적으로 소의 꼬리를 끌어내려 배설을 막아 보려는 농부의 모습에서 우리는, 해학이 연민과 맞물려 있다는 사실을 확인할 수 있다. 또한 그런 농부를 '어진'이라고 수식하고 있는 것도 해학이 날 선 공격보다는 따뜻한 포용을 근간으로 하고 있음을 보여주는 대목이다.

「신의 집에 거하는 소」도 인간에게 최상품의 안심을 제공하기 위해 신과 같은 생활을 하는 소의 일생을 우화적으로 풍자하고 있다. 인간에게 먹히기 위해 인간의 삶과 동등한 아니 그 삶을 넘어서는 지위와 복락을 누리도록 허용받는 소의 아이러니컬한 상황에서, 혀를 즐겁게 하기 위한 인간의 우행이 어떠한지를 간파할 수 있도록 한다. 이러한 우화적 혹은 서사적 상상력에서 비롯되는 웃음 역시 부드럽고 유쾌하다. 해학적 웃음에서는 날카로운 풍자의 공격성이 완화되고 내면화되기 때문이다.

골계적인 이승하의 웃음이나 우회적으로 절제된 성석제의 웃음은 팍팍하기 이를 데 없는 우리의 일상에 청량제가 되고 윤활유가 되어 준다. 그 웃음은 매너리즘화된 절망과 폐허의 정서를 해소하고 극복할 수 있는 심리적 이완을 제공해주기 때문이다. 해학이 풍부하다는 것은 그만큼 참된 인생을 긍정하는 건전한 비판정신과 화해의 정신이 남아 있음을 보여주는 증거다. 최근시에서 이러한 해학이 드물다는 것은 아쉬운 일이다.

3 전도順倒된 난장의 웃음

어떠한 웃음이든 그 이면에는 과장과 격상, 강등과 하락이라는 요소가 내포되어 있다. 특히 그러한 요소가 강하게 작용할 때 우리는 세계의 정상적 질서가 전도되는 난장의 즐거움을 맛볼 수 있다. 바흐친은 이같은 전도에서 비롯되는 웃음이야말로 축제의 분위기를 자아내는 전형적인 방법이라고 간파한 바 있다. 기존의 질서에서 높이 평가되었던 신성이나 권위, 이데올로기 따위의 형이상학적 가치들이 물질적인 육체의 차원으로 격하된다. 그리고 육체적인 이미지와 관련된 먹고 마시는 것, 성적인 것, 배설적인 것이 즐겁고 유쾌한 것으로 찬양된다. 이러한 강등 및 격상은 파괴하는 데 목적이 있는 것이 아니라 재생하는 데 그 목적이 있다.

> 저 형편 없는 집안의 내력, 어찌된 것인고
> 나는 좀처럼 잠을 이루지 못하고 꿀럭인다네
> 나는 인간 해방에 앞장서는 돼지가 되고 싶어진다네
> 우리의 우리에 들어와 똥을 긁어내는 형제의 모삽소리
> 연민의 발걸음으로 그들에게 다가가네
> 긴 장화를 주둥이로 밀면서 내 얘기를 들려주려고 끙끙 거리네
> 해방, 그 순간 뒷발질로 내 턱주가리를 갈기는 중생!
>
> ― 함민복, 「우리들의 노예들에게―돼지의 일생·2」 중

동물 중에서도 가장 하찮은 돼지가 인간 이상으로 격상되어, '좀

처럼 잠을 이루지 못'한 채 자신의 주인인 인간 형제를 연민의 시각으로 바라보고 있다. 우월감에 빠진 돼지와 비소한 인간이라는 전도된 상황은, 각각 자기 존재에 걸맞지 않은 사고와 행위를 가장케 한다. 돼지가 인간 해방에 앞장서고, 인간은 기껏 돼지우리에 들어와 똥이나 긁어내고 있다. 그렇게 전도된 현실 속에서 인간의 본능을 억압하는 초자아는 통쾌하게 풍자되고 반대로 본능적 자아는 자유로워지는 것이리라. 자신의 실존적 상황을 하찮은 돼지의 처지로 전도시킨 시인의 최저 자아는 확실히 희극적이다. 그러나 함민복은 거기서 멈추지 않는다. 그는 이 전도된 상황을 다시 뒤집어버린다. 인간에게 연민을 느끼고 해방을 얘기하려는 돼지의 턱주가리를 다름 아닌 인간이 갈기고 있기 때문이다. 반전의 반전을 획책하는 이 희극적 전도 속에는 정상적인 질서나 체제에 대한 시인의 전복적인 감성이 내재되어 있다. 시인 함민복이 의도한 바는 정상이라 불려지는 관습적인 고정 관념에 대한 전복과, 비정상 혹은 열등의 세계가 지니고 있는 역동성의 표출일 것이다.

일체의 권위가 강등되고 익살스럽게 물질화되는 격하의 원리는 신체의 하향적 삶으로의 편입을 통해서도 이루어진다. 성행위, 임신, 출산, 소화, 배설 등은 대표적인 신체의 하향적 활동이다. 그것은 '더러움'으로 금기시되고 부정시되는 행위이자 대상들이다. 이러한 '더러움'을 부상시키는 목적은 거대한 억압질서에 대한 존재의 격렬한 반항을 함의한다.

똥이 일그러진 목소리로 말한다

너는 눈도 없냐

멀쩡한 나를 밟고 다니게

하면서 콧김을 숭숭 내뿜는다

나는 할 말을 잃고

침만 퉤 뱉았다

침은 직사포로 날아가 똥 속에 박힌다

몇 송이 거품만 보글보글 끓다가

이내 사라진다

녀석, 똥에 동화된 것인가

화가 난 나는

호주머니에서 잠자고 있는 신문지를 깨워

똥 위에 눕혀버렸다

社說사설 : 어른스런 政治정치

— 5共非理공비리 합리적으로 철저히 밝혀야

이럴 수가 있는가

똥의 위력에 굴복할 수밖에 없는 것일까

신문지를 뚫고 똥이 일그러진 눈으로 나를

빤히 쳐다보고 있는 것이 아닌가

갑자기 똥이 마렵다

— 차창룡, 「우리들의 찌그러진 영웅」 중

「똥은 계급의 첨예한 반영이다」라는 시 제목이 있을 정도로 차창룡의 시는 배설의 시학을 기초로 하고 있다. 그의 시에서 '잘 된' 배설은 유쾌한 생성의 양상을 띤다. 사실 웃음처럼 예민한 기호도 드물다. 그것은 작은 변수에도 증폭되거나 사그라지며, 미묘한 뉘앙스를 불러일으키곤 한다. 여러 겹의 웃음으로 교직되어 있는 이 시는 똥과 인간이 맺고 있는 상식적 질서의 전도, 신문 사설의 직접 인용으로 인한 정치적 풍자, 똥이 가지고 있는 위력의 절대적 과장, 우스꽝스런 나의 배설 욕구 등이 차례로 교체되면서 웃음의 색깔과 농도를 달리하고 있다. 먼저 인간이 배설한 '기름진 미색의 똥'과 그 똥을 바라보는 '나'는 적대적 관계로 출발한다. '나'는 똥을 더럽고 우습게 보고 있는 것이다. 그러나 "너는 눈도 없냐"는 똥의 위악적인 힐난에 의해 똥은 '나'보다 우위를 확보한다. 내가 뱉은 침이 똥 속에 박히면서 똥과의 적대적 관계는 똥을 향한 나의 일방적인 동화로 밀착되고, 끝부분의 "갑자기 똥이 마렵다"에 와서 나는 그 똥의 생산자가 된다. 특히 신문의 정치 사설을 뚫고 나와, 정치 권력조차도 굴복시키는 그 똥의 위력은 더러운 배설물의 차원을 넘어선다. '나'라는 인간과, 신문 사설의 정치적 권위는 육체적인 하락 내지는 형이하학적 영역으로 강등되고, 더럽고 하찮은 똥은 격상되어 새로운 권위와 힘을 얻는다.

정상적인 상태를 왜곡, 강등시켜 갑작스레 바꾸어 놓는 이러한 뒤틂의 목표는 대상의 특성이 정신적인 것임에도 불구하고 우리의 관심을 육체적이고 물질적인 것으로 향하게 한다는 데 있다. 그러한 뒤틀림은 희극적이다. 견고한 이성적 체계를 웃음으로 뚫고 들어가 새로운 질서를 만들어내는 전도의 상상력이야말로 금기를 조롱하고 억압으로부터 해방되는 웃음을 가져다 준다. '소외된 세계'가 격상되고 '규범의 세계'가 격하되는 이 난장의 웃음을 통해 시인은 새로운 질서의 창조적 가능성을 시사하고 있다.

4 언어유희와 패러디의 웃음

웃음은 또한 언어의 가능성을 가장 충실히 이용한다. 유사 혹은 대조의 원리를 근간으로 의미의 전환을 꾀하는 언어유희나 패러디는 젊은 시인들의 웃음을 관류하는 주된 방법이다. 먼저 패러디의 웃음을 보자. 시간과 공간, 장르와 세계관을 넘나들며 우리 삶을 새롭게 바라볼 수 있는 다원주의적 인식유형과 해체적 감수성을 제공해주는 패러디의 희극적 원천은 텍스트 간의 부조화된 병치다. 그 부조화된 병치는 원텍스트를 재읽음으로 해서 현실에 내재된 모순을 지적하려는 의도에서 비롯된다.

> 나와 섹스하기 전에는
> 그녀는 다만
> 하나의 꽃에 지나지 않았다
>
> 나와 섹스를 하고 난 후
> 그녀는 더 이상 꽃인 체하지 않는

이자利子가 되었다

— 장경린, 「김춘수의 꽃」 중

김춘수의 「꽃」은 후배 시인들에 의해 가장 많이 패러디된 작품이다. 장경린은, 원텍스트의 '이름을 부르다'라는 존재론적인 호명 행위를 '섹스'로, 하나의 인격적 존재이자 절대적 이데아인 '꽃'을 자본주의의 필요악인 '利子이자'로 치환시키고 있다. 섹스나 이자 따위의 언어는 단순한 재치를 넘어, 물질화되고 파편화된 현실에 대한 성찰을 담고 있다. 장경린의 이같은 언어 감각의 이면에는, 기존의 언어가 가진 친숙한 고정관념을 파괴함으로써 언어 그리고 세계의 본질에 보다 가까이 다가가려는 저의가 깔려 있다. 그러기에 그는 규범화된 언어를 공격하고 변방의 언어를 차용함으로써 웃음을 만들어 낸다.

시대의 흐름에 따라 웃음을 받아들이는 태도 또한 다를 수밖에 없다. 웃음을 받아들일 때의 감수성은 본능적 감흥과 동시대적 감흥의 합치를 전제로 하기 때문이다. 패러디는 대중문화의 잡다한 양식들, 이를테면 텔레비전, 영화, 상업광고, 무협소설, 만화, 신문, 잡지 등의 언어를 시 속으로 대량 유입시키고 있는데, 이러한 양식들이야말로 동시대적인 특성을 가장 첨예하게 담고 있다.

부동산 주식 정치게임 고문치사 오월
발포! 사람들이 푹푹 쓰러졌다.
사이에도 가방 뒤에서 여전히

부스럭대는 소리, 불순한, 뒤얽힌,

하느님, 쟤네들 보래요, 하고
참다못해 내가 일러바쳤다.
아담아, 네가 어디 있느냐,
하고 야단쳐줘요, 제발.

그들이 가방 뒤에서 얼굴을 쏙 내밀었다.
메롱, 영구 없다!
— 김정란, 「TV 말놀이를 주제로 한 몇개의 성찰 4 — 심형래의 '영구 없다!'」 중

    잘 벗겨지지 않아요
        — 제비(?)표 페인트
    알아서 빨아줘요
        — 대우 봉(?) 세탁기
    구석구석 빨아줘요
        — 삼성(?) 세탁기
            — 함민복, 「내 귀가 섹스 쪽으로 타락하고 있다」 중

  인용시들의 웃음은 "타락한 말의 毒針독침 밑에서 썩어가는"(김정란, 「내가 아무렇게나 죽인 여자」) 집단적이고 시대적인 유행어에 의지하고 있다. 경박하고 통속적인 코미디언의 유행어와 상업광고의 언어를 패러디하면서 "불순하게 뒤얽힌" 사회의 비리와 타락상을 고

발하려 한다. 그러나 만약 독자가 80년의 '오월'을 모르고, '심형래'라는 코미디언의 코미디 대사와 그 당시의 세탁기 광고언어를 모른다면, 이 시들의 웃음은 약화될 것이다. 패러디가 사회적이고 집단적인 현실을 첨예하게 반영해 낼 수도 있다는 사실을 확인시켜주는 단적인 예이다. 이러한 패러디 기법은 오늘날 우리 사회가 안고 있는 복잡한 현실을 시적인 언어로 수용하려는 방법적 모색의 일환으로 읽혀지고 있으며 소재 선택과 시형태의 가능성을 확대시켰다는 의의가 있다.

　　가지 않겠다, 발버둥 치다가
　　발버둥이 그만 덤이 되어
　　그만큼 빨리 無무로 갔다

　　무덤으로 드는 길은
　　길이 아닌 길
　　안내하는 나이가 나아가는 길
　　무덤으로 가는 걸음은
　　걸음 아닌 걸음
　　발걸음 아닌 몸걸음

　　(…중략…)

　　무덤으로 걷는 길 무섬 없는 길

무덤 앞으로 큰 걸음으로 갓!

— 이갑수, 「큰 걸음」 중

왕성한 소문이
웅장한 건물에서 나와
웅성한 사람들 속으로 흘러들었다

우스운 것들이 실은
무서운 것들이야

쥐 한 마리가 태산을 흔드는 것을 보렴,

— 이갑수, 「소문」 중

　이갑수의 언어는 부조리한 현실을 언어유희로 포착하여 희극적 웃음을 유발한다. 그 웃음은 자동적으로 되풀이되는 말 뒤에 뒤엉켜 있는 삶의 다층적 국면을 엿보게 한다. 그는 특히 의미나 소리에 의지한, 동음이의어나 유사어의 희극적 반복을 통해 새로운 의미의 전환을 노리는 데 능하다. 재기발랄하기에 때론 장난스럽기도 하고 다소 가벼워 보이기도 하는 그러한 언어는 그 자체로 유희적 성격을 띠고 있다. 그와 같은 유희는 예리한 통찰과 정신적인 깊이를 간직할 때 진정으로 우리를 웃게 할 수 있을 것이다. 이런 점에서 그의 시는 얼마간 성공적이다. 「큰 걸음」은 '無무'와 '덤'이라는 개별적인 단어들의 의미를 환기시켜 '무덤'이라는 단어의 의미를 새롭게 조명한다. 여기에 같은 두음頭音의 '무섬'이라는 의미도 더해지고 있다. 비슷한 의미와 소리를 지녔으되 뉘앙스의 차이가 있는 왕성한·웅장한·웅성한이라는 형용사들이 그 수식 대상의 특징과 절묘하게 부합되는 데서, 또한 우스운·무서운이 유사한 소리로 다가오지만 그 의미가 전혀 다른 데서 「소문」의 경쾌한 웃음은 만들어진다.

패러디나 언어유희에 기반하는 이러한 웃음은, 급속도로 확산되는 대중문화의 새롭고도 다양한 자기갱신의 속성과 방법들을 수용하면서 그 타락한 현실을 효과적으로 반영할 수 있다. 뿐만 아니라 우리말이 가진 섬세한 뉘앙스를 살려 준다는 장점도 지닌다. 그러나 자칫 현실비판의 강도나 깊이를 감퇴시켜 경박한 말장난이 되기 십상이라는 난점도 있다.

5 고백적 자기폭로의 희화화

웃음이 부정의 정신, 즉 비판적 지성과 연결되어 있음은 앞서 지적한 바 있다. 부조리와 폭력적 모순이 팽배하는 사회 속에서 그 모순의 구조가 시인의 지성을 압도해 버릴 때 지성의 칼날은 자신을 향하게 되고 시인은 자기부정에 시달리게 된다. 시인 스스로를 자조하게 되고 시인 스스로를 모독하게 되는 것이다. 현실의 폭력 앞에 무기력하기만한 자아의 갈등을 자조적으로 희화화하는 고백적 자기폭로는 웃음의 마지막 보루인지도 모른다.

성기는 족보 쓰는 신성한 필기구다

낙서하지 말자, 다시는

— 함민복, 「자위」 전문

함민복은 이 시에서도 자본주의의 화려한 욕망으로부터 소외된 삶의 양태를 집요하게 물고 늘어진다. 남성의 성기가 펜으로 비유되는 것은 새삼스러울 것 없다. 첫행은 이러한 일반적인 비유에 의지해 '족보'라는 의미를 새롭게 끌어들인 후, 시쓰기의 행위와 종족보존을 위한 성행위를 겹쳐 놓고 있다. 웃음은 끝행의 '낙서'와 제목의 '자위'를 연결시켰을 때 보다 선명해진다. 타인과 관계를 맺고자 하는 욕망에서 비롯되는 것이 바로 성행위인데, 그것이 자위에 그쳐버릴 때 그 관계맺기의 소통회로는 차단되고 자아는 고립된다. 욕망의 실현으로부터 자아가 소외되는 것이다. 그는 이 왜곡된 관계를 일상의 영역에서 일어나는 자위행위로 정면화시킴으로써, 위악적인 조소와 익살을 제조한다. 그러기에, 욕망의 실현으로부터 소외당한 시인의 고통과 비극에도 불구하고, 독자는 웃는다. 시인의 고통과 비극은 인지되는 그 순간에 웃음 밑으로 잠겨버린다. 자기의 존재 자체를 모욕하면서 빚어내는 씁쓸한 웃음이다.

난 원래 그런 놈이다 저 날뛰는 세월에 대책 없이 꽃피우다 들켜버린 놈이고 대놓고 물건 흔드는 정신의 나체주의자이다 오오 좆같은 새끼들 앞에서 이 좆새끼는 얼마나 당당하냐 한 시대가 무너져도 끝끝내 살아 남는 놈들 앞에서 내 가시로 내 대가리 찍어서 반쯤 죽을 만큼만 얼굴 붉히는 이 짓은 또한 얼마나 당당하며 변절의 첩첩 山城산성 속에서 나의 노출증은 얼마나 순결한 할례냐 정당방위냐 우우 좆같은 새끼들아 면죄를 구걸하는 告白고백도 못 하는 씨발놈들아

— 김중식, 「호라지좆」 전문

김중식은 억압된 자아와 욕망하는 자아 사이의 첨예한 대립을 날것 그대로의 욕설로 표면화시킨다. 그는 '내 가시로 내 대가리 찍어서 반쯤 죽을 만큼만' 얼굴을 붉히면서 고백하며 '면죄를 구걸하'는 자아 스스로를, 온갖 야유와 조롱으로 경멸하고 희화시킨다. 시대에 야합하는 속물로도, 시대에 맞서는 반항인으로도 존재하지 못하는 자신에 대한 혐오와 모멸로 인해 그는 스스로를 혹독하게 부정하는 것이리라. 그러나 그 자기부정의 이면에는 시인의 자신감 혹은 우월감이 배어나고 있다. 그 '짓'조차 못하는 '좆같은 새끼들' 혹은 '씨발놈들'의 세계를 향해 자신의 노출증이 순결한 할례고 정당방위임을 도리어 역설하고 있기 때문이다. 욕설을 통해 자신과 자신을 억압하는 대상 전체를 공격하고 있는데, 나를 먼저 넘어뜨린 후 그 바닥에서 적을 향해 온몸으로 공격해대는 전략이다. 시대와 결코 타협하지 않으려는 반항의 정신을 깔고 있는 이러한 역설적 자학은 결코 현실에 압도되지 않으려는 지성의 힘을 감지케 한다. 그는 절망을 절망 그 자체로 반복 묘사하지 않고 반어적으로 역습하면서 그 절망을 극복하려 한다. 그런 역습을 통해 독자는 희극적 카타르시스를 느끼게 된다.

이렇듯 자기부정 혹은 자기폭로에 기반한 웃음은, 풍자나 해학을

비롯한 그 밖의 다른 비판 형식이 먹혀 들어가지 않는 상황에서 발생하는 웃음의 형식이다. 오히려 그 밖의 다른 비판 형식의 실패에 대한 자기인식에서 비롯된다. 이 자기부정의 비극적 웃음이야말로 90년대 젊은 시인의 시에서 흔하게 드러난다. 그것은 공격 대상으로서의 적이 불분명한 세계를 스스로 자인하는 형식이다. 나아가 그러한 세계에 대한 자신의 무력함을 깊이 시인하는 고백인 동시에 그러한 사실을 폭로하는 하나의 전략이기도 하다.

6 익살과 혐오의 잔혹한 웃음

웃음을 유발하는 한 편의 작품에는 사실 풍자의 공격성, 해학의 익살스런 우회성, 격상과 하락의 전도, 패러디 혹은 언어유희, 고백적 자기폭로의 요소들이 서로 혼재해 있다. 어느 요소가 더 강하게 작용하고 있는가에 따라 웃음의 양상은 구분된다. 90년대 젊은 시인들의 시에는 웃음을 유발하는 여러 요소들이 서로 강도 높게 충돌하여 발생하는 그로테스크한 웃음이 많다. 그같은 웃음은 대부분 우스꽝스러움과 혐오를 동시에 수반한다. 현실의 모순이 익살스럽고 재미있게 폭로되고는 있지만 그 폭로가 너무 강렬하고 잔혹하여 가학적 웃음이 되고 있다.

放聲大哭방성대곡의 해식애를 할퀴며 자학의 한 시대가 갔다 열광과 발작의 마녀 사냥이 그 동굴의 불기둥으로 치솟을 때 "이 섬을 지배하는 유일한 이데올로기는 오르가즘이다"라고 절망한 마르크시스트는 울부짖었다 사람들이 그를 안면 방해죄로 고소했고 통행료가 없는 꼴린 大路대로는 오늘도 불통이다 섬과 섬 사이에 콘크리트 다리가 있다 사람과 사람 사이에 무스탕 잠바의 확장된 피부

— 함성호, 「학술원 회원 여러분께 드리는 그 섬 「島도」에 관한 보고서'」 중

누군가 집권하고있는나라에서그는무좀걸린발가락사이에가루약을뿌리고양말을갈아신는다. 대변을보고나면따뜻한물로치질을맛사지하며늘그랬듯이그는수치감을항문으로느낀다. 그를지배하고있는병들이바로그자신의일부이듯이

저 썹할 년이 껌을 쩍쩍 씹으며 먼저
내려갔다. 三別抄삼별초의지휘관裵仲孫배중손은반란을일으킨후군졸들을이끌고珍島진도로내려가투철한抗蒙精神항몽정신으로

그녀는 세 명의 남자와 정을 통하고

— 장경린, 「것과 같은 것이다」 중

함성호가 우리 현실을 자본주의의 감각적 욕망에 먹혀버린 '마약과 섹스와 폭력의 섬 좆島도'라고 파악할 때나, 장경린이 성적인 비속어를 매개로 자질구레한 개인의 일상과 명분론적인 역사의 상황을 병치시켜 놓을 때, 그 행간들에서 읽혀지는 웃음은 음산하고 그로테스크하다. '열광과 발작의 마녀 사냥'이 불기둥으로 치솟고 우

리를 지배하는 유일한 이데올로기를 '오르가슴'이라고 단언하고 있는 함성호 시의 웃음은 역사·철학·사상을 아우르는 고급한 담론과 음담소화淫談笑話와 같은 저급한 담론이 혼재하는 데서 비롯된다. 제목과 시 본문과의 대조도 웃음을 유발하는 한 요인이다.

장경린의 시도 마찬가지다. 서로 다른 차원의 '집권'이라는 단어와 '무좀'·'치질'이라는 단어가, '병'이라는 단어에 의해 등가의 의미로 귀결된다. 인용한 부분에서 2연의 저급한 욕설과 3연의 역사적 사실을 기록한 한문투의 언어는 서로 길항한다. 특히 붙여쓰기와 띄어쓰기를 각 연마다 달리하여 각 연들의 불연속성과 파편성을 강조하고 있다. 결코 소통될 수 없는 우리 사회의 단면들을 언어화하는 함성호와 장경린의 시들에는 후기산업사회의 온갖 타락의 징후들이 불길한 웃음의 옷을 입고 있다. 이러한 웃음은 분명 과장된 제스처일 것이다. 나아가 현대사회의 일상 속에서 어떻게 시가 비판의 몫을 감당해야 하는가에 대한 그들 나름의 비판 형식일 것이다.

지금껏 90년대 젊은 시인들의 웃음의 다양한 양상과 그 특징을 일별해 보았다. 참다운 웃음이 요구하는 미학이란 부정적이고 경직된 현실의 제반 특성을 전면적으로 추방하거나 거부하는 것이 아니라 그 부정성과 경직성에서 비롯되는 고통을 비워내고 삶을 따뜻하게 바라보려는 화해의 시선이라고 우리는 알고 있다. 최근 젊은 시인들의 시에서 이러한 건강한 웃음을 찾기란 좀체 쉬운 일이 아니다. 차갑고 검은 웃음이 대부분이기 때문이다. 건강한 웃음이 정신적인 여유와 객관적인 지성에서 비롯된다는 사실을 감안한다면, 지금의 우리 현실이 그리고 그 현실을 바라보는 우리의 정신이 얼마나 척박한지를 증명하고 있는 셈이다.

　우리는 정신적으로는 척박하되 온갖 충격과 자극으로 풍요로운, 웃기는 날들을 살고 있다. 웃기는 현실을 그대로 묘사하는 것만으로도 시니컬하고 그로테스크할 뿐 아니라 불경스럽고 외설스럽고 요설스러운 웃음이 되는 것이다. 그럼에도 불구하고 일상적 체험과 방법적 전략의 기민한 유착 속에서 그 웃음의 결이 다양해진 것은 분명하다. 이 불가해한 시대 전반의 현상을 입체적으로 조명하는 삶의 태도와 방법적 기교로써 웃음이 선택되고 있다는 증거이다. 젊은 시인들이 보여주는 웃음의 전망은 현실에 순응하기 위한 것도 그 현실과 화해하려는 것도, 또한 그 현실을 뛰어넘으려는 것도 아니다. 그러기에 90년대적인 음울하고 무상한 웃음이야말로 웃기는 날들의 현실 그 자체를 정직하게 반영하는 것 아니겠는가.

세계를 지연시키는 자기증식의 언어
신세대 시인론

신세대 시인들의 시집들이 동시적으로 쏟아져 나왔다. 60년대 후반과 70년대 초반에 태어나 대체로 첫시집을 내고 있는 서정학·이철성·함기석·이수명(그만이 유일하게 두 번째 시집이다)[1]이 바로 그 주인공들이다. 그런데 그들의 언어가 기존의 언어와 다른 심상치 않은 조짐을 보이고 있어 주목을 요한다. 그와 같은 조짐은, 멀리는 이상李箱으로부터 가까이로는 80년대의 이성복이나 황지우, 90년대의 유하나 장정일, 그리고 가장 가까이로는 박상순에 이르는 선배시인들에게 이미 그 독창성을 빚지고 있다. 그런 점에서 보자면 그들의 언어

---

1 서정학의 『모험의 왕과 코코넛의 귀족들』(문학과지성사, 1998), 이철성의 『식탁 위의 얼굴들』(문학과지성사, 1998), 이수명의 『왜가리는 왜가리놀이를 한다』(세계사, 1998), 함기석의 『국어선생은 달팽이』(세계사, 1998)를 텍스트로 한다.

는 그다지 새로운 것이 아니다. 게다가 선배시인들이 담보하고 있던 반성적 성찰, 진정성과 파토스 등이 결여되어 있다는 우려의 소지도 있을 수 있다. 그럼에도 불구하고 그들의 언어는, 이전의 선배시인들이 보여주었던 시적 전략이나 시정신과는 또 다른 면모를 가지고 있어 우리 시의 새로운 징후로 읽힌 기존의 시읽기 독법에 저항했던, 그리하여 때로 읽기를 중단하고 싶게 했던, 그들의 언어를 나는 순하게 따라 볼 참이다. 어쩌면 내 시읽기 독법을 수정해야 할 새로운 세계가 펼쳐질지 모르겠다.

'신세대 시인'이라 칭할 수 있는 그들은 다양한 영상매체와 전자매체를 통해 심미적 감성을 훈련받은 키치kitsch 세대이다. 그들은 혼자만의 공간에서 안전하고 즐겁게 온갖 헛것들을 베끼면서 고착화된 자아분열과 무의식 세계에 침잠하곤 한다. 그런 그들에게 현실이란 없다. 그들은 현실을 혐오하고 현실의 지리멸렬함을 환멸하기에 현실을 지워버리고 그 자리에 헛것의 세계를 세운다. 더 이상 현실을 재현하거나 해석하지 않는다. 그들에겐 환상이나 무의식이 불러일으키는 헛것으로서의 현실이 있을 뿐이다. 이 헛것의 세계를 지탱시켜주는 대들보는 언어의 인위성 혹은 공작성工作性이다. 이 글은, 새로운 세대의 시쓰기는 내용과 형식에서 어떻게 달라지고 있는가, 어떻게 달라져야 하는가라는 질문에서부터 출발한다. 그들의 언어 행위가 새로운 주체와 새로운 의미를 생산해 낼 뿐만 아니라 우리 시의 새로운 틀로 여겨지기 때문이다. 따라서 신세대 시인의 언어 형식과 정서 구조를 추적해 보는 일은 21세기를 향한 우리 시단의 특징적 양상을 예단하는 작업의 일부가 될 것이다.

1 미끄러짐을 거듭하는 불연속적 치환과 환유

새로운 세대란 근본적으로 의미가 미끄러지는 세대다. 그들은 언제나 권위에 도전하고 관습을 위반하고 전통을 희화하고 기존 질서에 저항한다. 끊임없는 미끄러짐으로 인한 의미의 불확정성과 기표들의 유희를 즐기는바, 그 전략의 중심축은 환유·병렬·치환·반복 따위로 이루어져 있다.

> 소년은 대문을 나서며 형용사를 바꾸어 본다
> 소년의 얼굴이 밝다 다리가 환하다
> 소년은 가벼운 가방을 들고 대문을 나선다
> 하루가 지겨운 소년은 하루가 즐거운 소년이 된다
> 소년은 환히 웃으며 하늘과 땅을 바꾸어 본다
> 갑자기, 자동차들이 하늘로 달리고
> 비행기와 새들이 땅 속 깊은 곳으로 날아다닌다
> 구름은 땅으로 흐르고
> 나무와 꽃들의 뿌리는 허공으로 자라오른다
> 소년은 콧노래를 부르며 하늘로 뛰어간다
> 구름 뒤로 파란 지붕의 학교가 보인다
> 소년은 하늘 꼭대기에 있는 교문으로 들어간다
> 정말 꿈만 같아! 외치며 소년은 교실로 들어간다
>
> — 함기석, 「학교가는 소년」 중

함기석이 보여주는 언어적 전략은 '사물들을 새롭게 명명하기' 혹은 '사물들이 마구 이름을 바꾸기'(「녹색의 시체들이 차례로 일어선다」)로 집약된다. 그는 정상적인 문장에서 명사, 형용사, 동사를 중심으로 그 단어들을 바꿔 놓곤 한다. '나'가 들어가야 할 자리에 '변기'라는 단어를 끼워 넣거나, 동사 '신다'가 들어가야 할 자리에 '먹다'라는 단어를 집어 넣곤 하는 것이다. 이같은 바꾸기는 "삼삼은 9 삼사는 12 삼오는 15 / 자 아무 생각 말고 따라해봐! 선생이 말한다"(「산수시간」)에서 엿보이는 '매일 반복되는 단조로운' 일상, 그 '감옥'으로부터의 일탈이라는 상징적 의미를 지닌다. 보다 직접적으로는 기성세대의 기계적인 반복과 주입식 권위에 대한 도전이자 기존의 시적 규범에 대한 저항을 의미한다. 때문에 인용시에서도 독자들은 일련의 형용사, 명사, 동사를 바꾸어 읽거나 채워 읽어야 하는 능동적 독서를 해야 한다. 이 기꺼운 수고를 아끼는 한, 시의 의미는 미끄러짐을 거듭할 뿐이다.

이같은 바꾸기는 정반대 혹은 예측불허의 이질성을 근간으로 하는 치환에 의해 이루어진다. 특히 그는 이질적인 주어와 술어를 충돌시켜 새로운 의미를 구축하곤 한다. 그러나 시 전체로 보자면 '바꾸기'에 의한 치환보다는, 인접성에 근거해 불연속적 병렬을 반복하는 환유적 성격이 더욱 강하게 부각된다. 때문에 그의 시들은 파편화된 이미지나 상념들을 유희적으로 나열한 것처럼 보인다. 결과적으로 그의 언어는 마치 암호처럼, 주문처럼, 노래처럼 의미를 해체하고 의미를 지연시킨다. 이같은 어법을 통해 시인은, 기존의 시쓰기에 저항하며 언어가 지닌 사회적 약속으로서의 규범성을 파괴한다.

새로운 욕망과 무의식을 새로운 언어로 구축하기 위한 방법적 시도는 다른 신세대 시인의 시에서도 쉽게 눈에 띈다.

청년은 말한다.
"벽은 책상이고
책상은 숟가락이고
숟가락은 반찬통과 함께
하늘을 날아간다."
소년은 깜짝 놀란다.
그리곤 쓰러져 있던 우산을 챙겨들고
성급히 그곳을 떠난다.

— 이철성, 「소년과 청년」 중

왜가리는 줄넘기다.
왜가리는 구덩이다.
왜가리는 목구멍이다.
왜가리는 납치다.

왜가리는 왜가리놀이를 한다.

테이블은 하나다.
테이블은 둘이다.
테이블은 셋이다.

테이블은 숲 속에 놓여 있다.

— 이수명, 「왜가리는 왜가리놀이를 한다」 중

　이철성은 벽이 책상이고 책상이 숟가락인 것에 대해, 또 숟가락과 반찬통이 하늘을 나는 사실에 대해 어떤 설명이나 근거도 제시하지 않는다. 그 언어는 마치 선문답처럼 던져져 있을 뿐이다. 그러나 좀더 자세히 들여다보면, 함기석의 언어와 마찬가지로 그의 언어도 일종의 '단어 바꾸기'에서 비롯되는 치환과 환유적 반복에 그 뿌리를 두고 있음을 알 수 있다. 이수명 역시 왜 왜가리가 줄넘기고 구덩이고 목구멍이고 납치인지, 테이블이 왜 하나이면서 둘이고 셋인지에 대해 설명하지 않는다. 단지 시인의 무의식 세계에서 길어 올려진 철저히 주관화된 치환의 결과라는 것을 짐작할 수 있을 뿐이다. 왜 이렇게 치환되고 있는지, 왜 이러한 연상들이 문제가 되는지 따위에 시인은 전혀 관심을 두고 있지 않는 듯하다. 물론 깊이 따져 보면 그 나름대로의 비밀스런 통로가 있을 것이다. 그러나 표면적으로 그 정보는 주어지지 않는다.

　이철성이나 이수명 모두 인색한 어휘사용과 비약적인 구문을 통해 언어와 언어 사이에 최대한의 공백을 불어넣고 있다. 현실 혹은 삶에 대한 어떠한 이해나 설명을 철저히 배제한 채 무의식적이고 유희적인 특성을 강조하려는 전략이다. 특히 이수명의 인용시에서 두드러진 반복은 기호와 의미간의 동일성을 확정짓기보다는 오히려 그 동일성을 파괴한다. 이 역시 의미를 지연시키는 결과를 초래한다. 이같은 반복은 오늘날과 같은 속도의 시대에 걸맞게 속도감 있는 리듬을 형성하면서 환상의 세계 혹은 유희의 세계로의 비상을 한껏 부추긴다. 때문에 그의 시에서는 문제제기와 답을 찾는 모색의 과정이라든가, 계기적이고 인과적인 되돌아봄 혹은 꿈꾸기 등이 생략되기 일쑤다. 이때 시의 의미는 단일화되거나 확정되는 것이 아니고 산포散布되고 분산된다. 끊임없는 의미의 미끄러짐으로 세계를 지연시키는 것이다.

이들과 다소 방법적 차이가 있지만 서정학의 시 역시 불연속적인 환유와 반복을 근간으로 한다.

> 웬일일까 바라보니 자판기 하나 서 있는데 이 뜨거운 사막 따뜻한 커피를 팔길래 웬일일까 별일도 다 있구나 한탄하고 있는데 뜨거운 태양 바라보며 신세가 기구하기도 하지 울고 있는데 너는 웬일일까 주머니를 뒤져도 동전은 하나 없고 웬일일까 지폐만 그득그득 하길래 웬일일까 너 어디서 났냐고 물어보니 웬일일까 사막에 모래 한 톨 없이 지폐로만 좌악 깔려 있는데 웬일일까 난 보지 못하고 웬일일까 넌 동전이 없어서 기절하고 이제 해가지고초생달이뜨고 나는 너를 업고 걷기 시작한다
>
> ― 서정학, 「오아시스」 중

편집증에 걸린 환자처럼 그는 단속적으로 '웬일일까'를 반복하면서 중얼댄다. 그 반복은 속도감 있는 리듬을 형성하여 시 전체에 형식적인 지속성을 부여해주는 듯하다. 그러나 결과적으로는 문장 사이사이에 끼어 들어 의미를 단절시키고 있다. 특히 내용상의 돌연한

비약을 유발하는 시적 장치로 기능한다. 이로써 문장 간의 유기적 연관성은 무시되고 서술의 주체도 더욱 불분명해진다. 뿐만 아니라 비현실적이고 의미 없는 이미지들만이 낯선 풍경 속을 떠돌게 된다. '오아시스'라는 제목과 대조적으로 시인은 사막화된 자신의 내면을 형식화하기 위해 불연속적인 문장들을 나열하며 띄어쓰기조차 무시하며 중얼댈 뿐이다. 기표로만 떠도는 이와 같은 중얼거림은 파편화된 정서의 표출인바, 세계와의 불화와 불화하는 세계를 향한 부정의 몸짓을 담고 있다. 서정학은, "도마 위에 파, 랗게 누워 있다", "도마 위에 파, 가 놓여 있다고 생각하자, 파, 랗고 길쭉한, 아주 평범한, 파, 시계가 열시를 알렸다"(「파」)에서처럼, 띄어쓰기나 부호(쉼표)를 적극 활용하여 의미를 지연시키곤 한다. 특정 어휘의 단속적인 반복이나 문장부호, 띄어쓰기의 비일상적 활용으로 인한 이같은 불연속적 단절은 일종의 말더듬을 환기시킨다. 시인이 세계와 불화하고 있음을 전략적으로 표출하고 있는 것이다.

2 무서운 유희 혹은 허구와의 싸움

자의적(恣意的)이고 불연속적인 진술을 통해 시의 의미적 연관과 관계규칙을 교란시킨 결과는, 비실재로의 도취적 비약이라는 무서운 유희를 낳는다. 또한 현실 혹은 자연의 상실, 그에 따른 정신적 빈곤, 권태와 불안, 그로테스크한 죽음에의 친화를 초래하기도 한다.

우울한 날 거울을 보아요 그럼 나는 보이지 않고 백색의 피로 뒤덮인 놀이터만 보여요 담장 가득 죽은 뱀과 인간의 창자가 널려있는 정오의 놀이터가 보여요 하늘 한복판에서 태양은 피를 토하며 비명하고 흰구름 하나 외눈박이 소년과 시소를 타요 구름은 자꾸만 장송곡을 부르고 소년은 무서워 하며 울어요 그럼 나는 얼른 거울 속으로 뛰어 들어가요 소년을 안고 장난감 가게로 달려가요 아름다운 눈알을 선물해요 숨쉬는 상자를 선물해요 사과를 넣고 주문을 외면 염소가 걸어나오는 착한 상자를 선물해요 벽돌을 집어넣으면 비행기가 날아오르는 한 줌의 모래를 집어넣으면 수천 마리 잠자리떼가 날아오르는

— 함기석, 「우울이 환상을 낳아요」 중

거울 속에서 그는 벌채를 한다. 숲이 사라진다.
거울 속에서 그는 손가락을 벌린다. 피가 떨어지지 않는다.
거울 속에서 그는 흐느낀다. 소리가 도살된 입이 사방으로 찌그러진다.

(…중략…)

거울 속에서 그는 나를 뱉어낸다. 나는 자전을 멈춘다.
거울 속에서 그는 나를 갈아입는다. 나는 뒤집어진다.
열린 문의 꽉 잠긴 웃음소리.
거울 속에서 그는 쏟아지는 나를 잠재운다.

— 이수명, 「거울 속에서」 중

함기석은 "시인은 제 피와 뼛가루가 묻은 자신만의 언어로 / 자신의 교수대와 관을 만들어야 한다 / 치열하게 유희하듯 유희하듯"(「고유한 방화범」)이라고 단언한다. 이 섬뜩한 유희는, '인간이 만들어 놓은 단단한 감옥'이나 '인간이 인간만을 위해 만들어 놓은 무서운 질서'에 저항하기 위한 테러리스트의 무기와도 같다. 즉 썩어 가는 자신의 언어와 정신에 불을 지르는 '고유한 방화범'의 무기에 다름 아니다. 그것은 또한 거울 속에서 자행되는 진지한 자학의 놀이이고 우울한 환상의 놀이다. 이같은 놀이는 앞서 언급한 바 있는 '사물들의 이름 바꾸기'와 맥락을 같이 한다. 거울 속에는 잔인하고 공포스러운 놀이터와 무서워 울고 있는 외눈박이 소년이 있다. 시인은 그 거울 속으로 뛰어들어가 소년과 함께 '수천마리 잠자리떼가 날아오르는' 환상 놀이를 한다. 거울이라는 '놀이터'를 매개로 시인은, 거울 밖의 나 / 거울 속의 소년, 보다 / 울다, 우울과 환상 / 죽음과 공포, 그 사이를 넘나들고 있다. 이때 '거울'은 자아 분열에서 비롯되는 유희적 요소를 증폭시켜 준다.

이수명 역시 현실에 편입하지 못한 채 '거울 속의 잠'으로 상징되는 헛것의 세계에 침잠한다. 그리고는 거울 속에서 펼쳐 보이는 기호들의 유희를 시의 전략으로 삼는다. 다른 신세대 시인들과 마찬가지로, 이수명에게 있어서도 거울은 반복, 폭력성, 텅빔, 거부, 전도를 유도하는 촉매제다. 인용시를 보자면, 거울을 매개로 '그'와 '나'는 서로를 배척하고 거부한다. 물론 '거울 속의 그'는 분열된 자아의 분신이다. '그'와 '나' 간의 분열, 혹은 그 불화의 극점에서 시인은 '잠' 속으로 빠져 들어 유희의 공간을 확보한다. 시인에게 '거울'이나

'잠'은 하나의 의미를 진술하는 동시에 그 의미를 은폐시키기 위한 의도적 장치인 셈이다. 그의 시의 불가해한 긴장과 난해함은 이러한 장치에서도 비롯된다.

신세대 시인들이 거울을 통해 유희의 공간을 확보하고 있다는 사실에 좀더 주목해 볼 필요가 있다. 거울이 자아분열을 유도하는 상관물이라거나, 거울의 안팎이 각각 의식과 무의식을 혹은 눈에 보이는 세계와 눈에 보이지 않는 세계를 의미한다는 것은 더 이상 새로울 게 없다. 문제는, 신세대 시인들의 시에서 거울은 계산된 유희의 공간성을 확보하고 있다는 점, 그리고 거울 속의 자아가 보다 적극적으로 전경화되고 있다는 점에 있다. 즉 거울 밖의 실제 자아는 거울 속의 이미지, 그 헛것에게 먹혀버린다. 그리고는 거울 속의 자아가 유희의 주체가 된다. 물론 거울 속 이 헛것의 자아는 현실의 억압으로부터 벗어나려는 무의식의 주체일 게다. 그 주체는 의미를 지연시키는 기표들의 유희를 주관한다. 무의식의 언어를 가지고 절망의 놀이를 주관하는 것이다. 그리하여 현실도 아니고 환상도 아닌, 의미로 수렴되기를 거부하는, 개연성 없는, 전적으로 주관화된, 무수히 파편화된 이미지들을 만들어 낸다. 그로테스크하고 비실재적인 이미지를 향해 돌진하는 이러한 유희는 제도화되고 기계화된 현실을 덮어버리고, 시인만의 주관적인 공간 안에서 시적 자유를 확보하려는 의도적 장치임에 틀림없다.

'거울'은 이철성의 시에서도 빈번하게 등장한다. "있는 그대로를 보여주는 것이 거울일 것 같지만 가끔 거울은 예상치 못했던 얼굴을 들이"(「거울1-느낌」)민다. 그리고 "꿈과 현실의 한중간에서 망설이며 / 땀에 젖어 있는"(「꿈속에서 해방된 자는 행복할지어다」) 몽환적인 잠을 이끈다(거울과 잠의 친연성은 「순환」이라는 시에서 단적으로 드러난다).

> 나는 눈물을 흘리며
> 詩시를 썼다.
> 글자들을 위로하는 긴 詩시를.
> 그리고 잠은
> 길고 부드러운 날개를 펼쳐
> 지친 우리를 잠들게 하리
>
> ― 이철성, 「낮잠」 중

시인은 "날 욕하고 짓밟고 용서하고 / 그리고 다시 짓밟는"(「잠 1」) 타인들에게서 자신의 모습을 되확인한다. 잠 혹은 거울을 통한 자기인식과 현실인식은 부정적이기만 하다. 때문에 시인은 "난 다른 세상에서 살고 싶다"거나 "내가 잠들면 나는 다른 세상으로 간다"(「잠 1」)라고 하면서, '잠'을 매개로 '다른 세상'을 꿈꾼다. 그러나 "창문까지 기어올라온 덩굴들이 뱀처럼 서로를 물어뜯는, / 환영을 보았다 / 벽들이 툭! 툭! 땀을 뱉어내고 있었다"(「오후」)에서처럼, 시인이 바라보는 '다른 세상'은 무서운 환영들로 가득하다. 시인에게 그 환영은 '벽'으로 인식된다. 이철성 역시 쉽사리 행복한 몽상으로 나아가거나 긍정적인 비전을 제시하지 않고 있다.

인용시 「낮잠」에서 그가 꿈꾸는 '다른 세상'은 시쓰기에 의해 타진되고 있다. 그러나 그의 시쓰기는 사람이나 삶이 아닌 '글자들'만을 위로할 뿐이다. 게다가 그 글자들은 "나의 채찍을 기다"리며 나의 채찍질에 "끼익끼익 비명을 지르며 / 종이 위로 기어올라"(「독자에게」)가고 있다. 시쓰기가 현실과 동떨어진 기호들만의 폭력적 유희에 불과하다는 사실을 시인은 냉정하게 인식하고 있는 것이다. 때문에 그의 '다른 세상'이란 현실과 단절된, 현실로부터 도망친, 밀폐된 꿈의 부장품에 지나지 않는다. 이철성의 시적 유희 역시 언어에 대한 불신, 삶의 자폐성, 현실에 대한 불안과 공포, 폭력에의 경도를 특징으로 하는 의식적이고 자학적인 장치라 할 수 있다.

> 지진이 나고 파도는 거칠어졌다 달은 부정기적으로 모양이 바뀌고 사람들은 쓰러져만 갔다 공기가 부족하다 생존자들은 새파랗게 질리고 비는 오지 않는다 태양은 팔개월째 모습을 감추고 이제, 우리에게 남은 희망은,
> 은하철도를 타고 탈출하는 것뿐이다
> (들리는 말에 의하면 안드로메다에는 공짜로 영원한 생명의 기계 몸을 주는 혹성이 있다고 한다)
> ― 서정학, 「믿거나 말거나, 따분한 오후의 낮잠」 중

서정학에게 있어서 거울은 TV·PC 화면이나 스크린과 같은 사각의 영상매체와 사각의 만화컷으로 변용된다. 대중문화적 잡식성의 감수성을 지닌 그는 사각의 영상을 통해 스스로를 인지하며 또 다른 세계를 꿈꾼다. 세계를 바라보는 사각의 창(窓)인 셈이다. 인용시에서는 은하철도를 타고 지구를 탈출하는 만화적 꿈을 그려 보인다.

대중매체에 감염된 키치적 상상력이 사각의 창 속에서 '눈을 뜬 채 꾸는 꿈'으로 펼쳐지고 있다. 시 제목의 '믿거나 말거나'와 '따분한'이라는 술어는 유기성, 계기성, 인과성이 배제된 파편화된 시의 구조를 정당화시켜 줄 뿐만 아니라 전략적인 허구화의 강도를 증진시켜 준다. '낮잠'이라는 단어가 기여하는 바도 마찬가지다. 파편화와 허구화는 서정학 시의 주된 특징이다. 그는 사각의 영상매체에 의해 재현되는 황당하며 불연속적이며 이질적이며 의도적이며 키치화된 유희 속에서 자아와 세계를 완성하고자 한다. 그에게 있어서 현실 내지는 진정성 따위는 관심 밖의 문제인 것이다.

'환상', '환영'이라는 단어가 암시하듯 실제 대상과 거울 속의 대상, 현실과 잠 사이를 부유하는 신세대 시인들의 언어는 가위눌린 자의 잠꼬대 같다. 시의 의미가 불투명하다는 말이다. 그리고 불연속적으로 나열되어 있는 이들의 '환영'은 섬뜩하고 기괴하기까지 하다. 그것들은 모두 현대문명을 대변해주는 일종의 시뮬라크르다. 일찍이 포이어바흐는 의미된 내용보다는 기호가, 원본보다는 사본이, 실재보다는 환상이, 그리고 본질보다는 껍데기가 선호되는 현대에서는 최고도의 환상이 최고도의 신성함이라고 일갈했다. 우리는 이 속된 진리와 신성한 환상의 매혹 속에 살고 있다. 이제 세계는 투명한 언어로 담을 수 있는 대상이 아니라 불투명한 언술로 조작되고 덧칠되는 유희의 대상일 뿐이다. 단지 헛것으로, 유희로, 허구로, 강렬한 이미지로 낚아지는 불완전하고 불확실한 파편화된 그 무엇일 뿐이다. 신세대 시인들의 유희적 언어는 바로 이 오리무중의 현실에서 포착한 존재론적 또는 현실적 고통의 은유일 터이다.

3 그들만의 유토피아와 단편화된 알레고리

세계에 대한 부정적 인식은 유토피아로의 충동을 환기시키고 그 같은 충동은 알레고리적 상상력과 긴밀한 연관성을 맺는다. 신세대 시인들의 언어에는, 여기 우리가 서 있는 곳이 최악의 세계이며 그 누구도 이 세계를 이해하지 못한다는 세계를 향한 공허한 시선이 깔려 있다. 이 부정적 체험은 기성세대에 대한 저항과 그 몰락의 징후들이 무작위적으로 조합된 '키드적' 상상력으로 표출된다. 신세대 시인들은 잔혹한 동화적 상상력에 의한 알레고리적 유희를 즐겨 활용한다. 때문에 그들의 시에는 아이들 혹은 아이들의 목소리가 자주 등장한다.

> 소녀는 부러진 날개를 만져본다
> 울먹이며 엄마가 읽어주던 동화책을 펼친다
> 코스모스 만발한 언덕이 나타난다
> 해바라기 만발한 언덕이 나타난다
> 꽃들이 손을 흔들며 동요를 부르며 소녀를 부른다
> 소녀는 죽은 엄마를 안고 관을 안고
> 언덕으로 걸어들어간다
>
> ─ 함기석, 「새장 속의 소녀」 중

아이들은 학교 간다
건물들이 한걸음 물러선다

> 힘없는 건물들이 무너진다
> 아이들은 손뼉을 친다
> 녹슨 철근이 힘겹게 고개를 세운다
>
> 아이들은 학교 간다
> 거대한 아이들
> 신호를 무시한다
> 어른들은 공포에 떤다 그러나

— 이철성, 「학교 가는 아이들」 중

 아이들의 이야기를 가장하는 아름다운 허구 밑에는 폭력적인 진실이 숨어 있다. 함기석의 시에서 아이들은, 선생과 아버지로 상징되는 어른들에 의해 '날개가 부러진' 피해자들이다. 그의 시 전체를 놓고 볼 때 어른들의 세계에 대항하는 아이들의 태도는 두 가지로 나타난다. 가벼운 장난처럼 어른들을 죽이는 '무서운 놀이'의 방법이 있는가 하면, 자신들만의 세계로 몰입해 '들어가는' 방법이 있다. 전자가 폭력적인 죽음의 세계라면, 후자는 어릴 적 꿈꾸었던 행복한 동화의 세계다. 그의 시에서 빈번히 사용되는 '~ 속으로 들어가다'라는 술어로 집약되는 이 후자의 세계는 밀폐되어 있으며 환상적 색채를 띠고 있다. 인용시도 '엄마가 읽어주던 동화책'으로 암시되는 후자의 세계를 지향한다. 그곳은 온갖 꽃들이 만발해 동요를 부르는 곳이다. 또한 구름이 아이스크림으로, 나뭇잎이 금붕어로, 관이 새로, 구두가 배로, 새장이 물로 변하는 나라이기도 하다. 그러나 '죽은 엄마의 관을 안고' 가야 하는 그곳에는 죽음의 폭력이 드리워져 있다.

이철성의 아이들도, 건물들을 뒤로 물러서게 하고 어른들까지 공포에 떨게 하는 '거대한 아이들'이다. 그 아이들은 모든 신호를 무시한다. 웃고 손뼉을 치며 소란을 떨고 있지만 그들의 내면에는 눈물이 흐르고 있으며 돈이 구르고 있다. 이 무서운 아이들 역시 '가장 아름답고' '가장 용기 있고' '빛나는' 유년의 모습을 상실해버린 피해자들이다. 그 가해자는 "겁 많은 나는 그를 나의 축축한 방으로 끌고 들어가 / 옷장 속에 가두어버렸던 것이다"(「소년」)에서처럼, 기성세대와 현실을 대표하는 어른이 된 자기 자신이다. 이처럼 유년의 자아와 청년(성년)의 자아가 불화하는 모티브들은 그의 시에서도 자주 확인된다.

함기석이나 이철성이 무서운 아이들을 등장시켜 기도企圖하려 했던 것은 '아버지라는 이름'으로 불려지는 것들에 대한 부정이다. 아버지나 선생님, 청년이나 어른이라는 이름으로 표상되는 법이나 권위, 현실원칙과 같은 상징적 질서의 거부라 할 수 있다. 아울러 그런 질서에 의해 억압되었던 무의식 혹은 욕망을 발산하고자 했던 것이다. 그들은 끊임없이 기성세대의 이름이 개입되기 이전으로 귀환하고자 한다. 때문에 그들의 언어는 기성화된 것에 맞서는 자기만의 전위를 강조하게 되며, 지극히 주관적이고 파괴적인 유희와 저항을 일삼는다. 그러나 그 공간은 환상 혹은 이미지에 의한 헛것들의 충족이라는 점에서 오히려 현실적인 결핍을 강조한다.

두 아이가 배드민턴을 치고 있다.

하나는 땅에서, 하나는 지붕 위에서.

둘 사이를 오가는 피투성이 새가

두 아이를 만나지 못하게 한다.

아이들의 팔은 한없이 길어져

허공을 가르는 채찍 되어 서로를 묶고

깃털이 빠져버린 날아다니는 기계는

마지막 어금니를 떨어뜨린다.

— 이수명, 「배드민턴 치는 아이들」 중

1. 핫도그맨은 1955년 미국 캘리포니아 어느 지저분한 거리에서 태어났다.

2. 지나가던 거지 흑인에게 심하게 욕설을 들으며 핫도그를 부당하게 빼앗긴 경험이 있다.(어두운 과거)

핫도그맨은 자기의 간식 핫도그를 억울하게 빼앗긴 데 대해 격분. '정의'의 수호자가 되기로 결심했다.

3. 외계인의 비행접시 부대가 지구를 방문했을 때, 핫도그맨은 그들에게 핫도그를 주고, 대신 지구를 '악'에서 구할 만한 초능력을 받았다.(외계인들은 핫도그를 무척 좋아했다)

4. 핫도그를 먹고 변신하고, 그가 변신했을 때는 손으로 레이저 빔을 발사하며 눈에서는 에메랄드 광선을 뿜어낸다(!)

5. 붉은 망토의 핫도그맨은 캘리포니아 주의 몇몇 아이들에게 영웅 대접을 받는다.

— 서정학, 「핫도그맨」 중

이수명도 배드민턴을 치는 아이들을 통해, 극단적으로 이분화된 세계의 갈등과 그 틈에 낀 인간들의 무의미한 삶을 알레고리화하고 있다. 두 아이가 주고받는 '피투성이 새'는 두 아이를 연결시켜주는 매개체이다. 그러나 역설적이게도 그 '새'는 두 아이를 못 만나게 한다. 물론 그 새는 일차적으로 배드민턴의 공을 비유하는 것이겠지만 다의적인 의미로도 해석될 수 있다. 두 사람 사이에 오가는 말[言]일 수도, 우리들이 꿈꾸는 이상화된 희망일 수도, 단순한 일상적 욕망일 수도 있다. 분명한 것은 그 '새'란 결코 완성되거나 채워지지 않는 결핍된 욕망을 의미한다는 사실이다. 결국 아이들은 팔만 길어져 "허공을 가르는 채찍이 되어 서로를 묶어"버리고, 두 아이 사이를 오가던 새는 "깃털이 빠져버린 날아다니는 기계"로 변해버린다. 욕망조차도 기계화되어버리는 현실을 보여주고 있다.

이에 비해 서정학은 보다 본격적으로 허구화된 이야기를 끌어들여 허구화된 현대문명의 단면을 그려 보인다. 인용시의 '핫도그맨'은 시인이 자체적으로 생산해 낸 캐릭터이자 브랜드이다. 슈퍼맨이나 베트맨의 아류처럼, 핫도그맨은 철저히 미국화, 허구화, 영웅화, 희화화되어 있다. 시인은 핫도그맨의 일대기와 활약상을 통해 현대문명이 지향하는 만화적인 무소부재의 영웅을 그려 보이고자 한 것이다. 이같은 키드적이고 키치적인 알레고리는 그 나름대로 우리 삶의 비속한 측면을 되비추는 거울과 같은 역할을 한다고 볼 수 있다. 그러나 지나치게 유희화되어 있어서 '시를 시이게 하는 게 무엇인가'라는 본질적인 물음을 환기시킨다.

신세대 시인들은 현실 세계의 재현이 아닌 개성적인 알레고리의 상황 속에서 허구적 진실을 추구한다. 기성세대의 폭력으로 상징되는 현실의 소외와 그 비극성을 키드화된 세계를 통해 드러내고자 하는 것일 게다. 현실로부터 초월하고자 하는 방법적 자각이라 할 수 있다. 그 초월이 현실에 대한 허무주의적이고 비관적인 저항의 성격을 띠고 있을 뿐더러 현실에 대한 '현실적' 대안 제시가 되지 못한 채 유희성이 강조되고 있음은 물론이다.

4 주체의 소멸과 분열증적 시쓰기

 이들 신세대 시인들은, 누구보다도, 현실에서 얻을 수 있는 것 이상의 순수한 실체성을 갈망하고 있는지 모른다. 그들은 진정한 삶의 근원과, 세계와 화해로운 유토피아적 자아에 도달하기 위해 모든 억압적인 질서와 형식을 파괴하고자 하는 것인지도 모른다. 그러나 삶의 총체성을 담보하고 있는 세계가 파괴될 때 주체 또한 파괴되는 것은 당연하다. 그같은 주체 파괴의 전조는 거울을 매개로 이루어졌던 무서운 유희, 그 분열증적인 헛것들의 전경화를 통해 이미 살펴본 바 있다. 현실에 대한 권태와 불안, 그로테스크한 폭력과 죽음에의 친화, 무의미하고 절망적인 유희 따위로 특성화되는 헛것들에게 주체가 먹혀버리는 과정은 섬뜩한 환상을 불러일으킨다. 폭력적인 현실원칙 앞에서 겪게 되는 주체 분열 내지 주체 파괴의 양상은 잔혹하기만 하다.

끓고 있는 주전자 속에서
소년이 소리쳤다 살구나무가 소리쳤다
제발 불 좀 꺼주세요 밖에 아무도 없어요?
식구들은 아무도 알아듣지 못했다
아빠가 텅 빈 염소 우리를 불태우던 저녁
주전자 속에서 소년이 죽어가고 있었다
살구나무가 죽어가고 있었다

― 함기석, 「주전자」 중

"내 시는 그 어린 염소가 쓴다"(「지붕 위의 염소」)라는 구절에서도 밝히고 있듯 함기석의 시적 주체는 염소다. "예리한 총성이었다 / 피를 토하며 염소가 즉사했다 / (…중략…) / ― 어른들 짓이야 지금은 사냥철이잖아 개새끼들"(「사냥놀이」)과 구절에서 그려 보이는 염소의 죽음은 창작 주체의 죽음을 의미한다. 인용시에서도 염소는 죽었고, 아버지는 텅 빈 염소우리마저 불태운다. 소년 또한 끓고 있는 주전자 속에서 죽어 가고 있다. 그같은 죽음은 어머니와 아버지에 의해 자행되고 있다. 그의 시에서 주된 모티브로 등장하는 염소의 죽음이나 소년/소녀의 죽음은 파편화된 주체의 파멸을 입증하는 동시에 새로운 주체의 탄생을 암시한다. 새롭게 탄생하는 주체가 경험적 자아가 아님은 물론이다. 특히 그가 3인칭의 주인공이나 화자를 즐겨 사용하는 것도 이 주체의 소멸과 연관성이 있다. 3인칭화된 그들은 개성이 제거된 허구적 자아다. 감정적 몰입이나 정서적 개입을 허용치 않으려는 방법적인 창작 주체라 할 수 있다. 경험적 자아 혹은 경험적 지시체로서의 주체가, 이제 분열된 헛것의 주체 혹은 은 유화된 중성의 주체가 되고 있다. 그러한 주체는 분열되고 해체된 주체에 의해 언어공학적으로 구축되고 있다.

> 분노는 식어 가시가 되고 가시는 부러져
> 재떨이에 떨어진다.
> 나는 말을 한다.
> 입술이 기계적으로 움직인다.
> "나는 없다."
> "나는 없다."
>
> — 이철성, 「커피포트와 스푼」 중

> 그는 가끔 자신이 누구인지 잊어버린다
> 이름도 얼굴도 생각나지 않는다
> 나는 누구일까
> 그럴 때면 전자 수첩을 꺼내 차근차근
> 입으로 중얼거리며 외운다 몇백 개의 숫자들 약간의
> 자신감이
> 생기면 입가에 주름을 잡으며 씨익 웃는다
> 모두 잊다, 지갑을 도둑맞다,
>
> — 서정학, 「기억」 중

> 나는 내가 사라진 사다리이다

나를 오르렴

거울 속의
거울 속의
거울 속의
거울이

여기
우리 죽음을 확대하고 있다

— 이수명, 「마주보는 거울」 중

　　이철성은 "나는 과연 나였던가" "자꾸만 지워지는 나는 / 나는 어디에 있는가"(「이렇게 조용한 세상에」)라고 스스로의 존재 기반을 향해 끊임없이 자문한다. 그러나 그는, "나는 결국 하나의 나이기를 포기한다"(「이렇게 조용한 세상에」)거나 "내가 할 수 있는 유일한 것은 / 나를 잊어버리는 거라 생각했다"(「식탁 위의 얼굴들」)라고밖에 대답하지 못한다. 그와 같은 자답自答은 진정한 동일화 혹은 관계맺음에 실패한 채 고독한 타자로 남을 수밖에 없는 주체의 분열과 상실의 비극을 보여 준다. 결과적으로는 인용시에서처럼 "일찍이 나를 흡입하여 / 매질하고 울리고 분노케 하던" 현실 속에서 "나는 없다"만을 반복하는 기계화된 주체만이 남는다. 주체가 부재하는 자리에 시인은 시계, 밥상, 반찬, 글자, 커피포트 들을 들여 놓고 있다. 특히 '하나의 나'이기를 포기하는 주체의 분열은 삶의 파편화와 개인의 단편화를 반영하는 동시에 그 과정을 내면화하는 것으로 읽혀진다.

서정학의 시도 주체 망각의 단면을 단적으로 보여 준다. 인용시의 '사내'처럼, 시인은 "자신이 누구인지 잊어버리"곤 한다. 심한 건망증으로 과거를 잊고 말을 잊어버린 사내는 우울하지도 슬프지도 기쁘지도 외롭지도 않다. 볼 수도 들을 수도 없고, 배고픔은 물론 숨쉬는 것도 잊고, 아픔도 간지러움도 잊어버린다. 어째서, 그리고 어떻게, 그 모든 감정과 감각을 상실했는지조차 기억하지 못하는 텅 빈 주체는 단지 '찌그러진 붉은 캔'과 같은 쓰레기만을 던지고 있을 뿐이다.

이수명의 시적 주체도 인용시에서처럼 "거울 속의 / 거울 속의 / 거울 속의 / 거울로" 자기분열되다가 스스로가 사라져버린 사다리에 비유된다. "앵무새는 무한한 플러스이다"(「앵무새」)라는 구절이 암시하듯 무한한 자기복제 혹은 자기반복을 하는 앵무새에 비유되기도 한다. 그 비유체들은 부재하는 주체가 감당해야 하는 죽음의 자기확대를 의미한다. 이수명을 비롯한 신세대 시인들은 하나같이 주체의 상실을 적극적으로 받아들인다. 이러한 자발적인 주체 상실은 그들의 시쓰기를 설사처럼 묽게 하고 변비처럼 딱딱하게 한다. 과잉되거나 결핍된 그들의 언어는 끊임없이 스스로를 타자의 위치로 놓은 채 자신의 고정된 정체성을 거부한다. 뿐만 아니라 세계관이나 가치체계가 이미 해체되어버린 파편화된 인식을 반영한다.

우리는 90년대의 시적 전략을 규정 짓는 담론들에 친숙해진 편이다. 새로운 형식의 시쓰기와 이를 뒷받침해주는 이론적 배경에 몽매해서는 곤란한 시점에 도달한 것도 사실이다. 신세대 시인들의 욕망과 삶이 달라지고 감각이나 일상의 구체적 질감들이 이전 세대와 판이하게 달라졌기 때문에 그들의 언어가 달라지는 것은 당연할 것이다. 신세대들의 무의식과 욕망과 언어를 대변하는 이철성, 서정학, 함기석, 이수명의 언어는, 그들만의 독특한 느낌과 감성, 그들만의 개성적 체험에서 비롯되는 불확실한 각성과 끈끈한 위기감으로 독자들의 주목을 끌고 있다. 그들의 언어는 기성의 언어에 대한 위반과 전략적인 유희를 두려워하지 않는다.

이같은 시쓰기는 시에 대한 잠정적인 확증을 유보시킨 채 독자들 스스로가 꿈꾸고 창조하고 참여할 수 있는 일종의 해석적 놀이마당을 마련해 준다는 점에서 유효하다. 뿐만 아니라 현대성에 대한 혐오와 현대성이라는 이름의 휘황한 헛것들이 양산한 모순과 불안을 정직하게 투시하는 작업이라 평가할 수도 있을 것이다. 그러나, 이러한 시쓰기에 회의적 눈길을 던지는 독자들도 있을 것이다. 실제로 그들의 언어는 일반 독자와의 친숙한 소통을 거부한다. 그들의 화려하면서 위악적인 목소리는 자의적이고 주관적이고 그렇기 때문에 편협하고 제한적인 부분이 있다. 또한 지나치게 관념적이고 유희적이며 유토피아적이어서 그들이 시도하는 새로움과 기발함은 자기를 지탱해 줄 치열한 정신을 견지하지 못한 채 포즈의 과소비, 초월적 유희 속으로 도피하는 경향도 있다.

전환기의 시쓰기는 언제나 거칠고 어설프다. 어느 시기든 전환기가 아닌 시기가 있을까마는, 특히 세기적 전환을 목전에 두고 있는 오늘날의 시점에서 세기말의 혼란스러움 속에 뒤섞여 있는 새로운 징후를 읽어내고 그 징후에 대해 보다 냉정한 시각을 견지하는 태도는 무엇보다 중요하다. 그러기에 더욱 세기말의 전환기적 징후를 엿볼 수 있는 신세대 시인들의 시쓰기에 대한 섣부른 평가는 아직 이르다. 단지, 그들이 새 천년의 한국 시단을 이끌 주체들임이 분명하다면, 그들의 언어가 내면성과 현실관통력이라는 측면에서 한 단계 더 나아간 반성적 깊이 내지는 총체성의 넓이를 획득하여 우리 마음의 성감대를 좀더 강하게 울려줄 수 있기를 기대한다.

'단 하나의 죽음'을 향한 시의 욕망들

　시인은 삶의 맥박을 언어로 짚어내는 사람이다. 그리고 시인은 삶의 맥박 속에서 죽음을 읽어내는 사람이다. 죽음은 아직 오지 않은 시간이며 결코 포착할 수 없는 영원한 과거 혹은 순수한 미래다. 그러한 죽음은 항상 현재적 욕망이다. 모든 시인은 단 하나의 죽음을 열망하지만, 그 열망을 담고 있는 모든 시의 욕망은 단 하나의 죽음을 찾아가는 자리마다 존재한다. 때문에 단 하나의 죽음을 욕망하는 시의 언어는 시인의 육체만큼이나 다양하다. 단 하나의 죽음과 그 죽음을 향한 시의 언어, 이 좁혀지지 않는 간극에서 느끼는 무한한 현기증이야말로, 그 간극에서 계속되는 미끄러짐이야말로 시의 실체일 것이다. 그러기에 블랑쇼는, 시인이란 죽을 수 있기 위하여 글을 쓰는 자, 이미 앞당겨진 죽음과의 관계로부터 글을 쓸 수 있는 능력을 부여받은 자라고 일갈하지 않았던가.

　올 여름 동시에 간행된 장석남·이상희·장철문의 시집은 각기

다른 욕망의 이름으로 단 하나의 죽음을 향하고 있다. 그들은 모두 죽음을 삶 속에 끌어당겨 죽음을 삶의 또 다른 이름으로, 삶의 이면으로 만들고 있다. 그러나 이 세 시인이 성찰하고 있는 죽음에의 욕망은 세기말적인 수사와는 일정한 거리를 유지한다. 요령부득의 감수성과 실험성, 과장된 수사와 요설을 근간으로 하는 산문화·그로테스크화·유희화의 대척점에서 그들은 잔잔한 목소리로 삶 속의 죽음과 시의 기원을 성찰하고 있다. 때문에 그들의 시편들은 서정시를 읽는 즐거움과 묘미를 제공하고 있으며 그 시적 개성은 우리 시단에 기여하는 바 크다.

그들의 언어는 삶 속에 내재하는 죽음의 순간을 포착하여 시적 긴장과 감동을 자아내고 있다는 점에서는 동일하다. 그렇지만 그 의미와 지향은 일정한 차이를 보여 준다. 장석남의 언어는 생을 향한 따뜻한 어룽거림과 웅얼거림에서 죽음에의 성찰을 읽어 낸다. 그에게 죽음은 늘 가까이서 은밀하게 말을 걸어오는 설렘 혹은 속삭임과 같다. 이는 모든 것들의 존재태이며 사물-존재의 무한한 내밀성과 다르지 않다. 반면 이상희가 성찰하는 죽음의 언어는 모든 존재를 결빙화시켜버리는 차가운 순간 속에서 이루어지고 있는데 그 순간들은 강렬하게 이미지화된다. 그는 섬광 같은 순간 속으로 즐겨 피신함으로써 죽음을 유예하고 삶을 유예하는 힘을 얻는다. 그에게 죽음이란 불시에 다가와 늘 자신을 퉁겨내버리곤 하는, 비리고 난폭한 경련 혹은 충동으로 인식되고 있다. 장철문의 성찰은 투박한 육성과 굵은 사유를 장대 삼아 비상하는 가벼움과 비움으로 나아간다. 그의 죽음은 늘 우리 곁에 있는 자연과도 같이 그다지 특별할 것 없이 흘러가고,

비우고, 던져버리는 가뿐한 생략 혹은 침묵을 통해 완성된다.

흔한 말이지만 아름다운 시는 아주 오래된 괴로움을 용서하게 한다. 쉽게 읽히되 정갈한 그들의 시는 아름답다. 지친 일상 속에서 성찰해내는 '단 하나의 죽음'을 향한 그들의 언어는 용서를 넘어 삶을 향한 깊은 신뢰와 열망을 느끼도록 해주기 때문이다. 그들에게 있어 시쓰기란 삶 한가운데 편재하는 죽음의 흔적들에 대한 끊임없는 반추 행위라 할 수 있다.

1 사물-존재의 내밀한 설렘과 속삭임

장석남 시의 주된 특징은 그리움을 근간으로 하는 따뜻한 서정에 있다. 이번 세 번째 시집 『젖은 눈』(솔)에서도 그는 스쳐가는 것, 어른(룽)대는 것, 다독이는 것, 외따로 있는 것, 바삭대는 것, 가늘게 떨리는 것, 수군대는 것 들에 "온몸으로 그리운 숨결" 혹은 "온몸이 그리운 숨결"(「낯선 방에서」)을 불어넣고 있다.

> 은행의 볼일을 빨리 보고 나와 그 무언가 허무한 것과, 울렁거리는 것과, 밀물과 썰물의 파도가 함께한 듯한 은은하고 어룽어룽한 뒤꼍을 나와서랑은 하염없이 하늘을 바라보며…… 어디로 좀 남모르는 데로 갔으면, (…중략…) 이런 때에 내가 그래도는 제일 가볼 만한 데라고는 뭐니뭐니 하여도 그곳, 그 목련 꽃잎 속의, 벅찬 기쁨이랄까 허무랄까 하는 그곳, 그곳밖에 더 있겠나, 그 희디흰 생의 부끄러움이랄

까 아쉬움이랄까 하는 그곳이 그래도는 나를 영원토록 숨겨가지고 있을 데가 아니겠나 생각하고 말지요. 마지막 순간에는 끝내 햇볕을 따라 나서고 마는 긴 내 그늘처럼 말이오.

— 「답동 싸리재 어떤 목련나무 아래서」 중

번잡한 세속의 심장과도 같은 은행의 뒤편에는 '은은하고 어룽어룽한 뒤꼍'의 그늘이 드리워져 있고, 그 그늘은 희디흰 '어떤 목련 꽃잎 속'의 햇볕에 가 닿고 있다. 은행 뒤꼍을 빠져나와 시인이 제일 가 보고 싶은 곳은 목련 꽃잎 속이다. 그늘과 햇볕은 이 시뿐 아니라 시집 전체에 걸쳐, 마음 그늘·자기 그늘·꽃진 자리·솔그늘·꽃그늘 / 볕자락·햇빛·햇살 등으로 대비를 이루며 변용되고 있다. 아무튼 그 뒤꼍의 그늘과 꽃잎 속 햇볕이 앞세우고 뒷세운 서술어 '허무한 것과, 울렁거리는 것', '기쁨이랄까 허무랄까', '부끄러움이랄까 아쉬움이랄까' 따위를 참조해 보면, 그늘과 햇볕의 의미는 별반 다를 게 없다. 게다가 명확한 느낌으로 다가오는 것도 아니며 구체적인 의미로 수렴되지도 않는다. 목련나무 자체가 돈이 오가는 은행의 뒤꼍에 심어진 것도 그러하거니와, 그 그늘 또한 끝내 햇볕을 따라나서고 있다는 것도 두 공간의 변별성을 약화시키고 있다. 그 그늘과 햇볕이 에로틱한 여성성에 다가가 있다는 점 또한 인용시뿐 아니라 시집 전편에 해당하는 특징이다. 그것들이 지향하는 바가 곧 삶 속의 죽음, 죽음 속의 삶이다.

이처럼 선뜻 명명할 수 없는 사물-존재의 내밀성에 기대어 시인은 '흔적' 혹은 '자국'으로밖에는 증언될 수 없는 삶을, 그 삶 뒤편에서 나직이 말 건네 오는 죽음을, 단지 더듬대며 중얼거릴 뿐이다. 불확실함으로 덧대진 그의 중얼거림은 사물들을 충만하고 내밀한 언어의 내면으로 스며들게 해 "환하지 않아도 될 슬픔 같은 것까지도 환하게"(「素描소묘·1」) 한다. 시인은 그렇게 내밀한 언어들이 시의 의미를 확장시켜 줄 뿐 아니라 그 여운이 더욱 많은 말을 할 수 있다고 믿는 듯하다. 설명하지 않고 단언하지 않음으로써 독자로 하여금 느끼고 만질 수 있도록 하는 이 중얼거림의 수사는 설렘, 속삭임으로 구체화된다.

> 어떤 설레임으로 깨워야 다 일어나 내게 오나
> 내게 가르쳐준 이 없고 나는 다만
> 여러 가지 설레임을 바꾸어가며 가슴에 앉혀보는 것이다
>
> 오, 가여운 설레임들
>
> ―「가여운 설레임」 중

> 풋감이 떨어져 잠든 도야지를 깨우듯
> 내 발등을 서늘히 만지고 가는
> 먼,
> 먼, 머언,
> 속삭임들.
>
> ―「속삭임」 중

장석남에게 있어 '설레임의 따스한 물무늬'는, "밤늦도록 붙잡고 있었으나 / 끝내는 지워져버리고 만 / 몇몇 내 마음속 詩句(시구)들"에서부터 "호젓하고 고요한 주소지의 / 안타까운 묘비명들"(「민들레」)에까지 일렁인다. 그 물무늬를 어떤 설렘으로 깨워야 연못과 바람과 꽃잎이 시인의 것이 될 수 있는지 가르쳐 준 이 없으므로 그는 다만 여러 가지 설렘을 바꾸어 가며 가슴에 앉혀 보고 있다. 솔방울 구르다 가만 멈추는 소리, 바람을 내쫓는 가랑잎 소리, 새벽달 깨치며 숫물 긷는 소리 속에서 듣는 "먼, 머언, / 속삭임"이나, 또한 "방금 생각하다 놔둔 시(詩)"같고 "나에게만 다가와 몸을 보이고 저만큼 멀어져가는 허공의 유혹"(「부엌」)과도 같은 속삭임 역시 '서늘한' 깨어남의 순간을 제공한다. 이러한 설렘 혹은 속삭임이 장석남에게는 시쓰기의 근원에 대한 성찰과, 삶 속의 죽음에 대한 자각이 되고 있는 셈이다.

그러나 모든 시인이 그렇듯이, 장석남 또한 결코 속삭임과 설렘의 근원에 이를 수 없고 그 근원을 하나의 언어로 명명할 수 없다. 특히 그는 그 근원에 다가가지 않으려 하고 명명하지 않으려 한다. 그는 '서성거릴' 뿐이다. 언어화하려는 욕망과 결코 언어화되지 않는 내밀한 근원, 그 아득한 사이에서 영원히 서성거릴 수밖에 없는 설렘과 속삭임이기에 그의 설렘과 속삭임은 '가엾은' 것이고 또 '서늘히' '먼' 것이다. 그러나 그 내밀한 근원으로부터 멀리 떨어져 있음에도 불구하고 시인은 놀라운 감각으로 그 근원을 건드리고 있다. 더불어 기꺼이 그 근원을 '궁금해'한다.

그러나 또한 참으로 궁금한 것은 그 커다란 손등 위에서 같이 꼼지락거렸을 햇빛들이며는 그가 죽은 후에 그를 쫓아갔는가 아니면 이승에 아직 남아서 어느 그러한, 장엄한 손길 위에 다시 떠 있는가 하는 것입니다. 그가 마른 빨래를 개며 들었을지 모르는 뻐꾹새 소리 같은 것들은 다 어떻게 되었을까. 내가 궁금한 일들은 그러한 궁금한 일들입니다. 그가 가지고 갔을 가난이며 그리움 같은 것은 다 무엇이 되어 오는지…… 저녁이 되어 오는지…… 가을이 되어 오는지…… 궁금한 일들은 다 슬픈 일들입니다.

— 「궁금한 일―박수근의 그림에서」 중

「돌멩이들」, 「솔바람 속」, 「달의 방·2」과 같은 시들에서 반복되는 이 '궁금하다'라는 술어는 시집 전편에 걸쳐, 가슴에 앉혀 보다, 마음에 머물게 하다, 눈여겨 바라보다, 귀기울이다, 엿듣다, 생각해보다, 보다 등으로 변용된다. 인용시에서 시인은, 화가 박수근이 저녁 무렵 술외출을 하면서 마당에 널린 빨래를 걷고 개던 그 커다란 손등 위에 꼼지락거렸을 '햇빛들이며', 그때 들었을지도 모르는 '뻐꾹새 소리', 그가 가지고 갔을 '가난이며 그리움'의 행방에 대해 궁금해한다. 궁금해한다는 것은 자기 영혼을 들여다보는 행위다. 그 시선은 거리를 전제로 항상, 무엇인가를, 누군가를 찾는 서성거리는 기호. 설렘과 속삭임의 근원은 시인의 시선을 붙들고 그 시선을 끊임없는 것으로 만드는 매혹의 대상이다. 그 근원을 궁금해하는 시인의 시선은 숨결처럼 녹아들어 그 배후에 무한한 깊이를 열어놓는 '젖은 눈'으로 형상화된다. 이 젖은 시선 속에서 달빛은 "조심조심

下棺(하관)하듯 손아귀를 풀어 / 내려놓기"(「인연」)도 하고, 가을은 "마음 그늘을 빌려서 잠시 / 살다"(「국화꽃 그늘을 빌려」) 가기도 한다. 시인 장석남이 늘 적적해하고, 간절해하고, 서글퍼하고, 섭섭해하고, 슬퍼하고, 외로워하고, 그리워하는 것은 바로 이러한 시선에서 연유한다.

'젖은 눈'이 궁극적으로 가 닿은 곳은 자신의 부재다. 그곳에서 시인은 자신을 바라보고 있는, 자신에게 말을 거는, 부재하는 '自己(자기)'를 본다.

> 무엇이 그리 안타깝게 궁금해 저녁해는 자기 생각 깊이깊이 잠기는가.
> 잠겨…… 自己(자기)까지를 없애는가.
> 나뭇잎 돋아 自己(자기)까지를 없애도록
> 다시 적막에 잠기는 나무들.
> ―「봄빛 근처―옛 공원에 와서」 중

> "자긴 누구지?"
> "……"
> 오늘도 나는
> 죽음의 시늉으로
> 그 물음 곁에
> 누워보는 것이 아닌가
> ―「달의 방·1」 중

'자기 생각'에 깊이 잠겨 '自己자기'까지를 없애며 안타깝게 궁금해하는 저녁해나 적막에 잠긴 나무들은 모두 시인의 상관물이다. 그 '自己자기'는 만져볼 수도 없고, 함부로 바라볼 수도 없는, 시인의 느낌 그 자체이다. 그에게 있어 이런 '自己자기'는 부재하는 '나' 자신이다. 그런 '自己자기'가 늦은 밤 시인 곁에 앉아 '자긴 누구지?'라고 말을 걸곤 한다. 비인칭화된 타인이 된 '나'의 말건넴이다. 내가 존재하는 그곳에서 나는 나에게 말을 걸 수 없다. 시인이 나를 버리는 고독에 속해 있을 때 거기에 비인칭이 된 '自己자기'가 있다. 이 '自己자기'란 "나는 처마 밑에 서서 눈발들을 바라보고 있었다 / 아니, 바라보고 있는 내 모습이 보였다 / (그때 나를 본 것은 누구인가? / 나인가? 나 밖의 나인가?)"(「꿈 이야기」)에서처럼 자기 바깥의 존재, 삶 바깥의 존재이다. 곧 설렘과 속삭임의 주체이며, 내 삶의 일부로 소속되어 있는 죽음의 그림자다. 자신의 죽음을 들여다보고 있는 자는 홀로인 자이고 고독에 속한 자일 게다. 시인 장석남은 텅 빈 고독, 그 서늘한 적막 속에 '自己자기'를 숨겨놓은 채 이처럼 자신의 죽음과 속삭이고 있다.

자신의 부재를 내면화시킬 수 있게 된 그가 이번 시집에서 새롭게 얻은 것은 보다 일상화된 삶의 모습과 성숙한 사유, 그리고 다양한 화법과 산문성이다. "내가 죽은 후에 내가 살던 자리에 무엇이 있을까", "내가 죽은 후에 내가 생각하던 내 생각 안의 어머니 자리엔 또 무엇이 있을지"(「西風賦서풍부」)를 생각해보며 저 먼 곳을 향하는 그의 시적 깊이는 정면으로 주어지지 않는다. 그 깊이는 설렘과 속삭임으로 다가와 사물─존재의 내밀성을 중얼거리게 하고 그 언저리를 서성이게 함으로써만 제 모습을 드러내려 한다. 때문에 시인은 "나는 내가 만든 말이나 / 스스로 엿들으며 가나 / 그게 무슨 내용인지"(「저녁 散步산보」) 궁금해 한다. 더불어 우리에게도 나직이 그 궁금증을 덜어주곤 한다. 불분명한 것, 모호한 것, 이성이나 명백한 언어를 통해서는 표현불가능한 것들이 시인 장석남이 표현하고자 하는 세계이다. 여기에, 끌어들이면서도 밀쳐내는 장석남 시의 농익음 혹은 능란함이 있다.

2 비리고 난폭한 결빙에의 경련과 충동

80년대 끄트머리에서 여성시의 새로운 감수성을 예감케 했던 이상희가 9년 만에 두 번째 시집 『벼락무늬』(민음사)를 선보였다. 짧고 간결한 그의 언어는 차가운 열정, 감추어진 열정을 강렬하게 이미지화하곤 한다. 키치, 거짓, 삭막함, 지리멸렬함 따위와 맞닿은 지리한 일상의 환멸을 그는 경쾌하고 쓸쓸하게, 팍팍하고 권태롭게 퉁겨 내고 있다. 그는 "오늘 하루치 / 조금 더 모욕받고 조금 더 뭉개"(「空中공중 노천 역에서」)진 채 "잠든 것인지, 죽은 것인지 / 천천히 죽"(「파리한, 파리들」)어 가고 있다. 그런 그에게 살아내야만 하는 삶 일체는 고통 그 자체이다. 생生이란 고무거품처럼 구멍이 숭숭 난 채 질겨지는 것이고, 술술 나오는 거짓말에 둘둘 말아 자기를 삼켜버리는 것(「불자동차」)일 뿐이다. 때문에 그는 매일 한 번은 최후를 생각하면서(「가벼운 금언」) 지루한 생존(「終戰종전 뉴스」)을 견딘다. 때로 고통스러움의 실체나 근원이 불분명해 다소 관념적으로 인식될 수도 있고 자의식 과잉의 위악적 진술로 떨어질 수도 있는, 이같은 단말마는 삶에 대한 환멸의 정도를 쉽게 짐작토록 한다. 이처럼 삶의 모든 가능성이 거세된 막다른 골목에서 이상희가 보는 것은 '벼락무늬'다.

> 장대비 속에서
> 밤, 사나운 밤
> 네 발로 기며 폭주족 싸우는 소리, 내가
> 나의 더러움에 번번이 지고마는
> 항복, 항복 소리, 비 소리, 비명 소리
> 천둥 소리 사이로
> 오랜 病身병신의 욕창, 비 얼룩
> 천장에 솟아오르고
> 어디에도 없던 내가
> 그 惡夜악야의 한가운데 떠 있다
>
> 벼락무늬 보인다
>
> ―「벼락무늬」 전문

일상의 더러움과 욕됨을 강렬한 감각으로 이미지화하면서 망가져 가는 자신의 위기를 폭로하고 있는 시다. 더러운 도시의 밤 한가운데서 폭주족들이 싸우는 소리나 스스로의 더러움에 항복하는 나의 비명 소리들을 '천둥소리'로 인식하고 있으며, 오랜 병신病身의 욕창과 비 얼룩을 '벼락무늬'로 인식하고 있다. 일상의 오욕 속에서 그는 천둥과 벼락처럼 빠르고 돌연하게 떨어지는, 무시무시한 절대적 소멸을 보고 있는 것이다. 그것은 바로 순결한 자신의 끝이기도 하다. 그는 전통적인 우리 벼락문양에서 '두려움에 대한 농담'(自序자서)을 읽어낸 바 있는데, 이 시에서도 벼락무늬는 절대절명絶對絶命의 참을 수 없는 농담 내지는 그 두려운 힘을 함축한다. 이 벼락무늬는 시집 전체를 통해 만신창이가 된 굴욕적인 몸 안에 깃들어 있는 죽음에의 '경련' 혹은 죽음에의 '충동'으로 변용된다. 그것들은 "난폭한 사랑처럼 뜨겁고 / 비리다"(「해변 서커스」).

마음이 통 움직이지 않으니
그래,
너라도 뛰어라
눈꺼풀 속의
송장메뚜기

―「경련」 전문

손목을 긋는 충동이 달려와주겠지
시간이 나면 거지 같은 슬픔들이 우우
몰려오겠지 더럽게 추근대며
물고 늘어지겠지 내장까지 다 던져주면
가벼워질 수 있겠지 그래, 시간이 나면
한 발자국 한 발자국 천천히 내 발로 걸어

> 들어갈 수 있겠지 둥근 흙집 속으로 안녕,
>
> ―「시간이 나면」 중

　무시로 찾아오는 눈의 경련(「눈이 늙었다」)과 손목을 긋는 충동은, 일상의 환멸에 갇힌 시인의 내면에서 솟구치는 죽음을 향한 미세한 그러나 구체적인 욕망들이다. 시인은 늘 그 경련과 충동이 최후의 것이기를 기원한다. 그같은 욕망은 삶의 균열 혹은 죽음에의 틈입을 시사한다. 버겁고 지친 일상에 서서히 마멸되어 가는 육체는 무기력하기 그지없다. 시간만 나면 아프고 상처가 쑤셔 오고 거지 같은 슬픔이 몰려오곤 한다. 이 침울한 일상 속에서 유일하게 살아 움직이는 것은 죽음뿐이다. 살아 있음의 흔적이, 죽음을 향해 열려 있는 눈꺼풀 속의 경련이나 손목을 긋는 충동으로 발현되는 것이다. 이때 죽음은 살아 움직이는 무늬 내지는 생명체가 된다.

　이밖에도 죽음에의 욕망은 일종의 분열증(「왜」)처럼 그의 육체 속에서 꿈틀대며, 까마득한 벼랑을 헛디디거나(「겹꿈」), 귀신같이 자기를 찌르거나(「혹 이야기」), 무작정 큰바다에 뛰어들거나(「고백」), 붉고 뜨거운 게 보이면 뛰어들(「불자동차」)도록 부추긴다. 뿐만 아니라 "아마 으스러진 뼈 / 아마 튀어나온 내장과 살 / 피범벅이겠지"(「흙빛 떡살무늬 바퀴들」), "검은 죽같이 엉긴 사혈을 쏟고 / 마침내 꽃피는 낮잠"(「환타지」) 따위의 피로 얼룩진 그로테스크한 상상을 자극하곤 한다. 이 비리고 난폭한 충동 혹은 경련은 차가운 결빙의 상상력에 의해 냉정한 성찰의 깊이를 획득한다.

안기려 달려오는 아이가

빙상이 되었어

이글루! 이글루!

얼음꽃에 얼음의자 얼음밥

얼음집이야

이글루! 이글루!

내 탓이오 내 탓이오

가슴 치는 손도 얼어붙었어

— 「이글루! 이글루!」 중

저만큼 가라앉은 외딴 집

사립문도 없이 댓돌까지 눈은 쌓이고

창호지문을 흔들어

지워져버린 길을 물어도 좋을까

(…중략…)

폭설 속 외딴 집이 전생 같다.

— 「창죽 마을의 폭설」 중

「이글루! 이글루!」는 닿는 것마다 황금으로 변하는 미다스의 손이나 집기만 하면 썩어가는 김종삼의 손을 연상케 하는데, 경쾌하고 빠른 리듬 속에서 녹녹지 않은 시적 의미를 구축하고 있는 완성도 높은 시다. 이 시에서 시인은 결빙의 전도체가 된다. 그의 시선이나 그의 몸 일부가 세계에 닿을 때 세계는 곧바로 얼어붙어 버린다. 모든 관계를 정지시켜버리고 부재의 대상으로 만들어버린다. 사실, 얼음의 단단함, 투명함, 무심함은 그 자체가 하나의 위협이다. 비생명적이고 비인간적인 아름다움을 가지고 있기 때문이다. 시인은 무심하고 말없고 단단한 항구성의 세계, 이 얼음의 세계 앞에서 열광하고 절망한다. 매혹당하는 동시에 저주당한다. 이 결빙의 시선 속에는 저 항구적인 죽음을 향해 끊임없이 다가가고자 하는 시인의 욕망이 담겨 있다.

결빙에의 욕망은 「창죽 마을의 폭설」에서처럼 '폭설'로 변용되기도 한다. 누구에게도 그리움이 되지 않고 또한 그리운 것도 없이 폭설 속에 가라앉아 있는 외딴 집은 '전생'을 환기시킨다. 시인에게 죽음은 가장 머나먼 것, 이를테면 전생의 공허와 막연함으로 인식되곤 한다. 삶 이전의 고요한 고향으로 되돌아가고자 하는 시인의 욕망은 그의 죽음이 편안한 휴식이나 친숙함과 결부되어 있음을 보여주는 단적인 예이다. 때문에 폭설에 감싸이듯이 들어앉아 있는 그 외딴 집은 어머니의 태반에 감싸인 듯한 안온함과 평화로움의 이미지를 간직하고 있다. 얼음과 마찬가지로, 이때의 폭설은 일상의 풍경과 의미를 덮어버리고 스스로를 숨기고 세계를 숨겨버리는 영원한 부동성으로서의 잠 내지는 죽음에 대한 유혹을 의미한다. 이상희에게 있어 얼음, 폭설은 시간을 정지시키고 공간을 고정시키는 영원한 침묵과 맞닿아 있다. 바로 이것이 죽음으로 완성되는 결빙의 숙명이다.

그럼에도 그의 언어는 극단적인 비관이나 그로테스크한 파괴로 함몰되지는 않는다. 이같은 결빙에의 욕망이 투명하고 맑고 가벼운

'퉁김'을 지향하고 있기 때문이다.

> 죽음은 나를
> 퉁긴다
> 눈물에 가라앉은 나를
> 퉁겨 올리고
> 죽음에 다가가는 나를
> 퉁겨 밀어낸다
> 죽음은 연꽃잎이 접히는
> 無始무시의 저녁같이
> 그 바람같이
> 웅크린 나를
> 가벼이 퉁긴다
>
> ―「죽음」 전문

시인은 시시각각 좁혀 오는 일상의 '틈새와 난간 사이'(「초현실주의」)에서 '웅크린' 채 죽음에의 엄습을 기다린다. 그러나 죽음은 시인을 '연꽃잎이 접히는 無始무시의 저녁' 바람처럼 부드럽게 그리고 가볍게 퉁겨버린다. 이 퉁김에 의해 시인은 죽음을, 아니 삶을 버팅겨낼 수 있다. 그러기에 "무너지는 것들에 깔려 / 마침내 기절하지 않으면 / 스스로 해치고야 말 목숨"을 "간신히 건질"(「밤 깊어」) 수 있는 것이다. 집요한 죽음에의 이끌림, 그 이끌림과 똑같은 힘으로 밀어내는 죽음의 퉁김, 그것들은 위험한 부름이자 경쾌한 거부이다.

이상희의 언어는 그 사이를 극단적으로 오간다. 세상에게 두 손 두 발 다 든 채 한편으로는 난폭하게 죽음을 청하면서 또 다른 한편으로는 죽음으로부터의 가벼운 퉁김을 즐기고 있는 그의 예민한 언어들이 타자와의 관계를 절연한 파리한 자기탐닉으로 고착되면 어쩌나 하는 우려는 나의 기우일 것이다.

3 비움의 정화를 향한 생략 혹은 침묵

『바람의 서쪽』(창작과비평사)은 장철문의 첫시집이다. 소박하면서 때로는 산문적이기도 한 그의 언어는 사투리와 구어를 적절히 구사해 감칠맛을 내고 있다. 그 감칠맛은 또한 자연과 삶을 관통하는 죽음의 결, 그 속까지 파고 들어가는 힘을 가지고 있다. "나의 시쓰기가 육탄돌격이라고는 할 수 없다. 다만 싸움이었다고는 할 수 있다. 죽음과의. 그리고 그것은 역설적이게도 화해의 기록이 되었다. 죽음과의. 삶과의"(후기)라는 그의 고백은 그의 언어가 가진 힘의 근원을 보다 구체적으로 확인시켜 준다. 미궁 속 개장국처럼 끓으며 '왱왱거리는 통증으로 엄연한'(「기워진 손」) 삶이란 시인에게 죽음과 다르지 않다. 따라서 장철문에게 있어 시쓰기란 죽음과의 싸움이자 화해의 기록이다.

또한 그에게 시쓰기는 고통스런 삶을 살아내기 위한 견딤의 방식이다. 삶이라는 생활의 江강에는 비애에 먹힌 절망과 절망에 먹힌 외로움만이 부유할 뿐, 삶으로부터의 이탈을 의미하는 서방 세계 혹은 죽음이란 존재하지 않는다는 것이 그의 지론이다. "삶은 고통이지만, 미안하지만, 西方서방은 없다. 죽음은 통과의례일 뿐이다. 그러므로 나의 유일한 희망은 생활이다"(「사이—김시인에게」)와 같은 잠언적 시구는 그러한 지론에서 획득된 것일 게다. 삶에 대한 시인의 연민이, 다소간의 종교적 색채를 띠면서도 선뜻 해탈로 넘어가지 않는 이유도 여기에 있다. 그는 무의미하고 부서지기 쉽고 또 슬픔으로 가득 찬 삶에 맞서거나 그 삶을 이탈하기보다는 어떠한 고통, 절망도 견디면서 삭힌다. 그 견딤의 근기根氣는 '침묵'에서 비롯된다.

> 그 무진 강물 거슬러오면서 불볕에 취한 몸은 자꾸 까부라져, 파장길, 성냥한 쟁기날 길섶에 던져두고 코를 골던 아버지의 낮잠을 생각했습니다. 고무신 한짝은 풀섶에 모로 박히고, 구겨진 나들이옷 막걸리 자국에는 쉬파리가 끓었습니다. 대추알같이 붉은 목에는 개망초 꽃대 하나 그늘져 있었습니다.
> ―「개망초 여울」 중

> 올해도 시린 바람 속에 그 蓮연밭 만나러 갑니다
> 데친 나물처럼 미쳐가는
> 몸 데리고
> 밤 열시 청량리역에서
> 완행열차 표를 호주머니에 찔러넣고
> 그 작은 蓮연밭의 침묵 들으러 갑니다
> ―「두물머리 蓮연밭」 중

그의 언어에는 불행한 가족사와 불행으로 옹이진 상처를 치유할 수 있는 자연의 생명력이 담겨 있다. 「개망초 여울」은 고향의 흙냄새가 깊이 밴 육화된 죽음을 형상화하고 있다. 특히 감정의 넘침 없이 잔잔한 산문투로 그려낸 서정성 짙은 작품이다. 취중잠일 수도 죽음일 수도 있는 아버지의 낮잠에는 인간의 소리 혹은 삶의 소리가 배어 있지 않다. 아버지는 자연에 동화된 채 한없이 고요하고 평화로운 '흙냄새' 한가운데 누워있고 시인 또한 그곳에 몸을 눕히고 싶어한다. 그곳은 '작은형 묻힌 뒷산 기슭'(「봄마당」)이 있는 곳이고, 큰형이 환생한 '나발 같은 흰 꽃을 피운 百年草백년초 꽃대'(「하늘꽃」)와 할머니가 환생한 '노오란 미영꽃'(「눈 녹는 날, 절집」)이 피어있는 곳이기 때문이다. 시인에게 고향은 '푸른 밭둑 무녀리 애장터'(「수박밭둑」)와 같은 '묻혀버린 발자국처럼 흘러간 죽음들'(「雪原설원」)이 묻힌 저장소와 같다.

　죽은 자는 말이 없듯, 고향의 흙냄새는 「두물머리 연蓮밭」에서처럼 '침묵'으로 구체화된다. 말할 수 없는 것에 대해 침묵하는 것이야말로 인간이 취할 수 있는 큰 미덕이며 인간이 도달할 수 있는 또 다른 경지일 게다. 두텁게 썩어 가는 못물과 그 깊이를 알 수 없는 썩음의 심연 한가운데서 피어나는 연꽃은 침묵의 절정에서 피워 올린 시인의 정신적 응집물이다. 몸과 마음이 썩은 자리, 그곳에서 시인은 비로소 "毒독도 품으면 살이 되어서 / 저리 환하게 / 이승의 고샅을 밝힐"(「燈등」) 수 있는 스스로의 꽃을 발견하고 피워 올린다. '개망초 여울'과 마찬가지로, 이 '두물머리 蓮연밭'도 삶과 죽음이 드나드는 공간이다. "웅덩이인지 연못인지 모를 / 어머니의 몸속"과도 같은 그곳에서 시인은 "감당할 수 없는 침묵이 만들어내는 / 무한장력"(「마이크로코스모스」)을 체감한다. 그리고는 이 무한장력의 침묵을 삶 속에 끼워넣음으로써 삶의 고통을 거름으로 삼아 살아갈 수 있게 된 자신을 연꽃으로 피워낸다. 이 무한한 고요와 침묵은 무無이고 부재이고 빈 터다. 그것은 미래와 과거의 모든 말이기도 하고, 자궁이나 무덤의 언어이기도 하다. 이 거대한 고요와 침묵 안에서 그의 언어는 망각과 위안, 깊이와 충만함을 얻는다.

  삶을 견뎌내는 장철문 시의 또 다른 근기는 '생략과 비움'에서도 찾을 수 있다. 장철문은 삶의 지속성과 무게에 격렬히 저항하는 생략과 비움의 한 순간을 정면으로 독대하곤 한다.

> 생략이란 저런 것이다
> 꼭지가 듣도록, 한 생애를
> 채웠다 비우고
> 모세혈관처럼
> 허공을 껴안은 가지들
>
> 그 시린 가지 끝의 서릿발
> 磁場자장에
> 가뿐히 몸을 부린
> 까치 한마리
>
> 저 작은 떨림의

가뿐함

— 「겨울 가지」 중

앙상한 겨울 가지 끝에 까치 한 마리가 가뿐히 몸을 부렸을 때, 그 겨울 가지의 작은 '떨림'은, 모든 것들을 비우고 모든 것들이 생략된 '허공'을 더욱 강조한다. 한 생애를 채웠다 비운 채 허공을 껴안고 있는 이 가뿐한 떨림은 순간의 수직성으로 말미암아 그의 시를 우뚝 서게 한다. 생략에서 비롯되는 비약적인 힘을 감지토록 해준다. "비오리 한 마리 / 어느 틈에 기우뚱, 날아오른다"(「양수리 初雪초설」), "명아주 수풀을 헤치고 동편소리로 날아오른 장끼가 / 새벽을 때려 눕힌다 // 밤내 앓던 산이 우지끈! / 꽃핀다"(「난지도의 아침」)와 같은 구절들 역시 남성적인 힘이 강조된 비상의 순간을 포착하고 있다. 이같은 순간 포착은 그의 주된 장기長技다. 삶의 고통을 넘어서는, 저 너머를 지향하는 그 순간들이 모두 새의 이미지와 연관되고 있다는 것도 흥미롭다. 이같은 생략이 '비움'을 전제로 한다는 것은 당연하다.

더는 나아갈 수 없는, 저 눈부신 난간에서
한걸음 더 나아가고 싶다.
내가 아껴온 몇채의 폐사지와
겨울숲,
깃을 치는 작은 새의 기억을 두고
밤 사이 허리 잃은 육교
저 층계로

아무일 없는 듯 걸어올라가
가뿐한 한걸음 내딛고 싶다
(…중략…)
한 우주도 너끈히 들어갔다 나올
저 허황함 속으로
퇴근길의 특별할 것도 없는 귀가처럼.

—「마포, 1996년 겨울」 중

이 구릉까지 돌을 나른 사람도
돌 밑의 사람도
그 무게를 내려놓고 싶었을 것이다

—「바람의 서쪽」 중

    오랜 상처와 고통을 벗어 두고 '더는 나아갈 수 없는, 저 눈부신 난간에서' '가뿐한 한 걸음'을 내딛는 순간, 혹은 삶의 '무게를 내려놓고' 바람이 밀려가는 서쪽을 바라보는 순간, 그의 언어는 절대적인 비움의 깊이로 나아간다. 다른 시편들에서도 비움에의 의지는 반복적으로 드러나고 있는데, "거기 단풍 든 감나무 잎새 몇 개 떨어져, / 세상은 / 또다시 다 비우는구나"(「花舞화무」), "그대 영혼의 아름다운 빈터"(「거기 가 쉬고 싶다」), "당신과 내가 헐벗어서 / 겨울산이 더 깊이 저를 비운다"(「겨울 서신」)와 같은 구절들이 그 단적인 예들이다. 비움이 삶의 고통과 비애를 받아들이는 죽음과 맞닿고 있음을 알 수 있다. 때문에 시인의 비움은 삶의 고통을 싸안고 짚어져 본 이

후에야 얻을 수 있는, 마음 저 깊이의 한갓진 가벼움이다.

그는 언제나 삶의 한가운데서 가벼워지고자 한다. 삶의 욕망을 비로소 부려놓음으로 해서 얻어지는 '자기비움'의 자세로 죽음의 깊이를 담아내고자 하는 것일 게다. 그런 점에서 그의 비움은 쉽사리 삶으로부터의 이탈이나 해탈로 넘어가지 않고 있다. 비움과 가벼움 끝에 얻은 고요와 침묵, 다시 말해 삶이 통째로 들어갈 "하 ─ / 저 커다란 품"(「이중주」)이야말로 장철문이 지향하는, 삶의 고통을 감싸 안은 죽음의 깊이, 그 아름다운 넓이일 것이다.

제 2 부

서늘한 패러디스트의 절망과 모색

오규원론

> 벤야민은 다른 원전에 의한 인용구만으로 된 에세이를 써서 자기 저작에 대한 일체의 주관적 요소를 배제해 보려는 욕망을 가지고 있었다고 한다. 그는 예술가였기 때문이다.
> ─ 오규원, 시작 메모에서

1 방법적 전략으로서의 패러디

굵직한 시인들이 출현했고 더불어 다양한 실험적 시형태들이 선보였던 지난 80년대가 성대한 '시의 시대'였다는 사실에 우리는 일치된 견해를 보인다. 특히 오규원·황지우·박남철·장정일·유하·장경린과 같은 시인들에게서 두드러졌던 패러디의 형식의 발견은 80년대 시의 중요한 성과라 할 수 있다. 오늘날 패러디는 반드시 코믹하거나 풍자적인 성격을 띠지 않더라도 기존의 언술을 모방적으로 재현하는 방식이나, 유사한 점보다는 다른 점에 유의하면서 기존의 언술에 비판적 거리를 두는 반복형식을 일컫는 데 사용된다. 또한 인유, 표절, 혼성모방, 발췌, 축적 같은 기법으로 언급되기도 하는데, 문학 작품을 비롯한 다른 예술 작품은 물론이거니와 광고문안, 신문기

사 등 모든 '언어화된 현실'을 그 대상으로 한다. 그 결과 장르해체나 장르혼합을 활성화시킨 포스트모더니즘의 특징적 양상으로 자리매김되었다.

80년대의 정치적 좌절과 산업화에 대한 문학적 대응 양식으로 부각되어 포스트모더니즘을 주도하는 형식적 특성이 되고 있는 이러한 패러디는 우리 현대시의 가능성이자 고갈로 평가되고 있다. 풍자성·희극성·일상성의 재발견에서 비롯되는 신선한 감수성을 자극하고 있다는 점, 장르와 세계관을 넘나듦으로써 우리 삶을 새롭게 바라볼 수 있는 다원주의적 인식유형을 제공하고 있다는 점은 패러디가 가진 긍정적 가능성이다. 그러나 성찰과 반성의 깊이보다는 감각적 사유의 경박성을, 시어의 절제보다는 요설과 장광의 역기능을 보여주고 있는 것도 사실이다. 그럼에도 분명한 것은 패러디가 90년대 들어 더욱 요청되는 문학적 자질이 되고 있으며 그 양상 또한 더욱 확대되어 가고 있다는 사실이다.

우리 현대시에서 패러디라는 인위적 장치 혹은 방법적 전략에 대해 깊이 자각하고 있는 대표적 시인을 들라면 오규원을 꼽을 수 있다. 그는 현실과의 일정한 거리를 유지하는 '기교주의자'라는 꼬리표를 달면서도, 우리를 억압하는 온갖 이데올로기와 물신주의를 조정하고 통솔한다. 오규원이 보여주는 감수성과 세계인식의 태도가 패러디와 어떻게 연결되고 있으며, 패러디가 그의 시 전체를 포괄하는 하나의 방법이자 시정신이 될 수 있는지를 점검하기 위해, ① 빠르게 변화하는 우리 사회를 그는 어떻게 인식하고 있으며, 문학적 대응으로 택한 패러디의 구체적인 전개는 어떠한가, ② 패러디를 통해 얻고자 하는 효과는 무엇이고 어떤 시정신으로 귀결되는가라는 물음을 가지고 이 글을 시작해 보자.

이 물음에 대한 답을 찾는 과정은 그가 몸담았던 70년대부터 90년대 초반까지의 문학적 성과에 대한 재평가이자 반성의 자리가 될 것이다. 이 시기는 널리 알려진 대로, 80년 오월 광주를 전후로 정치적 억압이 가시화되어 경색 일변도의 기류를 형성하고 있었고 90년 보수대연합을 기점으로는 물신숭배, 소비화 등이 본격적으로 외재화되었다. 시란 한 시인이 부닥친 세계와의 조응임에 틀림없다. 이런 어둡고 암담한 현실에 대한 오규원의 문학적 대응은 그 세계 자체에 대한 응전이 아니라 그 세계를 지탱하는 타락한 언어에 대한 응전으로 나타난다. 타락한 정치적·경제적 현실을 반영하고 있는 타락한 언어는 곧 패러디의 대상이 된다. 그 대상은 다음과 같이 구별된다.

① '관념의 마을'로 대표되는 관념화된 사유구조 ; 언어화된 문학 텍스트의 언어
② '간판이 많은 길'로 대표되는 자본주의의 정치·경제구조 ; 현대 사회의 도구화되고 수단화된 언어

①은 "어제 저녁 관념의 마을에 가서 / 나는 보았다", "抽象추상의 나뭇가지 사이에 / 살고 있는 言語언어들"(「金씨의 마을」-I)[1]의 세계이

---

[1] 오규원은 지금까지 여섯 권의 시집을 상재했다. 『분명한 사건』(1971)-I, 『순례』(1973)-II, 『왕자가 아닌 한 아이에게』(1978)-III, 『이 땅에 씌어지는 서정시抒情詩』(1981)-IV, 『가끔은 주목받는 생生이고 싶다』(1987)-V, 『사랑의 감옥』(1991)-VI.

다. 그러므로 당연히 지금까지 향유되었던 문학의 적층 혹은 기존의 문학 텍스트들과의 싸움이 된다. 이럴 경우 그의 시는 기존의 문학 텍스트들이 가진 허위의식을 보여줌으로써 관념을 해체하는 방향으로 진행된다. ②는 "서울은 어디를 가도 간판이 / 많다", "자세히 / 보라 간판이 많은 집은 수상하다"(「간판이 많은 길은 수상하다」), "에스콰이어 앞에서 / 니나리치 앞에서 / 비제바노 앞에서 / 브랑누아 앞에서"(「明洞명동4-Ⅵ」) 등에서 보이는 '간판이 많은 길'로 대표된다. 자본주의 사회에서 인간은 교환가치의 회로를 따라 사물로, 상품으로, 기호로 전락한다. 그는 자본주의의 이데올로기와 이에 따르는 물질화된 정치적·상업적 언어와도 투쟁한다. 이 경우, 문학 이외의 다른 장르, 즉 일상적인 대중문화 전반을 대상으로 삼고 있기에 그의 시의 사회적 상상력을 엿볼 수 있다. 관념화되고 수단화된 언어에 대한 거부는 곧 '음흉한 純粹詩순수시'에 대한 부정으로 나타난다. 즉 '시에는 무슨 근사한 얘기가 있다고' 믿었던 자신에 대한 반성이며 그렇게 믿는 독자들에 대한 배반행위로 나타난다.

    타락한 이 두 언어체계는 이미 우리를 억압하는 현실의 일부가 되었고 그 껍질은 단단하다. 오규원에게 있어서 그런 언어들이 지시하는 실재는 현실에 부재하기 때문에 '환상'이며, 또 그 환상은 허위이기 때문에 극복되어야 할 대상이다. 그러므로 그 극복과정은 타락한 현실로부터의 해방이라는 의미를 함축한다. 그러나 이 해방이 실제적 해방이 아니라는 점에서 그것 또한 '환상'일 것이다. 그러나 전자가 우리를 억압하는 '체제'로서의 환상이라면, 후자는 우리를 자유롭게 하는 '유희'로서의 환상이라는 점에 그 차이가 있다. 어쨌든 이 두 언어체계와의 줄기찬 갈등과 싸움이 바로 그의 시작詩作 과정이다. 특히 이 글은 그 과정에서 드러나는 패러디라는 인위적 장치 혹은 방법적 전략에 초점을 맞춰 앞서 제기한 문제에 대한 답을 찾아가게 될 것이다. 그 답은 자칫 피상적이거나 형식적 차원에서의 거친 나열이 되기 쉬울 수도 있기에, 우리가 놓치지 않아야 할 것은 그러한 방법적 전략이 시인의 어떠한 세계관과 시정신에 맞닿아 있는가 하는 점일 것이다.

2 '안녕'한 시대의 반성적 시쓰기—대화성·자기반영성

오규원 시의 특징은 그의 언어가 구체적인 현실을 직접적으로 모방하고 있지 않다는 점에 있다. 하지만 이미 관념화되고 수단화되어 버린 현실의 언어를 통해 현실을 드러내고 있다는 점에서 그의 시는 어느 시인 못지 않게 현실반영적이다. 이 경우 시인은 현실에 대해 일정한 거리를 유지하는 서늘한 시선을 보내게 된다. 그는 언제나 현실 속으로 직접 들어가기보다는 현실을 포장하고 있는 말이나 언어부터 요리조리 살펴본다. 우리를 길들이고 우리를 억압하는 그 포장을 까발리고 싶은 것이다. 왜 우리는 우리를 억압하는 그 많은 것들을 의식하지 못하는가, 왜 그러한 억압을 당연한 것으로 받아들이기만 하는가라고 묻는 그는, 일상화된 억압의 현실 속에서 무사하게 안녕하게 살아가는 자신을 반성의 대상으로 본다.

"집에 무사히 도착한 일을 신기해하며 / 아직도 서정시가 이 땅에

씌여지는 일을 신기해"(「빈약한 상상력 속에서」 -Ⅳ) 한다. 그리고 "안녕한 것이 이토록 나의 눈에는 생소하냐 / 어째서 안녕한 것이 이다지도 나의 눈에는 우스꽝스런 풍경이냐 / 文化史的문화사적으로 본다면 안녕과 안녕 사이로 흐르는 / 저것은 保守主義보수주의의 징그러운 미소인데" "안녕한 건 안녕하지만 아무래도 이 안녕은 냄새가 이상하다"(「우리 시대의 純粹詩순수시」-Ⅳ)라고 회의하기도 한다. 현실은 결코 안녕치 못한데 그 현실을 포장하고 있는 안녕해 보이는 일상에 의심의 눈초리를 던지곤 하는 것이다. 그러한 상황에서 "남들이 詩시를 쓸 때 나도 詩시를 쓴다는 일은 / 아무래도 민망한 일이라고"(「남들이 시를 쓸 때」 -Ⅱ) 고백한다. 이 고백은 그러한 현실에서는 시를 쓰지 않거나, 쓴다면 남들과 달라야 한다는 자기반성을 보여 준다. 달리 말하면 이 '안녕'치 못한 시대에 '안녕'한 시가 무슨 의미가 있겠는가라는 반문이자, '안녕치 못한' 시대에는 '안녕치 못한' 시야말로 현실을 그대로 드러낼 수 있다는 확인이기도 하다. 그러므로 "말이 되든 안 되든 노래가 되든 / 안 되든 중요한 것은 진리라든지 믿음이라는 / 말의 옷을 벗기는 일 / 벗긴 옷까지 다시 벗기는 일"(「우리 시대의 純粹詩순수시」 -Ⅳ)에 그의 관심은 집중된다.

> 詩시에는 무슨 근사한 얘기가 있다고 믿는
> 낡은 사람들이
> 아직도 살고 있다. 詩시에는
> 아무 것도 없다
> 조금도 근사하지 않은

우리의 生생밖에.

— 「龍山용산에서」 중(Ⅲ)

어떤 형태로든 시인이 자신의 시에서 사용하는 기법이나 형식은 필연적으로 자신의 세계관을 반영하기 마련이다. 오규원은, '진리라든지 믿음'으로 받아들였던 선배시인들의 언어가 현실의 좌표가 되지 못한다는 것을 인식한다. 좌표이기는커녕, 오히려 방해물로 작용한다고 본다. 그러나 그가 시인인 한, 그는, 시를 그리고 언어를 버릴 수 없다. 어느 시인에게나 그렇겠지만 언어와 삶, 문학과 현실 간의 간극에서 비롯되는 이러한 딜레마는 오규원에게는 더욱 절실한 문제이다. 그때 그는 진리처럼 믿었던 선배시인들의 언어를 한데 모아 놓고 그 속에서 자신의 언어를 새롭게 찾는 작업으로 탈출구를 만든다.

山산 속 골짜기 李箱이상이 病身병신들과 함께 누워 히히닥거린다. 늙은 女子여자 사이에서 릴케가, 동성연애가 랭보가 낄낄낄 웃으며 보고 있다. 도망가는 女子여자 앞에 꽃을 뿌리는 病身병신 素月소월을 보며 萬海만해가 이별을 찬미하는 (이별이 아름답다는 것은 흉한 거짓말이다!) 염불을 외운다.

— 「詩人시인들 — 金宗三김종삼에게」 중(Ⅲ)

이상·릴케·랭보·소월·만해와 같은 선배시인들을 각각 그들의 텍스트에서 이끌어 낸 병신, 늙은 시인, 동성연애자, 꽃을 뿌림, 이별이라는 시어와 연결시키면서, 선배시인들은 물론 그들의 텍스트까지 희화시키고 있다. 이는 동서양을 망라한 시인들의 텍스트가 한데 어우러져 '대화하는' 듯한, '다성성'의 효과를 낸다. 기존의 시를 부정하면서도 시인임을 포기하지 않는 한 그 시에 기댈 수밖에 없는 시인의 모순된 상황과 함께 그의 시가 나아갈 방향을 암시해주는 시이기도 하다.

또한 그는 언어나 시쓰는 행위 자체에 대한 자기반영적인 물음을 주요한 시적 주제로 이끌어 오고 있다. 기존의 낡은 언어, 길들여진 관념, 일상화된 체제나 관습, 이런 것들에서 벗어나는 것이 그의 시 쓰기의 목표다.

> 나는 어리석은 독자를
> 배반하는 방법을
> 오늘도 궁리하고 있다
> 내가 버스를 기다리며
> 오지 않는 버스를
> 시라고 하면 안 되나
> 시를 모르는 사람들을
> 시라고 하면 안 되나
>
> ―「버스 정거장에서」 중(V)

"내가 무거워 / 시가 무거워 배운 / 작시법을 버리고 / 버스 정거장에서 견디고" 있는 시인은, 일상적 번잡함이 집약된 '버스 정거장'에서 기존의 무거운 시와 그 시에 길들여진 독자를 '배반'하는 방법을 궁리한다. '오지 않는 버스'를, '시를 모르는 사람들'을, '쮸쮸바를 빨고 있는 여자의 입술'을 시라고 보면 안 되냐라고 묻는다. 그 물음은 대답을 기다리는 것이라기보다는 설의적으로 자신의 시관詩觀을 확고하게 피력하는 것이다. 시인이란 특별한 존재가 아닌 우리와 똑같은 평범한 사람일 뿐이고, 따라서 시쓰기 역시 일상적 삶이 재료가 된 일상적 행위, 일상 생활의 일부에 지나지 않는다는 것이다. 일상에서 흔하게 보고 들을 수 있는 대상들을 그대로 '시'라고 했을 때, 그 대상들은 일상의 공간에서 시의 공간으로 이동되면서 존재의 전이를 일으킨다. 이러한 태도는 '의미하는 모든 것은 배반을 안다'라는 명제에서 비롯되는바, 규범화된 시라는 양식에 길들여지면 시적 사유 또한 길들여질 수밖에 없기 때문에 그 양식을 일탈할 수밖에 없다는 의미를 내포한다. 그는 일상으로 굳어진 낯익은 형식을 위협하고 낯설게 함으로써 그것을 새롭게 소유한다. 일상적인 모든 대상을 '배반'함으로써 시적 대상으로 전환시키는 힘이 바로 그의 시쓰기 전략인 패러디가 출발하는 지점이다. 여기에 신선하고 재미있는 그의 시의 비밀이 있다.

3 관념화된 언어 뒤집기—관습화·자동화된 반응에 대한 부정

오규원의 시에서 패러디는 빈번히 기존의 문학 텍스트를 재인용함으로써 이루어진다. 먼저 그는 원텍스트(패러디되는 기존의 텍스트)의 특징적인 시어, 문체, 형식, 시적 정황 등을 차용하여 그대로 모방하거나 변주를 가한다. 이러한 작업은 원텍스트에 대한 비판적 재해석이 이루어지기 이전의 전초작업으로, 대부분 그의 초기시의 작업에 해당한다.

장시 형태를 취하고 있는 그의 초기시 「金김씨의 마을」(II)은 이상李箱의 소설 한 구절을 직접 인용하면서 이상의 삶과 이상의 텍스트를 모두 5장으로 재형상화하고 있다. 제목 「金김씨의 마을」은 이상의 본명 '김해경'에서 연유한 것으로 보인다. "어제 저녁 관념의 마을에 가서 / 나는 보았다"로 시작하고 있는 이 시는 '관념의 女子여자들', '다채로운 절망의 迷路미로', '그의 遺書유서에는 / 四角形사각형과 三角形삼각형 / 그리고 / 圓원', '아스피린, 아다링, 아스피린, 아다링, 막스, 말사스, 마도로스, 아스피린, 아다링'과 같은 이상의 문학적 특징인 시어들이 등장한다. "소설가 金김씨를 읽는 지금 / 그의 냄새로 나를 아는 나. / 書架서가 구석구석의 소설가 金김씨와 / 金김씨의 먼지에 싸여 / 먼지의 냄새로 나를 아는 나"에서 볼 수 있듯이 시인은 이상의 텍스트를 통해서 자신의 고통과 절망을 인식하고 그 고통과 절망을 재형상화하고 있다. 이상을 대표할 수 있는 구체적인 단어나 어구 및 문체를 모방하여 자신의 내면을 표현하고 있는 것이다.

>
> 막막하고 어지럽지만 그러나
> 고개를 넘으면
> 전신이 우는 들,
> 그 들이 기르는 한 사내의
> 偏愛편애와 죽음을 지나

먼 길의 귀 속으로 한 사람씩

떨며 들어가는

영원히 집이 없을 사람들.

바람이 분다, 살아봐야겠다.

—「巡禮순례의 書서」중(II)

　두 번이나 반복되고 있는 "바람이 분다, 살아봐야겠다"라는 구절은 폴 발레리의「해변의 묘지」에 나오는 유명한 구절이다. 발레리 시에서 바람은 바다와 더불어 삶에 활력을 주는 요소이자 생동하는 삶 자체를 나타낸다.「巡禮순례의 書서」는 발레리가 표방하는 삶에의 충만한 의지에 기대고 있다. 암담한 현실 상황으로 표상되고 있는 '전신이 우는 들'과 그 현실 속에 조건지어진 '한 사내의 偏愛편애와 죽음'이라는 지극히 실존적인 상황은, '영원히 집이 없을 사람들'로 귀결되고 있다. 안주와 휴식을 제공하는 집이 '없을' 것이라는 이 미래적 서술은 인간의 곤비한 실존을 극대화시킨다. 그러나 바람은 시인의 '귀를 갈게' 하여 의식을 세척시키면서, 시인으로 하여금 "멈추면서 그리고 나아가면서 / 나는 / 저 무엇인가를 사랑하면서" 살아봐야겠다고 노래하게 한다. 삶에 대한 끊임없는 각성과 생명력을 불어넣어주는 발레리적 바람과 상통한다. 발레리의 시구를 빌어 삶에의 긍정적 의지를 표현하고 있다. 원텍스트의 의미를 모방하여 그 권위를 계승하고 있는 경우이다. 이 경우 패러디는 관념으로 굳어진 기존의 언어를 모방함으로써 스스로의 문체를 확립하는 첫걸음의 역할을 한다. 과거의 전통장르나 특정 작품에 대한 문체적 모방은 패러디의 초보적인 방식으로, 기교나 문체를 배우고 완성하기 위한 연습으로 흔히 사용되기도 한다.

그러나 그의 작업은 관념화된 언어의 '모방'에서 한 걸음 나아가 유명한 시 구절의 관습화된 반응들을 '거부'한다. 이로써 기존 언어의 질서는 파괴되고 재조정된다. 이러한 특성은 가장 일반적인 의미에서 일컬어지는 패러디의 비판적이고 풍자적인 본질과 통한다. 그러기에 패러디는 권위에 대한 도전과 의문이라는 반권위주의 태도를 근간으로 한다. 패러디의 이같은 본질은 오규원 시의 특징인 전통 시형식으로부터의 일탈과 맥락을 같이한다. 그로 인한 시적 새로움이야말로 시인의 전략인 동시에 독자의 관심을 유인하는 요인이기도 하다.

> 바람이 분다, 살아봐야겠다 — 고 한 당신의 말 그대로
> 바람이, 바람이 분다.
>
> 허나 인간인 당신에게는 인간인 다른 사람들에게 한 말과 마찬가지로밖에 할 수 없음을 용서하시라.
>
> 바람이 분다. 보라, 그러나 바람은 인간의 마음으로 불지 않고
> 미안하지만 바람의 마음으로 분다.
>
> ―「바람은 바람의 마음으로―발레리에게」 전문(IV)

인간의 마음이 바람의 마음이 될 수 없듯, 바람의 마음 또한 인간의 마음이 될 수 없다. 원텍스트를 모방하던 초기시「순례巡禮의 서書」와는 달리, 원텍스트에 대한 비판적 재해석이 두드러지고 있다. 독자의 기대를 환기하고 그것을 파괴하는 것이 패러디의 본질적 특성인 바, 이「바람은 바람의 마음으로」는 발레리의 텍스트를 환기하여 독자가 기대했던 것과 충돌하게 만든다는 점에서 패러디의 전범이라 할 수 있다. '바람이 분다, 살아봐야겠다'라고 발레리가 계시하는 관념 즉 삶에 대한 끈질긴 생명력이라는 관념은 견고하다. 그러나 시인은, 바람이 인간의 마음과 합치하지 못하고 따로 떨어져 분다고 함으로써 자연과 인간, 삶과 죽음이 단절되어 있음을 보여준다. 그리고는 다소 비꼬는 어조로 '용서하시라', '미안하지만 바람의 마음으로 바람이 분다'라고 절망한다.

패러디의 중요한 변별요소 중 하나인, 원텍스트와의 동일성과 불일치성은 원텍스트와 패러디 텍스트의 길항작용 속에서 창출된다. 패러디에서의 인용은 서로 다른 텍스트를 대조하거나 관련시킴으로써 그들의 감추어진 동일성이나 불일치성을 전경화하는 기능을 담당한다. 패러디스트의 독자적인 개성은 바로 그러한 전경화로부터 유래하는 구조적 변화에 있다.

> 내가 그의 이름을 불러 주기 전에는
> 그는 다만
> 왜곡될 순간을 기다리는 기다림
> 그것에 지나지 않았다.

내가 그의 이름을 불렀을 때

그는 곧 나에게로 와서

내가 부른 이름대로 모습을 바꾸었다.

—「「꽃」의 패러디」 중(IV)

널리 알려진 오규원의 「「꽃」의 패러디」는 김춘수의 「꽃」을 겨냥한다. 각 연이 조금씩 길어졌다는 것뿐 그 구조와 문장을 그대로 흉내 내고 있다. 김춘수 시의 '하나의 몸짓'이 오규원 시에서는 '왜곡될 순간을 기다리는 기다림'으로, '꽃'은 '내가 부른 이름'으로, '무엇이'는 '의미의 틀'로 바뀌고 있다. 하나의 의미 틀이 완성되면 '그'는 그 틀에 맞는 다른 모습이 되곤 한다. 때문에 절대의미의 현존을 가능케 하는 명명으로서의 '이름'이 오규원에게 와서는 '왜곡'으로 읽혀진다. 그 언어는 이미 '틀'로 고정되어 있고 타락해 있기에 명명이란 왜곡되는 순간에 지나지 않으며, 왜곡된 그 의미마저도 완성되자마자 또 다른 모습으로 변한다는 것이다. 시인은 절대의미란 명명이라는 언어행위를 통해서는 결코 도달할 수 없다고 생각하는 것이다. 이 시뿐만 아니라 "나는 봄에게로 가서 어떤 의미가 되지 않았다 나는 / 기혼남자였고 아내가 무서웠기 때문이다 / 나는 봄에게로 가서 꽃이 되지 않았다 내가 / 인간으로 태어난 사실을 남들도 다 알고 있었기 때문이다"(「나는 復活부활할 이유가 도처에 없었다」-V)와 같은 시에서도 김춘수의 「꽃」이 가진 형이상학적이고 존재론적 의미는 일상적이고 현실적인 의미로 끌어내려지고 있다.

오규원은 이같은 자신의 시작 태도에 대해 다음과 같이 말한 바 있다. "제가 발레리에 대해서 긍정적으로 쓸 때는 그 세계에 대한 긍정적인 생각을 가지고 있을 때죠. 그러나 그것을 뒤집을 때는 이미 긍정하지 않는다는 말이죠. 김춘수의 패러디 같은 것도 마찬가지예요. 대개 패러디할 경우는 그 작가에 대한 제 나름대로의 해석이 전과 달라졌다는 것이겠지요"(『문학정신』 1991년 3월). 이처럼 패러디는 과거와 현재에 대해 시인에게 일정한 관점을 제공한다.

> 10월에는 산 者자들이 홀로
> 사색하며 잠들며 그 사색의
> 편협한 小路소로와 의견을
> 만나게 하소서.
> 小路소로에서 그리고 방구석에서
> 10월에 죽을 者자와 친하고 10월에
> 죽을 者자와 농담할 여유가 생긴 사람은
> 龍山용산이나 光化門광화문에서
> 나와 소주 한잔 하게 하소서.
>
> ─「소주 한잔 하게 하소서」 중(IV)

무엇보다도 오규원 시의 미덕은 쉽게 읽힌다는 데 있다. 그러나 꼼꼼히 따지고 되새기자 들면 결코 쉽지 않은 애매성에 부딪히게 되는 경우가 종종 있다. 인용시가 바로 그런 경우이다. 성숙과 결실, 사색의 의미를 강하게 환기하는 김현승의 「가을의 시」나 「가을의 기도」, 혹은 더 소급하여 릴케의 「가을날」의 어조를 차용하여 원텍스트의 의미를 비튼 예이다.

인용시에서 10월은 성숙과 풍요의 계절이 아닌 뭔가 심상치 않은 기운이 돌고 있는 계절이다. 10월에 산 자 / 10월에 죽은 자, 우리 / 다른 우리, 10월에 죽은 자 / 10월에 죽을 자, 대로大路 / 소로小路의 대비적 구조는 이 시대의 흑백논리의 한 단면을 보여준다. 그러나 그것들의 의미는 쉽게 파악되지 않는다. 언뜻 10·26을 배면에 깔고 있는 듯한 느낌도 들지만 확실치 않다. 단지 소로小路와 방구석에서 편협한 사색과 의견을 가진 시인은 '10월에 죽을 자와 친하고 농담할 여유가 생긴 사람'을 만나 소주 한 잔 하게 되기를 기원하고 있다는 의미 정도를 파악할 수 있을 뿐이다. 표층적으로는 기원의 형식을 취하고 있으나 그 심층은 이 시대의 흑백논리를 비꼬고 풍자하고 있다. 원텍스트와의 불일치성과 함께, 형식(어조)과 내용(의미)의 부조화에서 오는 아이러니의 효과도 두드러진다. 이 시의 경우는 반드시 릴케나 김현승의 시를 패러디하는 것을 넘어서 제의적인 기도문의 형식 자체를 패러디하고 있다.

패러디에서 희극적 효과의 주요 원천들 중의 하나는 텍스트 간의 부조화된 병치다. 그 부조화된 병치는 한편으로는 과거의 작품을 모방하면서 다른 한편으로는 과거의 작품을 아이러닉한 방식으로 재읽기를 유도한다. 패러디스트는 이를 통해 현실에 내재된 모순을 의식적으로 지적하고자 한다. 그렇다면 패러디는 과거의 텍스트가 미처 깨닫지 못하고 있거나 낙관하고 있는 것들을 깨우쳐주는 데 그치는 것이 아니라, 더 나아가 궁극적으로 현실 혹은 자아에 대한 반성까지를 함의하고 있는 것이 아닌가.

성경에 가라사대 마음이 가난한 者자에게 福복이 있다 하였으니

2백억을 축재한 사람보다 1백 9십 9억을 축재한 사람은 그만큼 마음이 가난하였으므로

天國천국은 그의 것이요

(…중략…)

돈 이야기로 詩시라고 써놓고 있는 나는 어느 시대의 누구보다도 궁상맞은 시인이므로

天國천국은 얼어놓은 堂上당상이라

— 「마음이 가난한 者자」 중(Ⅳ)

부탁이다 유다여. 사람들은 극적인 것을 좋아한다. 극적인 것의 허구를 모르는 저 사람들은 영원히 허구를 모를 것이다. 그 사람들을 위해 나는 극적으로 죽어야 한다. 부탁이다. 유다여 너만이 나를 위해 배반해 줄 수 있다.

— 「유다의 不動産부동산」 중(Ⅲ)

「마음이 가난한 者자」는 "가난한 자에게 복이 있나니 천국이 그의 것이다"(「마태복음」 5장 3절)라는 성경 구절을 완전히 재해석하고 있다. '가난'이라는 것은 상대적인 개념이다. 특히 '마음이 가난하다'는 것은 얼마나 주관적인가. 시인은 여기에 초점을 맞추고 있다.

자본주의의 최대악이 빈익빈 부익부의 구조적 모순과 상대적 빈곤감이라는 지적은 새삼스럽다. '2백억을 축재한 사람'이나 '1백 9십 9억 원을 축재한 사람'은 같은 부류이다. 그러나 상대적 빈곤 때문에, '2백억을 축재한 사람'을 보고 더 가난하다고 느끼는 사람은 단돈 천 원이 없는 사람이라기보다는 '1백 9십 9억 원을 축재한 사람'이다. 그러므로 천국이 그들의 것이고, 이 시대 궁상의 대명사인 시인에게 천국은 받아 놓은 당상堂上이다. 패러디에 의지해 시인이 몸 담고 있는 사회의 경제적 분배 문제를 비판하면서 일종의 자기조롱으로까지 나아가고 있다.

「유다의 不動産부동산」 역시 『성경』에 나오는 유다를 차용하여 현대적으로 재해석한 시다. 예수가 이 시대에 살았다면 유다의 두 팔을 잡고 부탁했음직한 말을 시화하고 있다. "不動産부동산 붐에 올라타고 청바지 입은 젊은 부인들이 길 건너 아파트 공사장으로 떼지어"가고 "겨우 아파트나 家屋가옥이 不動産부동산인 이 시대의 木手목수들은 습관처럼 十字架십자가에 못을 쾅쾅 박"는 7, 80년대의 우리 현실, 이적異蹟밖에는 바라지 않는 현실, 그 속에서 예수가 베푼 '사랑을 즐겁게 이해하는 힘'이란 얼마나 무의미한 일일 것인가. 교환가치가 사용가치를 지배하는 물신 사회에서 인간의 만남이란 서로 속고 속이는 관계일 뿐이다. 이런 현실 속에서, 예수를 배반한 유다의 행위는 예수를 십자가에 못 박히게 함으로써 가장 '예수'답게 최후를 마치게 하는 '구원'의 기회를 제공한다. 그렇기 때문에 예수는 "나의 생애를, 저 異蹟이적밖에 바라지 않는 사람들을 위해 異蹟이적에서 누군가가 나를 구해주어야 한다. 사랑은 異蹟이적이 아니라는 사실을, 사랑은 즐겹게 고통을 이해하는 힘이라는 사실을 모르는 저 사람들을 위해 나를 네가 구해주어야 한다"라고 유다에게 부탁하고 있다.

『성경』은 경전이다. 경전은 곧 로고스요 불변의 진리다. 이 두 시는 가장 권위 있고 가장 성스러운 성경의 말씀이 가진 종교적 이미지에 어울리지 않는 비속한 현실의 문제를 다룸으로써 그 말씀에 도전하고 있다. 우리는 때로 패러디를 문학의 가장 기본적인 현실모방의 기능을 상실한, 단순한 시니피앙의 유희일 뿐이라고 비판하기도 한다. 그러나 오규원의 시들이 증명하고 있듯이, 과거의 텍스트를 재해석하는 패러디는 현실에 대한 비판을 간접적으로 드러내는 전략이 되기도 한다. 현실을 직접 반영하는 게 아니라 과거의 텍스트에 의지해 현실을 반영해낸다. 그렇기 때문에 패러디는 현실의 모든 허위에 맞서 있는 아이러니와 역설을 중시하고, 현실을 담아내지 못하는 관념화된 언어에 회의적인 시선을 던진다. 이러한 특성을 내포하는 패러디를 우리는 모더니즘적 패러디라 할 수 있겠다.

4 관념화된 언어 끌어 모으기―텍스트의 정당성에 대한 부정

오규원 시에서 패러디 양상은 과거 텍스트와 현재 현실 간의 부조화에서 비롯되는 비판적 재해석의 의미가 점차 약화된다. 대신에 과거 텍스트의 언어와 수사를 변용하거나, 떠도는 시니피앙을 끌어 모으면서 현실이 얼마나 재현불가능한 것인지를 확인하는 작업으로 한 단계 더 나아간다. 이 단계에서는 텍스트의 제반 정당성 즉, 원본성이나 독창성을 인정하지 않고 모든 게 이미 앞선 텍스트의 혼성모 방적 제복제라는 사실을 보여준다. 텍스트의 정당성을 인정하면서 텍스트를 비판적으로 재해석했던 모더니즘적 패러디와 구별하는 의미에서, 이같은 혼성모방적 제복제를 포스트모더니즘적 패러디라 할 수 있겠다. 사실 앞 장에서 예를 든 관념화된 언어에 대한 비판적 재해석만 해도 대체로 단일 텍스트를 모방하거나 개작한다는 점에서 원본이나 독창성, 주체라는 텍스트의 정당성을 유지한다. 그러나 혼성모방적 패러디에 이르면 언어로서의 문학이 더 이상 제 기능을 담당하지 못하고 인간행위의 재현이 불가능하게 됨으로써 문학의 정통성, 텍스트의 정당성은 사라진다.

> 종일 말을 달림. 저녁에야 酌婦작부 둘이 서 있는 주막을 발견하고 길을 멈춤. 환상과 현실. 나의 현실은 내가 그곳에 있으므로 나의 현실, 내가 그곳에 숨쉬므로, 내가 그곳을 느끼므로 나의 현실. 잠시 눈을 감았다 뜸. 너희들은 酌婦작부. 아가씨들이여, 나의 말을 믿어주십시오. 여러분의 외모에 분명히 나타나는 바와 같은 지체 높으신 아가씨들에게 해를 가하는 것은 제가 속한 기사단에 어울리지도 합당하지도 않은 일입니다.
>
> 酌婦작부들, 酌婦작부답게 웃음을 터뜨림. 現實현실에서.
> 돈 키호테, 돈 키호테답게 웃음. 현실을 밟고 올라선 로시난테 위에서.
> *本稿中본고중 고딕 部分부분, 소설 『돈 키호테』에서 引用인용
> ─「등기되지 않은 현실 또는 돈 키호테 略傳약전」 중(Ⅲ)

이 시에서 *표의 각주는 단순히 출전을 밝히는 역할 이상의 중요한 해석적 장치가 되고 있다. 시인 자신이 밝히고 있듯 시에서 고딕체 부분은 세르반테스의 『돈 키호테』에서 돈 키호테의 대사를 직접 인용한 대목이다. 사실 시인 자신이 고딕체로 표기하지 않거나 각주를 달아 출전을 밝히지 않았다면 원텍스트의 한 구절이 그대로 인용된 작품인지 알지 못했을 것이다. 그만큼 인용된 구절은 이 시의 화자인 돈 키호테가 얘기하고 있는 부분과 겹치고 있으며, 어조나 내용면에서 구분될 수 없을 정도로 작품 속에 융해되어 있기 때문이다.

시인은 원텍스트의 서술자, 사건, 주인공의 대사 따위의 서사적 양식을 차용해 마치 현대판 『돈 키호테』를 읽는 것과 같은 효과를 내고 있다. 이 현대판 『돈 키호테』의 특징은 제목이 시사하고 있는데, 제목의 '등기되지 않은 현실'이란 현실과 반대되는 상상, 꿈, 이상, 환상 등으로 불릴 수 있는 세계를 뜻한다. 현실을 현실로 인정하지 못하는 환상 속의 돈 키호테는 현실 속의 작부를 작부가 아닌 지체 높으신 아가씨로 보고, 환상을 인정하지 않는 현실 속의 작부들은 환상에 빠진 돈 키호테를 비웃고 있다. 환상과 현실이 전도된 돈 키호테의 우스꽝스러운 모습을 보면서 현실의 우리도 '작부처럼' 웃음을 터뜨리게 된다. 그러나 그 웃음의 이면에는, 환상과 현실 모두가 화해할 만한 한 치의 여지도 없이 일그러져 있는 우리 사회의 비극적인 모습이 숨어있다. 돈 키호테와 작부는 모두, 현실 속에서 현실을 인정하지 못하거나 현실 속에서 환상을 인정하지 않는 현대인의 정신적 분열과 정신적 위기 상황을 대변하고 있기 때문이다. 오규원의 시가 희비극적인 것은 이런 특성에서 연유한다.

환상과 현실은, 돈 키호테(시)와 작부(현실)처럼 서로 화해할 수 없는 두 개의 언어로 따로 발해지는 것이 아니라 서로 싸우며 갈등을 일으키고 그래서 보다 새로운 관계로 형성해 가는 변증의 언어로 연결되어야 할 것이다. 선배시인의 언어와 오규원 자신의 언어도 마찬가지이다. 그 새로운 관계를 연결하고 형성하는 힘을 모색해 가는 과정이 방법적 전략으로써의 패러디이기도 하다.

2월 6일, 일요일. 10시 5분전 起床기상. 커튼을 걷고 창밖을 내다봄. 거리는 오늘도 安寧안녕함. 安寧안녕한 거리에 하품나옴.

(…중략…)

망계亡界의 수영洙暎은 김우창金禹昌의 농사가 잘 되어 술맛이 좀 풀린다고 히죽 웃음. 오후 3시. 엿가락처럼 늘어져 누워 있는 나에게 망계亡界의 췰르형兄으로부터 편지便紙 옴.

오, 정말 쓸모없는 시인이구나
너무 들어박혀 있으면 病병들지
이렇게 좋은 날씨에 房방구석에 박혀 있는 사람은 없지
약방에 가서 싸구려 해열제라도 사와라
그것도 좀 운동이 될 테니까.
좀 운동이 될까 하고 하품 다시 함.

*本文中본문중 4行행의 라포르그 詩시는 「일요일」에서 引用인용.

— 「나의 데카메론」 중(Ⅲ)

    제목 빌리기는 패러디에서 원텍스트를 전경화시키는 역할을 한다. 보카치오의 『데카메론』에서 제목을 빌려 오고 있는 「나의 데카메론」은 지루한 어느 일요일의 기록이다. 시인이 일요일에 한 일이란 10시 5분 전에 일어나 창밖을 내다보고, 변소를 2번 왕복하고, TV 스위치를 1번 누르고, 『오늘의 스타』란 책을 1분 만에 보고, 심심해 시계를 본 것이 전부다. 흐르지 않는, 죽어 있는 시간 속에는 절망도 희망도 없다. 무감각한 권태만이 있을 뿐이다. 정체성의 상실이라는 위기에 봉착한 시인이 우리에게 들려주고자 하는 것은 꿈 많은 17세 소녀가 '데브콘에이'에 중독되고 가슴 부푼 22세 처녀가 결핵을 앓는 노동현장의 비참하고 억압적인 현실이 아니다. 오히려 그것과 대비되고 있는 자신의 '안녕'한 삶이다. 그리고 그 '안녕'한 삶이 얼마나 허망한 것인가 하는 이야기다.

    '데카메론'이라는 제목, 라포르그의 시 한 연, 일기 혹은 메모 양식, 그리고 미당·수영·김우창·쥘르와 같은 인명들을 차용하고 있는데, 이 시 역시 그것들이 환기하는 텍스트들의 정당성이나 권위는 상실되고 있다. 단지 그것들이 함께 뒤섞여 다성성을 이룰 뿐만 아니라 서로 충돌하여 아이러니컬한 분위기를 만들고 있다. 이런 아이러니는 시인으로 하여금 '안녕'치 못한 삶의 무게를 더욱 버겁게 한다. 특히 프랑스 상징주의 시인 쥘르 라포르그의 「일요일Dimanches」의 마지막 연(「나의 데카메론」에서는 마지막 연의 앞부분 다섯 행에 해당)을 그대로 인용하면서 아이러니는 절정에 달하고 있다. 패러디가 때로 혼성모방과 겹쳐지는 부분이 있는데 바로 이 경우에 해당한다. 라포르그의 시를 인용하고 있는 또 다른 예는 「詩人시인 久浦氏구보씨의 一日3-쇼핑센터에서」(V)에서도 볼 수 있다. 이 외에도 「사랑의 技巧기교·1-K에게」(III)에서는 두목杜牧의 시 한 구절 "商女不知亡國恨상여부지망국한 隔江猶唱後庭花격강유창후정화"를 해석하여 "江강건너 마을에는 後庭花후정화 노랫가락이 / 높고 (…중략…) 商女상녀는 망국한을 몰라 / 노랫소리가 갈수록 유창해진다"라고 그대로 인용하고 있다.

우리는 앞에서 서양의 경전인 성경을 비판적으로 재해석하고 있는 양상을 보았다. 오규원은 이제 동양의 가장 권위 있는 경전인 불전佛典의 어법에 기대어, 무한 소비도시에서 제 갈 길 모른 채 삶을 영위할 수밖에 없는 얽히고 설킨 도시인들의 일상사를 폭로한다. 다음 시는 다라니경을 인용하여 그 경전이 놓여진 역설적인 상황에 초점을 맞추고 있다.

똑똑똑, 나모라 다나다라 야야 나막알약 바로기제 새바라야 (집을 찾다 문득 돌아보면 때로 나는 남대문시장에서 경을 외는 스님 곁의 길에 서 있나니, 똑똑) 모지사다바야 마하사다바야 마하가로 니가야 (야, 네 옷 샀다는 집이 어디냐, 멀었냐? 아니 다 왔어. 썹할년 급하긴 —) 옴살바 바예수 다라나 가마야 다사명 나막끼리 다바이암 알야

—「다라니경」중(VI)

「다라니경」은 큰 시장이나 거리에서 스님이 목탁을 두드리고 경

전을 외면서 시주를 기다리는 흔한 장면을 시화한 작품이다. 오규원은 경전의 고급한 문체와 시장 바닥의 저급한 문체를 병치시켜 경전의 무게감을 덜어낼 뿐만 아니라 희화시키고 있다. 무슨 뜻인지 알 수 없는 범문梵文을 그대로 인용해 신성한 분위기를 연출하면서, 이와 반대로 괄호를 사용해 '남대문 시장'의 일상적인 대화 그것도 가장 저속한 대화를 삽입하고 있다. 일반적으로 다라니경을 독송하면 스스로 광대무변한 의의를 터득하여 온갖 장애를 제거하여 각종 공덕을 받는다고 한다. 이 시에서는 이런 본래적인 독송讀誦의 의미는 전혀 배제되고 있다. 아니 희화적으로 과장되고 있다. 알 수 없는 독경 소리와 괄호로 묶인 인간들의 비속한 목소리를 대비적으로 병치시킴으로써 종교적인 경건성은 세속화된 현실 속으로 함몰되고 있다. 시인은, 성聖과 속俗의 경계란 구분할 수 없다는 아니 구분되지 않는다는 것을 꼬집고 싶었을 것이다.

　이렇게 경전화된 기성의 텍스트들을 끌어모으면서 시인이 노리는 것은 과연 무엇일까. 여러 텍스트들을 혼성함으로써 그는, 텍스트가 반드시 지녀야 된다고 믿어온 정당성 내지는 총체성에 대한 신념을 와해시켜버린다. 앞으로 이러한 혼성모방은 점점 더 일반화될 것이며, 그런 현상은 좋은 작품과 나쁜 작품의 구별을 모호하게 할 뿐만 아니라 끝없는 표절시비를 불러오거나 표절시비 자체를 불가능하게 할 수도 있다. 때문에 이같은 혼성모방적 패러디가 독자적으로 살아남기를 원한다면, 원텍스트와 구별되는 새로운 어떤 것을 지녀야만 할 것이다. 보다 새로운 가치와 의미 내용을 효율적으로 충족시킬 수 있는 현실적이고 미학적인 문제를 염두에 두어야만 할 것이라는 말이다. 즉 패러디한 현실적 주목적이 어디에 있느냐, 결과적으로 원텍스트보다 더 나은 혹은 성공적인 미적 가치를 가지고 있느냐에 해당하는 문제일 것이다. 오규원의 혼성모방적 끌어모으기는 원본, 독창성, 주체 등과 함께 언급되는 텍스트의 정당성에 대한 부정의식에 기반하고 있다는 점에서, 그리고 그것이 현실적 문맥을 함께 끌어들임으로써 새로운 가치와 의미를 창출하고 있다는 점에서 긍정적 의미를 찾을 수 있다.

5 기능화된 언어의 방법적 인용—정치적·물질적 욕망의 부정

지금까지의 논의는 과거 텍스트와의 관계를 중심으로 오규원 시의 패러디 양상을 살펴보았다. 그렇다면 이제 동시대적인 타장르와의 관계 측면에서도 주목해 봐야 할 것이다. 오규원은 시와는 무관한 상품광고, 텔레비전의 광고화면, 영화, 대중잡지와 같이 기능화되고 수단화된 언어를 시에 반영하여 시의 언어를 확대시키고 있다. 특히 상업적 선전문구를 그대로 도입하는 오규원의 작업은 모험적이고 선구적이다. 또한 대중의 감수성에 쉽게 접근할 수 있다는 점에서 대중적이기도 하다.

1. '양쪽 모서리를
함께 눌러주세요'

나는 극좌와 극우의

양쪽 모서리를

함께 꾸욱 누른다

2. 따르는 곳
⇩
극좌와 극우의 흰

고름이 쭈르르 쏟아진다

— 「빙그레 우유 200ml 패키지」 중(Ⅴ)

    제임슨이나 르페르브가 지적한 대로 현대인의 일상은 소비와 직결된다. 상품광고는 끝없는 물질적 풍요를 부추기며 인간을 욕망의 화신으로 만든다. 이때 광고 전문가는 단순히 상품을 소비자에게 소개하는 매개자가 아니라 현대사회의 조물주이자 전능한 마술사가 된다. 소비자는 생산자가 자극하는 욕구와 욕망에 따라 유도되며 그 욕구와 욕망을 자극하는 역할을 바로 광고가 담당하고 있기 때문이다. 그런 점에서 광고는 허위와 욕망을 자극하고 키치를 조작한다. 광고문안을 그대로 인용하는 오규원의 화법은, 속물스러운 세계에 대한 문명비판적 성격을 띨 뿐만 아니라 기존의 서정시에 대한 낡은 믿음을 부정하고 있음을 간접적으로 시사한다. 세계가 속물스러울수록 그 세계에 대한 오규원의 응전은 그 속물스러운 세계의 화법과 똑같아지는 것이다. 속물스러운 광고문안을 방법적으로 인용하여 그 속물스러운 세계에서 벗어나고자 하는 것이리라. 또한 이러한 소비 사회의 상품광고에 의해 인간은 물론 시의 언어도 상품처럼 소비되고마는 일시적이고 덧없는 존재라는 사실을 암시하려는 의도로 읽힌다.

형태적 특수성으로 인해 자주 언급되는 인용시 「빙그레 우유 200ml 패키지」는 종이팩 우유에 새겨진 사용설명문안을 보며 당대의 정치현실을 풍자한다. 이 시의 기본 구조는 광고문안과 정치현실이라는 두 틀의 병치다. 그같은 병치는 우유갑의 양쪽 모서리 : 극좌와 극우, 우유 : 이데올로기, 빙그레 : 오월의 정치현실과 같이 대비적으로 전개된다. 시인은 우유를 개봉하거나 따르는 것이 사용설명문안의 일부인 화살표가 없는 다른 쪽에서도 가능하다는 상식에서 출발한다. 그리하여 "▷를 따라 / 한 모서리를 돌면 // 빙그레 — 가 없다 // 다른 세계이다"처럼 방향을 달리 하면 '빙그레'가 없다는 사실을 확인한다. 여기서 '다른 세계'란 좌우 이데올로기가 흑백논리로 지배하지 않는 곳일 게다. 그래서 "⇧ 따르는 곳을 따르지 않고 / 거부"하고 '다른 세계'로 옮겨 가고자 하는 시인의 태도는, 우유갑의 상품설명서도 시어가 될 수 있다는 시정신의 자유로움을 시사할 뿐만 아니라 사용설명서와도 같은 규범적 사고와 질서를 거부하는 의미를 담고 있다. 다시 말해 일상으로 굳어진 낯익은 시의 형식을 위협하고 낯설게 함으로써 광고가 내포하고 있는 정치성과 우리를 억압하는 경직된 정치 이데올로기를 폭로하는 의미를 담고 있다 하겠다.

드봉 미네르바
브라 스스로가 가장 아름다운 바스트를 기억합니다

비너스 메모리브라
        국회의원 선거 이후 피기 시작한
      아이비 제라늄이 4, 5월이 가고
꽃과 여인, 아름다움과 백색의 피부,
그곳엔 닥터 벨라가 함께 갑니다. 원주통상
          6월이 되었는데도 계속 피고 있다
착한 아기 열나면 부루펜시럽으로 꺼주세요
       여소야대 어쩌구 하는 국회가
까시렐-빠르쟌느의 패셔너블센스
     말의 성찬이 6월에서 7월로 이사하면서

— 「제라늄, 1988, 신화」 중(VI)

  들여 쓴 부분과 내어 쓴 부분은 언뜻 봐서 직접적인 관련이 없어 보인다. 두 파편적 사실들의 병렬적 배치처럼 보인다. 그러나 이같은 병치는 우리에게 들여 쓴 부분과 내 쓴 부분을 등가로 읽을 것을 유도한다. 그렇게 읽다 보면「빙그레 우유 200ml 패키지」처럼 정치와 광고가 겹쳐진다. 이 역시 '말의 성찬'에 불과한 일상적인 광고들을 인용해, 실속 없는 언어들이 남발되는 정치현실을 풍자적으로 재현하려는 시인의 의도적 산물이다. 우리의 정치언어가 과장되고 말초감각적인 광고문안의 나열과 같다는 지적은 우리 정치현실을 향한 직접적인 비판보다도 더욱 강렬한 풍자의 공간을 경험토록 한다. 간접화된 이 교차읽기 cross reading의 과정에서 우리는 패러디의 또 다른 재미 혹은 즐거움을 느낄 수 있다.

> 선언 또는 광고 문안
>
> 단조로운 것은 생生의 노래를 잠들게 한다.
> 머무르는 것은 생生의 언어를 침묵하게 한다.
> 인생人生이란 그저 살아가는 짧은 무엇이 아닌 것.
> 문득 — 스쳐 지나가는 눈길에도 기쁨이 넘치나니
> 가끔은 주목받는 생生이고 싶다 — CHEVALIER
>
> ―「가끔은 주목받는 生생이고 싶다」 중(Ⅴ)

　　이 시는, 아니 이 광고는 생에 대한 잠언적 문장들로 가득 차 있다. 무관심으로 서로가 서로를 소외시키는 현대사회에서, 타인으로부터의 관심이나 주목은 인간의 가장 본능적 욕망일 게다. 그러한 욕망의 또 다른 이름을 시인은 '슈발리에'라는 구두 광고문안 속에서 찾는다. 구두에 집약된, 주목받고자 하는 욕망은 '슈발리에'라는 환상적인 이름과 함께 우리에게 쉽게 다가온다. 그러나 그것은 가짜 욕망, 최면, 허위의식, 물질적 속물성으로 특징지워지는, 상업주의가 표방하는 가짜의 '주목'일 뿐이다. 무슨 상품을 이용하면 어떻게 된다는 식으로 광고는 상품과 아무런 연관 없는 조작된 이미지를 판매한다. 그러나 그 상품을 사용해도 삶의 본질은 변화하지 않으며, 그 상품을 사용하지 못하는 이들만을 소외시킬 뿐이다. 이 시에도 시인은 광고언어와 그 의미내용 간의 불일치, 즉 기호가 그 의미내용를 배반하는 현상에 주목하고 있다. 인용시들 외에도 「해태들菊花국화」(Ⅴ), 「목캔디」(Ⅵ), 「그것은 나의 삶」(Ⅴ), 「롯데 코코아파이 C.F.」(Ⅴ) 들도 상품 광고시에 속한다. 「NO MERCY」(Ⅴ), 「그는 아직도

팔굽혀펴기를 하고 있다」(Ⅵ)에서는 영화를, 「환멸을 향하여」(Ⅵ)에서는 신문사진을 대상으로 하기도 한다. 이렇듯 오규원은 낯익은 광고문안을 시적 문맥으로 재조립하여 자본주의 사회의 광고문화와 이 광고문화에 오염되어 있는 우리의 일상을 풍자한다. 광고라는 가장 대중적인 감수성으로 허위로 가득 찬 가장 세속적인 정치적·물질적 현실을 반영해내고 있다. 여기서 우리는 예술과 일상적 삶의 경계가 붕괴되는 근본적인 해체를 경험하게 된다.

6 서늘한 패러디 정신—부정과 해방을 위한 '기교'

관념화되고 기능화된 언어를 시의 언어로 전환시키는 오규원의 패러디 정신이 어디에서 비롯되고 어디까지 나아갈 수 있는가를 물어야 할 때다. 그의 패러디는 억압적인 현실과 그 현실을 지탱하는 타락한 언어들이 가진 무한한 허위의식을 드러내려는 전략과 맞닿아 있다. 억압적인 모든 것으로부터 해방되기 위해서 억압하는 그 자체를 노골적으로 드러내고 그것을 부정하고 해체하려는 것이다.

> 그것은 당신의 病병입니다
> 믿음 또는 고정관념이란.
> 보십시오, 선은 움직입니다
> 존재하는 그때의 양식 그만큼

누가 움직이고 있는 그만큼.

— 「우리집 아이의 장난」 중(Ⅳ)

　사회적 관습이나 규범화된 시양식에 길들여진 경우 시적 사고는 물론 상상력까지도 길들여질 수밖에 없다는 것이 그의 지론이다. 모든 길들여짐은 억압 그 자체이다. 그것을 시인은 '고정관념'으로 명명하고 있다. '병'으로 인식되는 '고정관념'이란 구체적으로 과거 텍스트의 관념화된 의미나 양식에서부터, 자본주의의 정치·경제적 구조와 그 구조를 포장하는 수단화되고 도구화된 언어에 이르기까지 실로 다양하다. 이때 굳어진 '고정관념'의 '선을 움직여주는' 것이 바로 패러디인바, 그처럼 다양한 '고정관념'들에 대한 빈정거림이나 비꼼, 야유를 근간으로 하는 패러디의 양상 또한 다양할 수밖에 없다. 이는 스스로 언급한 바 있듯 "사물이라든지 관념이라는 것은 있는 그대로 보면 잘 보이지 않아요. 그럴 경우 뒤집어보거나 비틀어 보거나 까발려 보거나, 아니면 멀리서 떨어져 보거나, 어떤 형태로건 낯설게 보려는"(『문학정신』 1991년 3월) 행위의 소산이기도 하다. 낯설게 보려는 일체의 행위는 곧 사물이나 관념의 제 모습을 보여주는 일이자 우리의 감각을 자유롭게 풀어주는 일이다. 그 뒤틂이 주는 자유로움으로 인해 우리는 해방감과 재미를 느낀다. 그는 "내가 쓰는 모든 시는 해방의 이미지다"고 말한 적이 있는데, 그의 패러디 시들은 예술과 삶이, 문학적 언어와 비문학적 언어가, 과거와 현재가, 텍스트와 텍스트의 간극이 붕괴되고 장르가 해체되는 해방적 유희를 경험하게 해준다.

시인 오규원은 언어에 대해, 현실에 대해 늘 서늘한 시선을 견지한다. 이 서늘한 부정의 정신을 기반으로 하는 오규원 시의 패러디는 현실모방을 포기한 언어가 아니라 오히려 그가 살았던 현실에 철저하게 뿌리를 내리고 있다. 그런 의미에서 그의 방법적 패러디는 그가 몸담았던 한 시대를 대변하는 시형식으로 자리잡는다. 현실주의자로서의 일관된 면모일 것이다. 이는 또한 현실반영 혹은 현실에 대한 총체적 인식의 결여라고 지적되는 패러디의 한계에 대한 반증이기도 하다. 그러나 이러한 현실 응전의 양상은 현실에 대한 적극적인 의미의 대항이 아니라 '시쓰기의 전략'으로써의 방법적 응전이라는 점이다. 말하자면 물신주의에 물들어 있는 스스로를 인정하기 위한, 그러한 스스로를 서늘하게 바라보기 위한, 산업사회 속에서의 물신주의의 한계를 드러내기 위한, 물신주의를 배경으로 기교의 한계를 드러내기 위한 방법적 기교라는 것이다. 그 기교는 한 마디로 언어와 현실이 다다른 막다른 골목에서의 절망적 모색과정이라 할 수 있다. 자유롭기를 바라는 시인이란 자신이 구속되어 있음을 진실로 절망하는 자이기 때문이다.

　부정와 해방의 이미지 속에서 그의 패러디 시는 끊임없이 새롭게 변모하였다. 풍자와 아이러니로 무장한 방법적 회의와 부정을 통해 고정된 세계에 안주하지 않고 늘 새로운 면모를 시도할 수 있는 기본 동력을 패러디가 담당했던 것이다. 더불어 앞으로 전개될 그의 패러디 시 또한 그 가능성을 새롭게 보여주기 위해 또 다른 부정의 대상과 방법을 찾아야 할 것이다. 되풀이하는 방법 자체가 되풀이되었을 때 우리에게 더이상 새로울 건 없다. 때문에 그는 지금까지 오고도 늘 출발점에 있다. 그것이 한 시대를 탁월하게 묘파해낸 서늘한 패러디스트의 절망적 운명이다. 그리하여 우리는 '우리의 사랑은 언제나 되풀이된다'로 시작되는 그의 시 「콩밭에 콩심기」(Ⅲ)를 다음과 같이 패러디해 읽는 것이다.

우리의 시쓰기는 언제나 되풀이된다.
되풀이가 技巧기교임을 안다고 해서
우리의 시쓰기가 進化진화하지 않는다고 해서
너나 나나 일이 끝난 건 아니다.
이것이 그의 패러디의 출발점이다 그의 技巧기교이다.

구도求道의 신화와 알레고리 시학

최승호론

1 알레고리적 충동과 변기의 선船 · 禪 · 仙

알레고리가 새롭게 주목받고 있다. 역사의 부재와 신화의 부활, 아득한 태고적 영웅과 순수에의 노스탤지어, 대중적인 공감과 손쉬운 계몽적 권위, 속전속결의 순간적 유머와 재치, 의미화되지 않은 파편으로서의 흔적……. 최근 활성화되고 있는 알레고리에 대한 담론들 속에서 알레고리를 설명할 때 자주 쓰이는 용어들이다. 이제 알레고리는 단순한 수사학의 차원을 넘어 세계에 대한 인식체계로 그리고 언어와 문학의 조건으로 그 현대적 위상이 확대되고 있다. 이같은 경향은 알레고리의 개념을 극단적으로 넓힘으로써 구체적인 작품 분석의 잣대로서의 기능을 반감시키고는 있으나 알레고리가 최근 문학의 한 흐름으로 진단될 수 있는 배경을 제공하기도 한다.

알레고리에 대한 현대적 해석의 관점을 제공한 이는 벤야민이었다. 그는 사물이 지니는 우발성·임의성·단편성으로부터 알레고리적 충동이 유발된다고 주장하면서, 일관된 목표를 상정하지 않은 채 우연적인 단편들을 모아 놓은 몽타주가 바로 알레고리적 동기를 지닌 것이라고 피력한다. 나아가 드 만은 진리와 언어 자체에 회의를 품는 20세기 철학과 비평이론에 이 알레고리를 연결시키는데, 이때 알레고리는 근원(기원)과 그 흔적들 간의 거리를 뜻한다. 그것은 '차이'의 해석학이기도 한데 이 차이에는 시간성temporality이 개입한다. 시간성은 이것을 말하고 저것을 뜻하게 한다. 그리하여 알레고리는 궁극적으로 언어가 실체를 지칭하지 못하는 어긋남으로 확대되기도 한다. 따라서 드 만에게 있어 언어 혹은 문학이란, 결코 객관 세계를 인식할 수 없다는 그 불가능성에 대한 알레고리적 표현인 셈이다.

어쨌든 최근의 알레고리에 대한 담론은 기존의 알레고리에 대한 개념과는 사뭇 달라 그 개념상의 혼란을 가중시키고 있다.[1] 알레고리를 번역하는 용어 또한 우화寓話, 우언寓言, 우의寓意, 우유寓喩, 풍유諷

---

[1] 알레고리는 그리스어로 상이함alleon과 말하기agoreuein라는 뜻이 합해져서 만들어진 말이다. 오늘날 알레고리는 ① 수사적 알레고리 : '다른 것을 말하는', 즉 쓰여진 말과 의미하는 뜻이 다른 수사법, ② 창작적 알레고리 : 창작의 기법이나 문학의 양식 혹은 장르를 지칭한다(이때 알레고리는 의인화personification의 기법이나 의인화를 사용하는 작품을 포함한다). 또한 ③ 해석적 알레고리 : '비밀로 말해'진 것, 즉 작품의 겉에 숨겨진 속뜻이나 비의秘義를 찾아내는 해석 방법을 지칭하기도 하고, ④ 독서의 알레고리 : '옆으로 자리바꿈을 계속하는 환유적 읽기'라는 의미로도 확대된다(이때 알레고리는 읽기에 대한 읽기라는 점에서 메타적이고, 잇선 텍스트에 대한 또 하나의 다른 텍스트를 암시하기에 패러디적이다). 신광현, 「알레고리」, 『현대비평의 이론』, 1994 봄·여름호 / 권택영, 「언어의 수사성」, 『세계의 문학』, 1987 가을호 참고.

喩 등 가지각색이다. 그러나 가장 일반화된 의미에서의 알레고리란, 추상적인 개념을 다른 구체적인 대상으로 다르게 표현하거나, 어떤 개념이나 생각을 다른 형태의 이미지 혹은 이야기로 번역해놓은 일종의 비유적 표현법을 일컫는다. 도덕적 교훈을 목적으로 하는 수많은 우화fable와 비유담parable들[2]이 여기에 포함된다. 이때 알레고리는 필연적으로 의인화라는 수사적 방법과 일치한다. 하지만 수사학상의 의인화가 일시적이고 단편적인 것이라면 알레고리로서의 의인화는 계속적인 동시에 총체적이라는 데 차이가 있다. 때문에 대부분의 문학용어사전들에서는 알레고리를 '연장된extented 또는 혼합된mixed 메타포'라고 정의하고 있다.

그것이 고전적 개념이든 현대적 개념이든, 수사학적 개념이든 인식론적 개념이든, 알레고리스트란 경험 이전에 선험적인 초월의 실재를 가지고 있는 자들이다. 따라서 알레고리는 세계에 대한 절대적이고 보편화된 관념을 전제하고 이것의 예시와 비유로서 현실을 조합해서 제시한다. 특히 현대의 알레고리스트들은 이 '절대적이고 보편화된 관념'의 자리에 자신의 주관적 관념을 상정한다. 이런 점에서 현대 알레고리스트들의 작품 세계는 곧 그들 자신의 세계관을 드

---

[2] 우화fable가 동물이 주체, 화자, 대상, 행위자인 동물우화 형식을 일컫는 반면, 비유담parable은 인간이 주체, 화자, 대상, 행위자인 인간우화 형식을 일컫는다. 전자가 인간의 우행에 대한 풍자를 담고 있다면 후자는 풍자가 아닌 어떤 다른 목적, 이를테면 '진리'와 '법'에 대한 깨우침 등 진지한 가르침을 담고 있다. 뿐만 아니라 전자가 에피소드 위주의 장난기 섞인 희극적 요소를 띠는 반면 후자는 진지하고 철학적이다. 도정일, 「우화론」, 『문예중앙』, 1997 여름호 참고.11

러내는 예시물 혹은 비유물로서의 속성을 강하게 띠게 된다. "최초의 사랑은 관념적이었다. / 그런 사랑은 / 부풀었던 풍선다발처럼 터져버린다"(「新婦신부」-I)[3]라는 최승호 시의 한 구절은 알레고리의 선험성과 추상성을 가장 잘 반영한다.

현대의 물질적 조건 속에서 '본래적' 인간성의 상실이라는 최초의 관념, 그 파편들로 이루어진 최승호의 알레고리는 비의적秘義的이다. 뿐만 아니라 그의 알레고리는 텍스트 간의 상호관련성 속에서 구축된다. 다시 말해 은유 혹은 상징과의 경계를 넘나들며 시인의 여러 텍스트에서 반복되고 변주됨으로써 보다 뚜렷하게 알레고리적 구조물로 구축된다 하겠다. 알레고리의 숙명적 특성인 '텍스트 밖으로의 지향성'이 문학과 문학 외적 요소의 결합을 불가피하게 만들 듯, 그의 알레고리 또한 7, 80년대 우리 삶의 총체성으로부터 끄집어낸 현실의 파편들을 조합해낸다. 이것이 알레고리스트 최승호 시가 가진 마력이며 그의 삶과 시를 통합시켜주는 힘이기도 하다. 최근에 발간된 우화집『황금털 사자』에서 시인은 알레고리를 보다 가시적 전략

---

[3] 시인 최승호의 출현은 신선했다. 80년대 문학의 양대 본산지인 문지나 창비로부터의 일발의 엄호사격도 없는, 게다가 학연이나 지연의 고리를 벗어난 데뷔였다는 점에서 그렇다. 그러나 무엇보다도 그의 시가 보여주는 언어들이 선행 언어들의 세례로부터 비껴 선 개성적인 것이었다는 점에서 그 새로움은 더했다. 그는 지금까지 8권의 시집과 한 권의 우화집을 낸 바 있다.『大雪注意報대설주의보』(민음사, 1983)-Ⅰ,『고슴도치의 마을』(문학과지성사, 1985)-Ⅱ,『진흙소를 타고』(민음사, 1987)-Ⅲ,『세속도시의 즐거움』(세계사, 1990)-Ⅳ,『회저의 밤』(세계사, 1993)-Ⅴ,『반딧불 보호구역』(세계사, 1995)-Ⅵ,『눈사람』(세계사, 1996)-Ⅶ,『여백』(솔, 1997)-Ⅷ,『황금털 사자』(해냄, 1997)-Ⅸ. 이 외에도 산문시집『달맞이꽃에 대한 명상』(세계사, 1993)이 있으나 여기에 수록된 대부분의 시들이『반딧불 보호구역』에 재수록되고 있기 때문에 이 시집은 제외한다.

으로 표방하고 있다. 그러나 그 이전부터 아니 초기시부터 그는 철저한 알레고리스트였다. 그의 모든 시를 꿰뚫는 화두가 구도求道이며 그 죽비가 바로 알레고리다.

최승호 시의 화두에 대해 얘기해야 할 차례다. 예술이 곧 종교의 다른 얼굴임을 알게 해주는 우리 시대의 희귀한 언어로 존재하는 그의 시는 두 가지 관점에서 조명될 수 있다. 첫째는 그의 시적 도정이 종교적인 구도求道의 알레고리를 취하고 있다는 점이며, 둘째는 그 과정에서 일관되게 알레고리적 장치를 활용하고 있다는 점이다. 그에게 있어 시인의 길이란 도道를 구하는 불교적 구도의 길이다. 언어에 의존한 고된 시적 도정이 자기 깨달음의 고행 과정과 일치하고 있기 때문이다. 따라서 똥칠이 되어도 아무것도 원하지 않고 아무것도 두려워하지 않는 '6尺척의 똥막대기'(「희귀한 聖者성자」-II)에 불과한 시인이 타고 가는 '변기선便器船'은, '변기선便器禪'이 되고 또 '변기선便器仙'(「꿈속의 변기선」-III)이 된다.

그러나 사실 선禪·仙이란 언어나 사고에 의해서는 이해될 수 없는 실재에 대한 생생한 경험 그 자체이다. 예시적이고 비유적인 시詩와 종교적인 선禪·仙 사이에는 분명한 차이가 있다는 말이다. 언어를 매개로 하는 시란, 그같은 선에 이르는 알레고리의 과정이지 선 그 자체는 아니다. 어차피 언어와 문학은 세계의 초월적인 진리와 본질에는 영원히 도달할 수 없는 시지프적 행위에 지나지 않는 것인지도 모른다. 최승호가 알레고리를 택한 것도 적은 말로써 많은 것을 말하거나 또는 초개인적이고 역사적인 선험적 직관을 예시하기 위해서일 게다. 알레고리가 초월적 실재를 향한 지향성을 간직한 채 그것과의 거리 혹은 차이를 보여줄 수 있기 때문에 시인 최승호의 인식적·창작적 방법으로 채택될 수 있었다는 말이다. 따라서 그의 알레고리 시들은 시인 내면에서 들끓는 욕망의 잔해들을 차가운 상징과 절제의 언어로 풀어내면서 행간에 많은 의미의 협곡을 만들고 있다. 중층적이고 난해한 이미지로 독자의 해석적 상상력을 자극하고 있는 것이다.

이제 그의 시들이 연계적으로 그려 보이는 구도의 과정을, 소를 찾아가는 수행과정을 열 단계로 간명하게 드러낸 십우도十牛圖[4]로 재구해보고자 한다. 나아가 개별 텍스트마다 알레고리임을 알리는 일정한 지표들을 중심으로 그 지표가 내포하는 작품의 내적 의미와 그 구체적인 발현 양상에 대해 세밀히 검토해보고자 하며, 그같은 알레고리적 구도가 이루어질 수 있었던 시대상황까지를 살펴볼 것이다. 심우尋牛, 참 자기自己에 이르는 길, 그 초월의 길 한가운데 들어선 최승호의 시적 도정은, 광기 혹은 환멸의 시대로 진단되는 8, 90년대를 향한 문학적 대응 양식으로 알레고리가 유효할 수 있음을 증명해 보이고 있다.

---

4 십우도는 송宋나라 때 임제종에 속하는 곽암廓庵이 쓴 것이다. 그는 불성佛性을 사람과 가장 친하고 근기根氣가 굳센 동물인 소에 비유하여 그 소를 찾아가는 과정을 열 장의 그림과 시로 표현하고 있다. 석가모니의 어릴 적 이름인 고타마Gautama가 소를 의미한다는 점도 중요하다. 그 열 단계는 다음과 같다 : ① 尋牛(심우 : 소를 찾아 나서다), ② 見跡(견적 : 소의 자취를 발견하다), ③ 見牛(견우 : 소의 모습을 보다), ④ 得牛(득우 : 소를 얻다), ⑤ 牧牛(목우 : 소를 길들이다), ⑥ 騎牛歸家(기우귀가 : 소를 타고 본가에 돌아가다), ⑦ 忘牛存人(망우존인 : 소는 간 곳 없고 사람만 남아 있다), ⑧ 人牛俱忘(인우구망 : 소도 사람도 모두 잊다), ⑨ 返本還源(반본환원 : 근원에 돌아가다), ⑩ 入廛垂手(입전수수 : 저자에 들어가 손을 드리우다, 즉 세상일에 힘쓰다).

2 '환幻'과 '색色'으로부터의 해방—정화의 길

> 힘 빠지고 마음 피로해 찾을 길 없는데
> 단지 들리는 것은 늦가을나무 단풍나무 매미 소리뿐
> —「심우(尋牛): 소를 찾아 나서다」

최승호 시의 발아점은 '숫소가 쿵 하고 드러누워'(「숫소」-I)버린 곳이다. 백정 앞에서 눈알을 부릅뜬 채 죽어가는 수소는 인간의 본원적인 모습(本心, 佛性)으로부터 소외된 현대인의 비극적 초상이다. 수소, 즉 '중생이 본래 갖추고 있는 청정한 성품'을 되찾고자 하는 시인은 현실의 고통스런 육체적 감각 혹은 환각들로 애를 먹는다. 시집 『대설주의보』와 『고슴도치의 마을』에 해당하는 이 단계는, 소를 찾아 길도 없는 광활한 들판이나 산 속을 헤매는 형국이다. 엄습해 오는 절망과 초조감에 보이는 것마다 소의 발자국 아닌 것이 없고 들리는 것마다 소의 울음 아닌 것이 없다. 시에서는 삐걱이는 기계들의 소동으로 얼룩진 '난세 속의 난시' 혹은 '色색의 난무'(「미궁」-II), 꿈 없는 잠을 바라면서도 꾸게 되는 '天然色천연색 악몽'(「꿈 속에서 꿈 밖으로」-II) 등으로 표상된다. 이 환각들은 크게 정치적 억압과 도시의 물질문명과의 싸움에서 비롯된다. 소를 찾기 위해 시인이 도착한 상징적 공간은 강원도 사북이다. 그곳에서 시인은 폭압적인 정치적 억압에 옴짝달싹할 수 없는 현실을 알레고리화함으로써 그 폭력성을 폭로한다.

쬐그마한 숯덩이만한 게 짧은 날개를 파닥이며……

> 날아온다 꺼칠한 굴뚝새가
> 서둘러 뒷간에 몸을 감춘다.
> 그 어디에 부리부리한 솔개라도 도사리고 있다는 것일까.
> 길 잃고 굶주리는 산짐승들 있을 듯
> 눈더미의 무게로 소나무 가지들이 부러질 듯
> 다투어 몰려오는 힘찬 눈보라의 군단,
> 때죽나무와 때 끓이는 외딴 집 굴뚝에
> 해일처럼 굽이치는 백색의 산과 골짜기에
> 눈보라가 내리는 백색의 계엄령.
>
> ─「大雪注意報대설주의보」 중(Ⅰ)

　　80년대 초는 누구도 부정할 수 없는 이념의 시대였고 폭압의 시대였다. 이 시기를 시인은 "굵직한 / 의무의 / 간섭의 / 통제의 / 밧줄에 끌려다니는 무거운 발걸음. / 기차가 언제 들어닥칠지 모르는 / 터널 속처럼 불안한 시대"(「상황 판단」-Ⅰ)라고 명명한다. 숯덩이처럼 까맣게 탄 '꺼칠한 굴뚝새'의 날개를 금새라도 덮쳐버릴 것 같은 '눈보라 군단'과 그 군단 뒤로 도사린 '부리부리한 솔개'는, 모든 내적·외적 폭력을 상징하는 탁월한 한 시대의 상징이다. 특히 해일처럼 굽이치는 백색의 산골짜기에 눈보라의 군단들이 몰고 온 '대설주의보' 혹은 '백색의 계엄령'은, 분쟁과 투쟁, 공권력 투입, 그리고 계엄령으로 이어졌던 80년대 정치현실에 대한 알레고리다. 거기에는 "증오와 증오의 투석이다 / 거리엔 집단적인 돌들이 깔려있었다"(「사북, 1980년 4월」-Ⅰ)로 변주되는 사북사태가, 광주사태가, 대한민국 전역을 뒤흔들었던 갈등과 투쟁이 깔려있다. 그것들은 또한 어떠한 색도 허용치 않는 백색이 상징하는 폭력적 권력에 대한 공포와, 쉴 새 없이 내림으로써 덮어버리려는 은폐와 고립의 위협이라는 양의적 의미를 환기한다. 그는 탁월하게도 한 시대를 '백색의 감옥'(「靈谷영곡에서」 — II)으로 형상화해 내고 있는 것이다.

현실반영이라는 측면에서 보자면, 알레고리는 다른 문학적 장치들처럼 직접적이거나 힘이 있는 것은 아니다. 비유적이고 우회적이기 때문이다. 그러나 80년대의 공포와 폭압을 이처럼 새롭고 간명하게 명명한 시인은 드물다. 그것도 알레고리를 통해서 말이다. 그의 시에 빈번히 드러나는 공포와 위협, 불안의 증후는 이처럼 역사와 현실에 회의적 시선을 보내는 시인의 시대인식에 그 뿌리를 두고 있다. 이렇게 보자면 최승호가 처음 알레고리를 택했던 동기는 사회적 관심과 문학적 형상화라는 두 마리의 토끼를 잡는 데 용이했기 때문인 것으로 보인다. 80년대라는 한 시대를 어떻게 표현하느냐 하는 방법론적 필요성 때문이었던바, 생경한 구호나 직접성을 피해 우회적으로 현실을 표현할 수 있었던 동시에 상징성을 통해 보편성을 획득할 수 있었던 것이다. 알레고리가 역사와 어떻게 조우하고 또한 그 조우로부터 어떠한 알레고리가 나올 수 있는가를 보여주는 대목이다.

「大雪注意報대설주의보」가 한 시대의 거대한 물리적 외압을 알레고리화했다면, 다음의 「北魚북어」는 그러한 외압에 눌린 개체적 인간 존재를 알레고리화하고 있다.

한 쾌의 혀가

자갈처럼 죄다 딱딱했다.
나는 말의 변비증을 앓는 사람들과
무덤 속의 벙어리를 말한 셈이다.
말라붙고 짜부라진 눈,
북어들의 빳빳한 지느러미.
막대기 같은 생각
빛나지 않는 막대기 같은 사람들이
가슴에 싱싱한 지느러미를 달고
헤엄쳐 갈 데 없는 사람들이
불쌍하다고 생각하는 순간,
느닷없이
북어들이 커다랗게 입을 벌리고
거봐, 너도 북어지 너도 북어지 너도 북어지

─「北魚북어」중(Ⅰ)

    알레고리는 보편적인 관념을 위해 특수한 사실을 서사화한다. 비유적 서사를 먼저 드러낸 후 축어적인 의미와 내포적인 의미 간의 연관 속에서 그 해석적 의미를 부여하기 때문이다. 최승호는 식료품 가게에 널브러져 있는 한 쾌의 북어를 비유적 매개로 자신의 자화상, 아니 우리 모두의 자화상을 그려 보인다. 말하지 못하고, 보지 못하고, 움직이지 못하고, 나아가 생각조차 할 수 없는 우리 삶의 모습이란 말라비틀어진 북어, 곧 주검과 다르지 않음을 역설하고 있다. 살아 있으나 이미 "죽어서 하루 더 손때 묻고 / 터무니없이 하루 더 기다"릴 뿐인, 억압적 체제의 희생물에 불과하다는 것이다. 특히 "너도 북어지 너도 북어지" 하는 외침으로 북어와 시인과 독자의 얼굴을 오버랩시키고 있는 마지막 부분은 섬뜩하면서도 익살스럽기까지 하다. 그 익살은 신선하고 해학적이며 전복적인바, 현대인의 우스꽝스럽고 곤혹스러운 삶의 국면들을 풍자적으로 잘 포착하고 있다. 이때 알레고리는 상당 부분 풍자와 맞물리게 된다. 지배체제의 물리적인 횡포와 그 억압에 정면으로 맞서 싸울 수 없는 나약한 현대인의 모습을 풍자하기 위해, 우회적 비유와 사실적 묘사, 자기폭로적 과장과 희화화를 적절히 섞어 인간 사회의 사회적 관계들을 알레고리화하고 있다.

현대인의 삶이 붕괴되고 파편화되었다는 시인의 자의식은 북어 외에도, 방부제가 발린 채 콧구멍도 주둥이도 혀도 귀도 눈도 지느러미조차 없는 쥐치, 먹을 거라면 환장하고 서로를 잡아먹는 시궁쥐, 장님에 벙어리 귀머거리가 된 비굴한 굴비, 사랑한다고 서로 부둥켜안고 서로의 목을 조르는 오징어, 희망이나 절망도 없이 모이통과 둥지와 막대를 왔다갔다 하는 길들여진 앵무새, 자기주장이나 의사표시가 거세된 채 끄덕이기만 하는 나무말 따위에도 동일하게 투사된다. 물기 빠지고 짓눌리고 줏대 없는 이같은 동물 이미지에 자본주의의 세례가 가해지면, 상표가 화려한 통조림 국물 속에 잠겨있는 송장덩어리, 돈만 넣으면 눈에 불을 켜고 작동하는 매춘부 혹은 황금교회 같은 자동판매기 등으로 변주된다.

이같은 일련의 동물(사물) 알레고리에서 주목해야 할 부분은, 의인화가 우의寓意를 싣기에 편리한 수단을 제공하고 있다는 점이다. 동물(사물)의 특성을 이용하여 자연스럽게 의인화함으로써 다른 서술을 줄일 수 있고 주제를 더욱 선명하게 할 수 있기 때문이다. 또한 일련의 동물(사물) 알레고리에는 예술적으로 형상화하는 데 필수적인 일정한 거리, 바로 사실적이면서도 환상적인 묘사법이 개입한다는 점도 주목해야 할 부분이다. "幻환인줄 알면서 幻환에 취해 / 실감나게 펼쳐지는 幻환을 끝까지 보"(「세속도시의 즐거움 1」–IV)고자 하는 극단적인 관觀의 태도가 그로테스크한 환각을 낳고 있다. 소를 보고자 하는 극진한 아집我執의 소산이기도 하다.

동물(사물)들의 의인화라는 동일한 알레고리적 구도에 의한 이같은 변주는 당대의 이데올로기와 권력구조를 선명하게 드러낼 수 있는 장점이 있는 반면, 그 선명성이 현실포착의 단순함으로 귀결될 수도 있다. 또한 이러한 변주는 동일한 알레고리적 구도에서 비롯된 여러 파편들인바, 알레고리를 시인의 관념을 조립하기 위한 현실의 파편들이라고 요약한 바 있는 벤야민의 알레고리, 즉 몽타주와도 상통한다.

3 '자루'로부터의 해방–조명의 길

> 온 정신 다하여 이 놈을 잡았으나
> 힘 세고 마음 강해 다스리기 어려워라
> ―「得牛(득우) : 소를 얻다」

시인은 이제 직접적이고 즉물적인 동물우화로는 후기자본주의 삶의 복잡성과 부조리성을 포착해내기 어렵다는 것을 자각한다. 비판적 전복성과 문화적 복합성을 동시에 소화해야 한다는 요청에 직면함으로써 소를 찾아가는 시적 여정도 전환의 기점을 맞게 된다. 시집 『진흙소를 타고』, 『세속도시의 즐거움』, 『회저의 밤』으로 집약되는 이 단계는 일체의 인간 욕망과의 싸움으로 요약된다.

시인 최승호는 이제 세속도시로 표상되는 일체의 진흙을 뒤집어 쓰고 가고자 한다. 그 진흙의 세계를 환幻으로 바라보던 이전의 태도와는 사뭇 대조적이다. 그는 이제 육체적 감각에 의존한 환각의 세계에 연연하기보다는 주체와 대상, 안과 밖, 위와 아래, 얻고 잃음을 모두 하나의 대상 안에 통합적으로 인식하고자 한다. 이 과정은 구별이나 경계의 해체를 목표로 삼는 '외로운 성자의 길'로 구체화된다. 자아가 현실을 내포하고 현실이 자아를 내포함으로써 자기도 없고 세계도 없는 곳에 이르렀을 때, 홀연히 소는 나타나는 것이리라. 그러나 아직 그 소를 다스리기는 어렵기만 하다. 자아와 타자 사이의 경계가 불쑥불쑥 나타나기 때문이다.

이 단계에서 본 소는 '자루', '무인칭', '회전문', '변기' 따위로 알레고리된다. 그것들은 모두 시작이나 끝도, 앞뒤도, 너나도 없는 무경계의 대상들인바, 전복적인 알레고리의 사유가 유감 없이 발휘될 수 있는 대상들이다.

> 자루의 밑이 터지면서 쓰레기들이 흩어진다, 시원하다.
> 홀가분한 자루, 퀴퀴하게 쌓여서 썩던 것들이
> 묵은 것들이 저렇게 잡다하게 많았다니 믿기 어렵다.
> 위에도 큰 구멍, 밑에도 큰 구멍, 허공이 내 안에

있었구나. 껍데기를 던지면 바로 내가 큰 허공이지.

—「세번째 자루」전문(Ⅲ)

　　최승호가 그려내고 있는 '자루'의 핵심은 위는 물론 밑까지 터진 두 개의 구멍, 즉 '위에도 큰 구멍, 밑에도 큰 구멍'으로 이루어져 있다는 데 있다. 윗구멍은 들어가는 입구 역할을 하는 욕망의 구멍이며, 밑구멍은 흩어져 나가는 출구 역할을 하는 허무의 구멍이다. 인간의 몸과 삶이 이 두 개의 구멍으로 압축되고 있는 셈이다. 여기서 더 섬뜩한 부분은 '껍데기를 던지면 내가 큰 허공이지'라는 마지막 구절이다. 욕망의 구멍과 허무의 구멍 사이가 '큰 허공'일 뿐이라는 인식은, 삶 일체로부터 비롯되는 욕망과 의식 그리고 그 결핍과 강요가 얼마나 허망한 것인가를 단적으로 보여준다. 위와 아래, 입구와 출구, 안과 밖이 모두 하나로 된 이 '자루'의 알레고리는 선禪·仙의 고유한 인식 방법인 현상학적 사유의 한 외화 형태다. 선의 고유한 사유방식이 자루의 현상학적 구조에 꽂힘으로 해서 개성적인 알레고리로 구축되고 있다.

　　자루 속의 허공은 다시 "나간다 / 들어온다 / 빈 손으로 / 나가서 / 들어오지 / 않는", '무인칭의 회전문'(「무인칭을 위한 회전문」—Ⅲ)으로 변주된다. 주지하다시피 개별적인 존재 자체를 추상화된 무인칭으로 인식한다는 것 자체가 바로 알레고리적 인식이다. 알레고리란 현실이 아니라 원래 그렇게 되어 있음의 세계를, 세계의 현실이 아니라 세계의 관념을 추려서 보여주기 때문이다. 게다가 돌고 도는 회전문이 '무인칭'이라는 사실은 보다 복잡한 시적 의미를 함의한다.

첫째로 무인칭은 익명화된 현실에 대한 비판적 맥락을 형성한다. 대량생산과 대량소비를 근간으로 몰개성화되고 사물화된 산업사회의 비극적인 삶을 환기한다 하겠다. 그러므로 무인칭화된 회전문이라는 비유에는, 들어왔다 나갈 뿐인 반복적이되 순간적인 삶의 조건 속에서 인간이란 한낱 파편화된 익명의 개별자에 불과하다는 메시지가 담겨있다. 둘째로 이 무인칭은 안과 밖, 너와 나, 있음과 없음, 여기와 저기의 구분이 없어지는 경계 해체의 맥락에 기여한다. 모든 욕망은 구별과 경계로부터 비롯된다. 따라서 무인칭으로 대변되는 시인의 경계 해체 의지는 일체의 속악한 자본주의의 문명과 그 욕망에 대한 비판과 맞닿아 있다.

> 흩어지면 여럿이고
> 뭉쳐서 있어 하나인 나는
> 이제 아무것도 아니다
> 왜 날 이렇게 만들어놨어
> 난 널 害해치지 않았는데
> 왜 날 이렇게 똥덩이 같이
> 만들어놨어, 그리고도 넌 모자라
> 자꾸 내 몸을 휘젓고 있지
> 조금씩 떠밀려가는 이 느낌
> 이제 나는 하찮고 더럽다
> 흩어지는 내 조각들 보면서
> 끈적하게 붙어 있으려해도

이렇게 강제로 떠밀려가는
便器변기의 生생, 이제 나는
내가 아니다 내가 아니다

— 「공한 인간 혹은 변기의 생」 중(Ⅲ)

시인은 이제, 삶이 소비적이고 퇴폐적인 욕망의 구멍이라면 그 끝의 죽음이란 배설의 구멍을 통과한 똥덩이의 흩어짐에 지나지 않는다는 인식에 이르고 있다. 이같은 허망한 인식은 스스로에게서 인간이라는 이름을 떼어버리고 '이제 나는 아무것도 아니다', '이제 나는 내가 아니다'라는 철저한 자기부정으로 이어진다. '변기'는 윗구멍으로 인간의 분비물을 받아들여 밑구멍으로 폐기하는 도구화된 공간이다. 인간 존재를 '흩어져 여럿이고 뭉쳐서 있어 하나인' 똥덩이에 비유한다면, 변기는 인간이 잠시 몸담았다 돌아가는 이 세계 자체에 대한 알레고리가 될 것이다. 그러나 '자루'와 똑같이 두 개의 구멍을 가지고 있다는 점에 주목해 보자면 입에서 항문으로 이어진 인간 존재에 대한 알레고리가 되기도 한다. 결과적으로 변기란 세계와 인간 존재가 알레고리화된 대상이다. 이 변기는 '生日생일이 忌日기일인'(「무인칭의 죽음」-Ⅲ) 무인칭들의 삶과 죽음이 하나로 연결된 직선의 공간 '자루'와, 순환의 공간 '회전문'이 결합해 변용된 것이다.

여기서 우리는 「대설주의보」의 '백색의 감옥'과 비견되는 '변기의 감옥'을 상상해볼 수 있다. 전자가 타자화된 세계에 대한 알레고리인 반면, 후자는 자아와 동일화된 알레고리라는 데 그 차이가 있다. 이처럼 '자루', '회전문', '변기'로 이어지는 세 개의 큰 구멍은 곧 세계의 구멍이자 인간 존재의 구멍이다. 구멍으로써 자신의 존재를 주장하고 있는 '밑빠진 虛허구렁'(「세 개의 변기」-Ⅲ)인 것이다. 이 단편들 역시 벤야민의 몽타주는 물론, 드 만의 '옆으로 자리바꿈을 계속하는 환유'와도 상통한다. 벤야민과 드 만의 알레고리가 은유와 환유의 대립구조를 와해시키는 기제이듯, 최승호 시의 알레고리도 은유를 환유로 전치시키고 있다.

익명성 혹은 경계 해체로 나아가기 위한 시인의 자기부정은 자신이 몸담고 있는 세계에 대한 부정으로 확대된다. 진흙소를 타고 저잣거리를 활보하면서 바라본 세속의 풍경이란 온통 일그러진 죽음 그 자체이다. 그 음산한 풍경들을 시인은 '세속도시의 즐거움'이라고 역설적으로 표현한다. 자본주의적 욕망이 일상화된 세속도시의 풍경은 '썩은 송장덩어리들'로 가득 찬 '부패'의 현장이다.

> 콸콸콸 철관에서 폐수의 폭포가 힘차게 쏟아지고, 부글부글 거품의 소용돌이에 죽은 시궁쥐가 뜬다. 대낮의 장엄한 소용돌이, 도시 한복판으로 검은 기관차가 무개차들을 끌고 지나가고, 살아남은 태아들이 철뚝길에 나와 깔깔깔거리며 놀고 있다.
>
> —「대낮」 중(Ⅲ)

> 무뇌아를 낳고 보니 산모는
> 몸 안에 공장지대가 들어선 느낌이다.
> 젖을 짜면 흘러내리는 허연 폐수와
> 아이 배꼽에 매달린 비닐끈들.

> 저 굴뚝들과 나는 간통한 게 분명해!
>
> ―「공장지대」 중(IV)

　부패와 죽음 역시 또 다른 해체의 과정이다. 부패의 폐수와 거품이 소용돌이치는 도시 한복판에는, 살해당한 태아들과 간신히 살아남은 태아들이, 혹은 배꼽에 비닐끈을 매단 무뇌아들이 깔깔거리며 돌아다닌다. '썩은 송장덩어리들'로 가득 찬 이 세계를 시인은 '壞疽(회저)의 밤'으로 표상한다. 회저 혹은 괴저란 신체 조직의 일부가 썩어드는 병을 말한다. 그것은 "단숨에 죽는 자가 아니라 고통을 겪을 만큼 겪으면서 느릿느릿 죽어 가는 자의 병"(「회저의 시간」-Ⅴ)이다. 절망적인 삶에 대한 암시적이고 상징적인 징표들이다. 과장된 그로테스크에 의해 비현실성이 강조될수록 세계에 대한 부정의 정신은 강화되고 그의 시는 더욱 알레고리화된다.
　더불어 그의 알레고리는 당대 현실, 즉 세속도시와 도시문명 자체에 대한 회의와 비판이라는 선명한 의미의 중심을 가지게 된다. 이때도 알레고리와 풍자가 서로 밀접한 관계임을 암시해주고 있는데, 알레고리적 단편들이 풍자의 세부적 표현과 명확한 관점을 획득하였을 때 가능성이 큰 문학형식이 된다는 사실을 입증해주고 있다. 시인은 이제 "육신의 회저壞疽로써 / 가벼워지는 영혼의 향기"(「담쟁이덩굴에 휩싸인 불도저」-Ⅴ)나 "온몸의 살이 썩고 / 온몸의 뼈가 허물어져서 / 재 밑의 재"(「회저」-Ⅴ)가 되는 과정에 관심을 기울인다. 세계와 자아에 대한 철저한 부정, 즉 부패와 죽음의 형상이 '재'로 나타나는데, 그 재가 윤회하는 재라는 점에서 부패와 죽음은 더욱 완벽하게 완성된다. 사라짐이 거듭남과 일치하고 있는 셈이다. 부패와 죽음이 만연한 세계는 철저한 해체의 과정을 겪고 이제 새롭게 태어난다.

> 진흙 위에 희미하게나마
> 길들이 태어난다
> 몸과 하나 되어
> 꿈틀거리는 길들이
> 알몸의 문자가
> 행위의 시가
> 저렇게 태어난다
>
> ―「진흙 위의 예술」 중(IV)

> 흩어지는 것이 어디 똥뿐이랴
> 성자들의 몸뚱이도 바다 밑의 눈사람이다
>
> ―「외로운 聖者」 중(IV)

온몸으로 문자도 '없이', 길도 '없이', 눌러 찍는 힘도 '없이', 진흙밭을 꾸물꾸물 기어가는 지렁이야말로 '자루'와 '무인칭'과 '똥'의 결합체다. 그것은 하나이자 여럿이며, 몸이자 진흙이며, 행위이자 길이다. 그리하여 '흩어지는 똥'은, 진흙소를 타고 진흙과 한 몸 되어 포복하는 '성자의 몸뚱이'가 되고, '바다 밑의 눈사람'이 된다. 시인이 보기에 성자란 "집도 我相아상도 다 던져버리고" "감히 안이 무너져 바깥 없는 그들의 열린 마음"이다. 그리고 '허공'을 가진 자며, "지금도 텅 비어 살아 움직이는 외로운 고요"(「외로운 聖성」-IV)를 간직한 자다. 그처럼 외로운 성자는 이제 바다 밑 눈사람과 같은 부재를 지향한다. 이로써 시인은 "無무로서 無門무문을 돌파하는 / 죽음, / 내가 아니라 다른 것들이 / 숨쉬기 시작하는 죽음, / 우리는 죽어 새로운 흐름 속으로 흘러들"(「수족관」-IV)어 갈 차비를 갖춘다. 소의 고삐를 잡기 위한 주체와 세계와의 탐색전은 일단락나고 이제 소의 잔등이에 올라탄 셈이다.

4 '맨홀'과 '눈사람'과의 합일—각성의 길

> 채찍과 고삐, 소와 사람 모두 비어 있으니 (…중략…)
> 붉은 화로의 불꽃이 어찌 눈[雪]을 용납하리오?
> ―「人牛俱忘인우구망 : 소도 사람도 모두 잊다」

『반딧불 보호구역』, 『눈사람』에 해당하는 이 각성의 단계를 시인은, "진심이 내 안에도 진흙 속의 푸른 하늘처럼 펼쳐져 있음을 일깨우는 저 범종소리"(「저녁의 범종소리」-VI)로 형상화하고 있다. 그 범종소리 역시 소에 대한 또 다른 비유다. 그는 이제 온갖 부패와 죽음을 견디고 살아 남은 것들이나 다시 새로워지는 것들에 관심을 기울인다. 물론 이 단계에서 소와 사람의 경계는 모두 사라진다. 시인은 침착하다. 마음은 맑아지고 더럽고 하찮다거나 성스럽다는 생각도 없다. 수행도 깨달음도 없고, 자기도 세계도 없고, 시쓰기 혹은 저

자라는 개념도 없어진다. 이같은 개안開眼을 초래하는 그 절정의 순간을 언어화한다는 것은 불가능하다. 그와 같은 순간은 인간의 의식으로는 개념화시킬 수 없는 것이며 단지 부재를 통해서만 감지될 수 있을 뿐이다. 최승호 시에서 그 적멸의 순간은 '눈사람'으로 알레고리된다.

> 길이 없다니…… 아무데서나 내린다
> 그을음을 부둥켜안은 눈송이들이
> 눈앞에 떨어진다
> 맨홀에 눈이 내린다
> 맨홀 속으로
> 찢어진 연꽃같은 눈송이들이……
>
> ―「맨홀에 내리는 눈」 중(Ⅶ)

> 눈사람이 녹는다는 것은
> 눈사람이 불탄다는 것,
> 불탄다는 것은
> 눈사람이 재로 돌아가고 있다는 것,
>
> ―「눈사람의 길」 중(Ⅶ)

회저의 중심지 '맨홀 속'으로 내리는 '찢어진 연꽃같은 눈송이들'에는 성聖과 속俗, 재와 물, 날개와 몸, 사라짐과 거듭남이 어우러지고 있다. 눈은 언젠가는 녹고, 녹은 물은 이미 눈의 차가움도 그 형체도 사라지고 만다. 때문에 이 시기의 시들에서 '녹는다(물이 된다)'는 자주 반복되는 핵심 술어가 되는데, 그것은 '불탄다(재가 된다)'와 동의어로서 '흘러간다는 것'이고 또 '돌아간다는 것'이고 그것은 또 '머물 수 없다는 것'을 의미한다. 특히 "나는 얼음학교를 다니면서 얼음이 되어버렸다"나 "결빙의 세월을 길게도 나는 살아왔다. 빙하기로 기록해 둘 만한 자아의 역사!"(「얼음의 자서전」-Ⅷ)와 같은 구절들을 염두에 두고 볼 때, 이 '녹는다'는 술어에서 우리는 이전 시세계와의 변별되는 또 다른 의미의 풀림 혹은 사멸의 기운을 엿볼 수 있다.

그리하여 사멸과 정화로 빚어진 '눈사람의 재'는 잿물이 되고, 잿물은 삶은 빨래가 되고, 빨래는 흰 모래밭이 된다. 그리고 잿물을 끓이는 장작이 되고, 빨래터의 시냇물이 된다. 또한 그같은 재에 의해 시인은 빛을, 탯줄을 끌고 오는 사람이 되기도 한다. 그 '눈사람의 재'가 비상의 힘을 부여받아 자취도 '없이' 모습도 '없이' 우화羽化하면 '재를 뚫고 날아가는 무상無上의 새'(「모습 없는 새」-Ⅴ)가 되는 반면, 지상으로 가라앉으면 흐르는 물이 된다. 그리고 이 재는 다시 눈사람을 태어나게 하는 질료가 된다. '흘러간다', '돌아간다', '오래 머물 수 없다'는 술어로 요약되는 눈사람의 길이 부재와 생성의 우주적 순환에 대한 알레고리가 되고 있다. 그 길에서는 자연과 인간의 경계는 사라진다.

이 시기의 시들에서 '없이'라는 부정어가 자주 반복되고 있다는 사실도 주목을 요한다. 반복되는 '없이'는 생성으로 나아가기 위한 부재, 그 사라짐을 향한 집요한 지향성을 단적으로 드러내주기 때문이다. 이같은 지향성은 시쓰기에 대한 사유에서도 드러난다. 「만년

필」이라는 시에서 시인은 만년필萬年筆과 만년설萬年雪의 동일 접두어에 착안하여, 글을 '쓰는' 행위를 눈사람을 '만드는' 행위에 비유하고 있다. 뿐만 아니라 "사라짐으로 저자는 영원히 글쓰는 자가 된다. 사라지지 않는 문자에 육체를 절여 넣고, 그는 낡은 외투처럼 사라지는 것이다"(「얼음의 책」-Ⅶ)와 같은 구절에서는, 영원하지 않고 언젠가는 사라진다는 점에 주목하여 책(문자)을 얼음에 비유하고 있다. 눈사람에 대한 명상이, 글을 쓰는 시인 자신의 존재에 대한 혹은 시인 성자의 길에 대한 명상으로 집약되고 있다. 절대적 부재 혹은 소멸을 향한 덧없는 사라짐은 눈사람 아니 모든 존재의 운명이다. 특히 시인은 사멸인 동시에 환생인 눈사람이야말로 "인간이 만든 지상의 예술 가운데 / 가장 순결한 걸작"(「눈사람 전시회」-Ⅶ)이라고 한다. 이 눈사람에 이르러 소와 사람 사이의 경계도 비로소 해체된다.

　소멸되면서 새롭게 태어나는 순간을 지향하는 알레고리스트 최승호는 이처럼 선적禪的 각성을 불러일으키는 모순과 역설의 언어를 선호한다. 하나의 메시지가 아닌 복합적인 메시지, 특히 정반대되거나 상충되는 메시지를 하나의 대상 속에 엮어 넣음으로써 깨달음에 이르고자 하는 것이리라. 이럴 경우 독자는 때로 알레고리의 주제를 명확하게 파악할 수 없는 곤경에 빠질 수도 있다. 그럼에도 불구하고 비결정성 혹은 결정불가능성이 그의 알레고리의 새로운 교훈이 되며 이때 독자는 비의적인 아포리아를 경험하게 된다. 최승호가 '무궁한 뜻을 함축하여 말 뒤에 숨은 의미를 전한다'는 알레고리를 시적 전략으로 선택한 이유일 것이다. 따라서 최승호 시에서처럼, 알레고리가 가진 고도의 개괄성과 추상성은 시적 의미에 융통성을 부여하며, 각기 다른 시대의 사람들이 각기 다른 각도에서 그 의미를 취사선택할 수 있도록 한다. 이같은 비의적 알레고리는 그러므로 시간이 지날수록 더욱 새로워진다.

5 '말라가는 변꼭대기'에 앉아 — 회귀의 길

> 근원으로 돌아가 돌이켜보니 온갖 노력 기울였구나
> 차라리 당장 귀머거리나 벙어리 같은 것을
> ―「返本還源(반본환원) : 근원으로 돌아가다」

　최근의 최승호는 현실만한 넓이의 품을 벌려 현실의 '있는 그대로'를 감싸안고자 한다. 세속적 깨달음 혹은 소박한 생명회복의 비전을 발견한 후 다시 현실로 돌아와 있다 하겠다. 근원으로 돌아와 보니 현실 속의 소는 있고 또 없다. 소를 찾아 나선 이래 마주치는 대상이나 대상에 대한 생각 하나 하나가 오히려 소의 모습이 아니었던가를 깨닫는 시인은 이제, 보지 않으면 안팎을 함께 보지 않고, 보면 전체를 보려 한다. 이같은 회귀는 소멸과 생성, 하나와 여럿을 동시에 긍정하는 존재론적 전환이다. 따라서 세계를 향해 위악적으로 열려 있던 그의 감각들은 이제 자신의 내부와 연결된 외부의 힘, 즉 나와 세계와의 연결고리를 다스리는 데 집중된다. 『여백』, 『황금털사자』가 이 단계에 속한다.

　축복해 주십시오. 구더기에서 벗어났습니다. 날개라는 선물도 받앉구요. 그런 내가 다시금 왜 구린내 나는 데 달라붙어 사는지 나도 모르겠네요.

> 날개를 접은
> 파리 한 마리
> 말라가는 변꼭대기에 앉아
> 변 더듬던 앞발로
> 뒤통수를 긁적인다.
>
> ―「파리」 전문(Ⅶ)

날개에 의지해 어디든 날아다닐 수 있지만 결코 똥더미를 떠날 수 없는 똥파리의 생태를 정확하게 묘파해내고 있는 이 시는 시인의 현재 위치와 상황을 단적으로 보여준다. 구더기 상태를 벗어나 날개를 얻었음에도 여전하게 똥더미 꼭대기에 앉아 있는 파리는 시인의 모습과 크게 다르지 않다. 파리에게 있어서 날개란 존재론적 비약을 가능케 한다. 그러나 그의 파리는 다시 '변꼭대기'에 내려앉아 '변 더듬던 앞발로 / 뒤통수를 긁적'이고 있는 것이 아닌가? 소를 찾아 나선 시인이 이제 소를 타고 저잣거리 한가운데 앉아 뒤통수를 긁적이며, '소찾기' 자체에 대해 '과연 나와 소와 저자가 무엇이 다른가'라고 되묻고 있는 것만 같다. 알(삶)을 닮았으나 껍질(죽음)이 없고 노른자이자 흰자인 눈사람(「알을 닮은 눈사람」―Ⅷ), 그 중심은 비어 있거나 없는(「눈사람의 중심」―Ⅷ) 눈사람, 그러한 눈사람의 둥근 '순환의 바퀴'(「순환의 바퀴」―Ⅷ)를 거쳐 나온 대상이 바로 이 '파리'이다.

시인은 이 '파리'를 통해 생명의 회귀성, 자연의 순환성을 일깨워주고 있다. 우화집에서도 "해묵은 똥구덩이에서 해탈한 구더기가 왕파리가 되어 날개를 치며 최초로 날아가 앉는 곳에 // 황금빛 똥이 있었다"(「해탈한 구더기」−Ⅸ)라고 일갈하고 있는데, 이 우화시 역시 현실을 감싸 안는 자연인으로서의 삶의 태도를 알레고리하고 있다.

그는 이처럼 처음 소를 찾아 나섰던 바로 그곳에서, 본격적인 동물우화fable를 방편 삼아 새롭게 출발한다. 그가 이처럼 동물, 그리고 우화의 세계로 돌아온 것은 의미심장하다. 첫째로, 그는 "자연과의 친화력, 교감交感, 순수한 본능과 직관의 광휘"와 "질박한 짐승의 더운 피"(Ⅸ−서문)가 그리워 우화를 선택했다고 한다. 굳이 시인의 육성을 빌리지 않아도 현실과 에고, 어리석음과 깨달음, 삶과 죽음, 초자연적인 것과 자연적인 것을 하나로 묶어주는 시적 깨달음과 비전을 가장 단순한 그릇에 담기 위한 선택이었음은 쉽게 짐작이 가는바다. 둘째, 이 우화의 세계에 이르러 시형식이 자유로워지고 있는 점도 주목을 요한다. 해체와 생성의 역동적 순환 속에서 시형식 또한 규범화된 시형식을 거부함으로써 자기 부정을 통해 신생新生에 이르고 있다. 그에겐 이제 시와 시작 메모(시론), 운문과 산문, 언어와 실재의 경계마저 무의미해진 듯하다. 셋째로, 시인은 동물우화를 선택함으로써 알레고리가 과거에나 지금에나 유효한 형식임을 증명해 보이고 있다. 욕망과 결핍, 의식과 강요 따위로 빚어지는 인간의 어리석은 삶이란 단연 우화적인바, 그같은 인간의 우행이 전혀 변하지 않고 있음을 역설하고 있는 셈이다.

나는 따뜻한 물에 녹고 싶다. 오랫동안 너무 춥게만 살지 않았는가. 눈사람은 온수를 틀고 자신의 몸이 점점 녹아 물이 되는 것을 지켜보다 잠이 들었다.

—「눈사람 자살사건」중(IX)

북어를 뜯어 고추장에 찍어 먹으며 그는 혼자 술을 마시다 잠들었다. 잠들자마자 꿈속에 북어가 나타나 찢어질 듯이 벌어진 입으로 고함을 질러댔다. "너도 북어대가리, 나도 북어대가리다. 네가 나를 찢어먹을 수 있는 거냐!" 소스라쳐 잠에서 깨어보니 밤 한 시 오 분이었다.

—「북어대가리」중(IX)

'눈'과 '북어'에 대한 인용시들은, 첫시집의 「대설주의보」나 「북어」와 대비적으로 감상할 때 해석의 묘미를 더해주는 우화시들이다. 그의 시적 도정이 다시 제자리로 돌아왔음을 보여주는 단적인 증거이기도 하다. 그가 돌아온 제자리는 주체가 존재론적 전환을 거친 전연 별개의 자리다. 소를 찾기 위해 세속을 떠나 다시 반본환원 返本還源(근원으로 돌아가다)하고 입전수수 入鄽垂手(저자에 들어가 손을 드리우다)하는 심우尋牛의 마지막 과정과 일치한다. 시인은 "오랫동안 너무 춥게만 살았"고, "오랫동안 죽음에 사로잡혔"었던 과거를 새롭게 조명한다. 폭력과 공포의 대상이었던 초기시의 '대설大雪'을 "점점 녹아 물이 되"게 하고, 가학적인 자기부정의 대상이었던 초기시의 '북어'를 "고추장에 찍어 먹을" 수 있도록 '있는 그대로'의 모습으로 되돌려 놓고 있는 것이다.

초기시와의 연관 속에서 또 한 가지 중요한 사실은 초기시든 최근시든 시의 서술 행위들이 모두 '잠'을 매개로 이루어지고 있다는 점이다. 그러나 초기시에서의 잠은 현실과 꿈이 구별되지 않는 환幻과 색色의 세계였고 그래서 더더욱 위협적이고 그로테스크한 것이었다. 반면 최근시에서 시인은 현실과 꿈을 구별할 수 있는 확실한 여유와 유머를 견지한다. 그의 시는 어느덧 20대의 병적이고 섬약한 감수성이 아닌 40대 중반의 성숙한 사유와 여유로 무장하고 있다. 하지만 최근시들이, 헛것과 실재를 통합하고 자아와 타자를 포괄하는 총체적 사유로서의 힘을 얻고 있는 대신, 섬세하고 개성적인 이미지를 잃고 있는 것은 사실이다.

대설주의보 속에서 진흙소를 타고 회저의 세속도시를 관통한 후 눈사람을 만나고 파리의 날개를 접기까지, 시인 최승호가 포복해 온 길은 심우尋牛의 도정, 즉 참된 자아를 찾는 길과 일치한다. 이 지난한 과정에서 그는 초지일관 알레고리를 죽비로 사용하고 있다. 그 죽비의 소리는 지배 이데올로기와 타락한 시대에 대한 통찰과 함께, 보편적 진리에 대한 깨우침이나 풍자를 담고 있다. 부조리한 현실을 강조하기 위해 경험과 허구, 사실과 환상을 결합시킴으로써 현실에 직접 개입하기보다는 적당한 거리를 두고 묘파해내고자 한다. 때문에 그의 언어는 때로는 구체적이며 때로는 계시적이며 또 때로는 비의적이다. 결과적으로 그의 시들은 사실적 묘사, 유머, 과장, 그로테스크, 아이러니한 비판과 폭로, 환상적 요소, 은유와 상징 등으로 빚은 복합적이고 중층적인 알레고리 시학을 근간으로 한다고 할 수 있다. 그렇다고 이 시대의 탁월한 알레고리스트인 그가 경계해야 할 점이 전혀 없는 것은 아니다. 비의를 전달하는 서술자로서의 시인이 압도적인 목소리를 내고 있다는 점이다. 이같은 목소리는 주석적인 혹은 우월한 서술 태도, 세계에 대한 관념적 인식으로 구체화되기도 한다. 알레고리가 가진 근원적인 가능성이자 제한점이기도 할 것이다.

고로古老를 좇는 마음의 풍경
허수경론

1 '제 사투리'로 말해지는 현실의 안팎

> 소나무는 제 사투리로 말하고
> 콩밭 콩꽃 제 사투리로 흔드는 대궁
> ―「땡볕」(Ⅰ)[1]

허수경의 시를 한 마디로 규정한다는 것은 지난한 일이다. 여성시, 민중시, 전통 서정시, 정신주의시, 해체시 따위의 잣대를 들이밀어 재단할 수도 있겠지만 그 어느 하나만의 잣대로는 불완전하다는 점에서 그의 시는 곤혹스러운 동시에 매혹적인 텍스트다. 그러나 그

---

[1] 허수경은 지금까지 두 권의 시집을 출간했다.『슬픔만한 거름이 어디 있으랴』(실천문학사, 1988)―Ⅰ,『혼자 가는 먼 집』(문학과지성사, 1992)―Ⅱ.

의 텍스트에 대해 분명하게 말할 수 있는 것이 있다. 두 권의 시집을 통해 일관되게 보여주는 가장 허수경다운 면모다. 그 첫째는 언어에 대한 엄결성에서 찾을 수 있다. 언어를 다루는 적확함, 어휘 선택의 폭넓음, 언어의 미묘한 리듬을 가려내는 식별력, 삶의 경험과 욕망을 담아 내는 언어 운용의 유연함이야말로 그의 시의 정수이기 때문이다. 허수경다운 면모의 두 번째 특징은 현실에 대한 지속적인 관심과 열정이라 할 수 있다. 그의 시에서 현실은 자연과 역사가 한데 어우러진 '진주'라는 고향 공간(제1시집)과, 개인의 욕망과 대중문화적 감각이 어우러진 '서울'이라는 도시 공간(제2시집)으로 대별된다. 타고난 언어감각과 현실인식이 결합하는 시의 양상은 다양할 뿐 아니라 절묘하기까지 하다. 고향 진주를 지키는 가족과 이웃의 삶 속에 밴 우리 근대사를 전통 가락과 토속적 정서로 짚어내기도 하고, 고백이나 대화의 화법 및 말줄임표나 쉼표의 효과를 극대화한 말더듬의 화법으로 관계와 밥벌이의 비통을 푸념하기도 한다. 제1, 2시집의 변화 속에서도 특유의 모성과 관능성을 모태로 하는 농익은 '사랑'은 허수경 시의 세 번째 특징이라 할 수 있다.

형식과 내용의 최적 조건 속에서 사유화된 언어의 집합이 바로 시라는 사실을 부정하는 사람은 없을 것이다. 시인 허수경은 항상, 말하는 내용과 형식의 어울림을 염두에 두고 언어를 운용한다. 소나무나 콩꽃이, 울 엄니나 울 올케가 모두 그들의 사투리로 스스로를 표현하듯, 모든 정서와 의미는 제각각의 언어로 표현되어야 한다고 믿는 듯하다. 만물은 자신의 모국어를 가지고 있다고 믿고 있음이 분명하다. 어쨌든 어떤 현실이든 거기에 가장 적절하고 적확한 언어로 대처할 수 있는 안목을 가졌다는 점에서 그는 정통한 기교주의 시인이고 생래적인 시인이다.

> 서리 맞은 김장배추 헐값으로 넘기는 눈물에는 녹지 않는 눈
> 말 귀 일찍 트인 보리순의 갈매 입술을 문드러지게 하는 바람의 고쟁이에만 채이는 눈
> 오 오 보리밟기 끝난 낮술과 횅한 감나무 가지에만 얹혀서 그렇게 턱없이 퍼붓던 눈
> 낫 갈기 멈추면 세워진 날 끝에 사그랑 사그랑 잘리는 눈
> 눈
> ―「잠을 깨는 이 겨울」 중(Ⅰ)

> 달하 정분난 내 남정
> 두덕살만큼만 차올라라
> 풀섶으로 눕던 이마 고운 바람과
> 바람 목덜미 쓸어주던 풀물로나 베여라
> 고운 가수나
> 남정아
> 네 떠나도 개울물 감기며 목물을 한다
> 떠났다 돌아오는 물소리로
> 남정아
> 네 떠나도 밤이면 속옷 갈아입고
> 징금다리 건너 마실간다 남정아
> ―「댕기풀이」 중(Ⅰ)

위의 시들은 시인 허수경이 모국어에 얼마나 깊은 애정을 가지고 있는지를 보여주는 대표적인 예이다. '배냇기억'(「강」-Ⅰ)으로 남아있는 고향 사투리와 고어, 그리고 그 가락 및 정서와의 조화는 감칠맛 나는 절창으로 이어지고 있다. 특히 그의 첫시집은 수도 없이 사전을 뒤적이게 하고 그 중 절반은 사전을 벗어나는 시어들로 가득하다. 이같은 시어의 폭넓음이 그의 시에 맛깔스러움을 더해준다면, 그 시어들이 현실의 냉정한 투사와 맞물려있다는 사실은 그 맛깔스러움을 더욱 찰지게 한다. 인용시 「잠을 깨는 이 겨울」에서 서리, 헐값, 눈물, 낮술, 휑한 감나무, 낫날 따위가 환기하는 한 겨울의 마을 풍경은 예사롭지 않다. 농민의 현실적인 분노나 좌절을 읽어낼 수 있는 문맥이다. 이 날 선 현실적 문맥을 보듬어주는 것이 '눈'의 이미지이고 시인의 가락이다. 녹지 않고, 채이고, 퍼붓는 '눈'은 언뜻 눈물과 슬픔과 분노의 결정체처럼 보인다. 그러나 그 눈이 낫날 끝에 '사그랑 사그랑' 잘릴 때 그 눈물과 슬픔과 분노는 어이없이 순치된다. 내리는 눈이 사그랑 사그랑 잘린다니! 그는 그렇게 독보적으로 사물을 보며 그런 언어로 우리 삶의 희로애락을 다스린다.

 '~ 눈'이라는 동일한 통사구조가 만들어내는 단순한 리듬에 의미론적 변화를 첨가하고 있는 「잠을 깨는 이 겨울」과는 달리, 「댕기풀이」에서는 '남정아'라는 호격의 반복, 도치, 종결어의 변화, 문장 길이 따위로 복합적인 리듬을 구사하고 있다. 이 「댕기풀이」는 남녀상열지사男女相悅之詞라 칭하는 고려가요의 「정읍사」와 맥락을 같이 한다. '별빛 몸 포개'며 '달빛 옷고름을 풀었'으나 이제는 떠나버린 남정네의 손길과 몸을 그리워하는 '가수나'는 밤마다 목물하고 속옷 갈아입고 마을 간다. 「정읍사」가 그러하듯 이 시에서도 남녀의 상열은 모호하다. 가수나와 정분 났던 남정이 다른 여자와 정분이 나서 떠나버린 것인지 아니면 다른 큰일(민중운동의 맥락을 연상시킨다)로 떠난 것인지, 또한 떠났다 돌아오는 남정을 가수나가 마중하러 가는 것인지 아니면 정분 난 남정에 대한 맞바람으로 '너인 듯 싶'은 다른 남정을 만나러 가는지 불분명하다. "가디러 거디러 살진 다리 포개며"(「대평 무밭」-Ⅰ)와 같은 구절도 고려가요「쌍화점」의 후렴을 차용하고 있다. 그와 같은 남녀상열은, 몸과 몸의 맞부딪침에 의해 삶의 건강하고 내밀한 속살을 드러내 보이려는 민중들의 힘과 정서를 환기한다.

  우리말과 가락에 대한 시인의 천착은 여기서 멈추지 않는다. "어기여 여차 목도셰랴 녀게가면 순사새끼 져게 오면 자식새끼 어기야 여차 목도셰랴"(「조선식 회상 1」-Ⅰ)는 민요(노동요)의 가락과 정서를 빌려 온 것이다. 또한 "오다 오다 서럽더라 의내여 바람이여 (…중략…) 아련히 올라간 마음의 끝을 좇아 몸으로 빗장을 삼은"(「저 누각」-Ⅱ)과 같은 구절도 신라향가 「풍요」나 「찬기파랑가」의 흔적을 담고 있다. 특히 그의 시에서 민요나 잡가, 사설조의 흔적을 담고 있는 구절들은 곧잘 역사적·사회적 문맥으로 환원된다. 전통시의 형식과 정서에 그 뿌리를 두고 민중들의 건강성과 서정성으로 현실문제를 풀어내려 했던 80년대 민중시의 전략을 환기하는 부분이다. 따뜻한 중량감으로 삶의 본질을 끌어안고 풀어내는 그의 언어 및 가락은 우리 구비시가의 리듬에 그 뿌리를 두면서 시인 내면에 깃든 감성의 독특한 결과 구체적인 현장성을 담보해 내고 있다.

이러한 초기시의 화법은 두 번째 시집에서 크게 변모한다. 이른바 고백체와 대화체의 자유로운 구사가 바로 그것이다. 화법의 변화는 상경 이후 그가 당면해야 했던 서울 생활의 고달픔과 관련을 맺고 있을 것이다. 서울에서의 밥벌이란 그렇고 그런 뽕짝과도 같았고, 밥벌이에 있어서 시인 자신은 '삼류'(「먹고 싶다……」—Ⅱ)에 불과했던 것이다.

> 고장난 차는 불쌍해, 왜?
> 걷지를 못하잖아, 통과해내지를 못하잖아, 저러다 차는 썩어버릴까요
> 저 뱀도 맘이 아파, 왜?
> 몸이 다리잖아요 자궁까지 다리잖아요 그럼,
> 얼굴은 뭘까?
> 사랑이었을까요……
> 아하 사랑!
> 마음이 빗장을 거는 그 소리, 사랑!
>
> —「헌 꿈 한 꿈」중(Ⅱ)

고백과 머뭇거림과 감춤을 특징으로 하는 그의 언어는 쉽게 읽혀지되 결코 녹녹잖은 의미를 간직한다. 그 난해성은, 순탄치 않아 보이는 시인의 삶과 그것의 고백하기 힘겨움을 동시에 드러낸다. 위의 시는 대화라기보다는 툭툭 내던지듯 스스로에게 묻고 스스로가 답하는 '발설'의 고백 양식을 취하고 있다. 독자의 틈입을 허용치 않으려는 듯 혼자 묻고 혼자 대답하는 이같은 담론에서는 어떤 절박감이

감지되는데, 마치 발설할 수 없는 것을 함부로 내보이지 않으려는 필사의 노력 같기도 하다. 그것은 또한 조리도 없고 중요하지도 않은 듯, '취중두통'의 상태에서 내뱉는 취사醉辭 형태로 위장되고 있다. 이 시뿐 아니라 두 번째 시집 도처에서 그는 술과 비와 눈물에 취해 있다. 술 취해 비를 맞기도(「불우한 악기」-II) 하고, 술에 취해 울기도(「쉬고 있는 사람」-II) 한다. 그리하여 젖게 하는 모든 것들과 젖을 수 있는 모든 것들이 모여 '상처의 실개천'(「사랑의 실개천엔 저녁 해가 빠지고」-II)을 이룬다. 그럼에도 불구하고 그의 시가 슬픔과 눈물의 매너리즘에 빠지지 않은 것은, 상처로 인해 '울 수 있었던 날들의 따뜻함'(「不醉不歸불취불귀」-II)을 노래하고 있기 때문이다. 그에게 젖음은 따뜻함이고 그 슬픔은 거름과도 같은 믿음이 되기 때문이다. 그러기에 그는 '불취불귀不醉不歸'라 한다.

인용시에서 '고장난 차'나 '뱀'은 뜬금없어 보인다. 그것들은 술 취한 자의 맥락 없는 끌어들임처럼 보이지만 자세히 들여다보면 '움직임의 경계'(「저 누각」-II)를 오갈 수 있는 것들이라는 점에서 치밀히 계산된 상관물이다. '긴긴 세계의 경계'(「저 누각」-II)를 통과해 내지 못하는 '고장난 차'는, 멈춰 있기에 썩은 것이고, 그러기에 불쌍한 것이다. 몸뚱이 전체가 다리이자 자궁이며 얼굴이자 마음인 '뱀'이 맘 아픈 이유는, 현실의 사랑이 항상 마음에 빗장을 걸어 놓고 있기 때문이다. 이러한 행간을 읽어내기란 여간 시간이 걸리는 일이 아니다.

대화체 역시 관계를 희망하는 언술 구조로써 세계와의 교섭을 향한 시인의 열망을 간직하고 있다. 특히 짧은 구어체로 자기 안에서 건네지고 답해지는 선문답 같은 발설은 사랑의, 그 관계의 소통불가능성에서 비롯되는 흔들리는 내면풍경을 반영한다.

"아팠겠구나, 에이, 거지같이 / 나 말짱해,"(「쉬고 있는 사람」–II)에서도 시인은 고통스러운 순간에 분열된 존재를 향하여 말을 걸고 있다. 온전한 자기 존재를 지키기 위한 필사의 노력이다. 이러한 취사는 "운다고 옛사랑이 미친다고 / 옛사랑의 그림자가……"(「아직도 나는 졸면서」–II), "부산다방이 어디 있겠는가 가끔 이런 노래, 오실 땐 / 단골 손님 안 오실 땐 남인데"(「하지만 애처로움이여」–II)와 같은 뽕짝 가사의 인용에 의해 극대화된다. 그의 언어가 사투리나 취사나 뽕짝으로 위장된 채 공적인 담론 형태를 거부하고 있는 것은, '나'라는 이야기 주체를 애써 지우며 자신의 고통을 극소화하려는 의지를 그 이면에 숨기고 있다고 보여진다. 그러기에 그의 시적 자아는 결코 확정적이지 않다. 마치 술이나 비, 눈물처럼 불안하게 흘러내리고 흔들리는 액체성을 띤다. 끊임없이 변신하며 수많은 가능성을 가진 복수적인 존재성과, 부랑하는 존재의 내면성을 반영하고 있는 것이다.

"새는 후두둑……, 인적의 바퀴는 눈에 쓸려가고 우렁우렁……雪山설산이 대답하는 고요……나는 발견한다……대숲……,"(「아버지의 유작 노트 중에서」–II)과 같은 말줄임이나 쉼표의 잦은 사용 또한 일상의 불연속적인 삶으로 인해 끊기고 더듬대는 시인 내면을 간접 시사하는 형식이다. 이처럼 단속적으로 파편화된 문장은 공적인 의미를 지연시킨다. 명징한 사유를 모호한 진술로 뒤덮고 있는 그의 언어는 극도의 개인 방언(方言인 동시에 放言)이라 할 수 있다. 허수경은 그렇게 철저히 소외된 개인 방언으로 독자를 매혹시킨다. 그의 시의 매력은 방언 자체가 가지고 있는 은밀함, 불투명함, 자유분방함, 친소성親疏性과 같은 속성 때문인지도 모른다. 해석지 않고 남겨 두는 그 '무엇'에 대한 불투명한 열망은 감출수록 은밀하고 집요해지는 법이다. 이런 불투명함의 흔적을 담고 있는 대상이 바로 '당신'이다.

2 '당신'들을 향한 '정든 병'

> 당신이라는 말 참 좋지요, 내가 아니라서
> 끝내 버릴 수 없는, 무를 수도 없는 참혹……
> ─「혼자 가는 먼 집」(II)

시인 허수경에게 '당신'은 욕망의 결핍, 그 자체다. 그는 '당신'을 향한 끝없는 사랑의 여정을 통해 세계와의 합일을 꿈꾼다. 그의 시에서 '당신'은 무수히 변화된다. '당신'에 대한 사랑은 먼저, 아버지와의 관계 속에서 인지되는 시대적이고 역사적인 상처에서부터 출발한다.

> 해 어스름에 커피를 마시는 아버지
> 해 어스름에 유인물을 쓰는 나는
> 우리는 그렇지만
> 어떻게 만나게 될까요
> ─「그렇지만 우리는」 중(I)

아버지, 저를 신고하지 마세요
흔하디 흔한 집에서조차
우리가 분단되어버린다면

—「우리는 같은 지붕 아래 사는가 3」 중(Ⅰ)

"전쟁 후 십여 년 동안 떠돌아다닌 / 병역기피자 출신 로맨티스트"(「조선식 회상 13」 - Ⅰ)인 아버지는 예술과 현실, 좌익과 우익, 항일과 친일, 그 '사이'에서 방황하는 우리 현대사의 희생자다. 역사와 시대에 무책임한 지식인이자 가정적으로 무력한 가장인 것이다. 아버지의 아버지 또한 "낮에는 일인의 등을 쳐서 지전을 부리고 / 밤에는 남몰래 밤손님을 맞아 지전꾸러미를 건네주던"(「조선식 회상 2」 - Ⅰ) 회색 인물이다. 사상적으로나 현실적으로나 회색이었던, 그러기에 불온했던, 그의 가계家系는 "잘못도 용서도 구할 수 없는 / 한반도 근대사"(「지리산 감나무」 - Ⅰ)를 고스란히 담고 있다. 그 회색의 가계에 그는 반미·반독재 그리고 남북통일이라는 시대적 부름 앞에 서있는 자신을 오버랩시킨다. 그때, 시대로부터 한 발 물러서 있던 아버지와 한 발 더 가까이 다가가 있는 나는 대치중이다. 아버지와 나의 대치는 분단과 이데올로기 대립을 겨냥한 알레고리적 대치이기도 하다.

그러나 시인은 그러한 대립에 앞서 우리 모두가 한 '피로 엉켜' 있음을 강조한다. 서로를 향해 사랑과 용서를 베풀 수 있는 동질성을 간직하고 있다는 믿음을 버리지 않고 있다. 그러기에 "서로 아랫도리가 묶여져 / 백 번을 도리질해도 남이 아닌"(「조선식 회상 2」 - Ⅰ) 것이며, 결국에 가서는 아버지의 아버지와, "아버지와 나는 공범자일"

(「우리는 같은 지붕 아래 사는가」 - Ⅰ) 수밖에 없는 것이다. 아버지는 일제와 전쟁을 겪어 불행한 세대고, 나는 분단과 독재를 겪고 있어 불행한 세대다. 이때의 '당신'은 시인의 안타까움과 연민을 불러일으키는 할아버지와 아버지다. 좀더 정확히 말하자면 나와 공범이 된 그들이 꿈꾸었던 세상이며, 그들과 한데 어우러진 세상일 게다.

아랫도리가 묶여 있다는 믿음에서 비롯되는 공범의식은 곰보 고모, 맏상주 외숙을 잃은 노친네, 옆집 앉은뱅이 총각, 재인 이춘분씨, 곗돈 떼먹고 달아난 며느리, 원폭피해자, 파출부 재실댁, 하수구 치는 김또돌씨와 같은 친지나 이웃의 삶으로까지 확대된다. 그는 그들의 상처를 치유하고 보듬어 안을 수 있는, 품 넓은 '자궁'을 가지고 싶어한다.

    산 가시내 되어 독오른 뱀을 잡고
    백정집 칼잽이 되어 개를 잡아
      청솔가지 분질러 진국으로만 고아다가 후 후 불며 먹이고 싶었네
    저 미친 듯 타오르는 눈빛을 재워 선한 물갈이 맛깔 데인 잎차같이 눕히고 싶었네 끝내 일어서게 하고 싶었네

                                —「폐병쟁이 내 사내」중(Ⅰ)

그의 시에서 사내들은 '승냥이와 싸우다' 돌아오고 여인들은 그들을 '거두어'(「진주 저물녘」- Ⅰ) 준다. 사내들은 역사나 시대에 매질 당하거나 그로 인해 피투성이가 되어 거덜난 채 돌아오고 때로는 선연한 노을 속으로 절명하기도 한다. 그 사내들을 눈물로, 기다리고

살려 내고 안아주는 이가 바로 그들의 어머니고 아낙들이다. 폐병쟁이 내 사내도 "눈매만은 미친 듯 타오르는 유월 숲 속" 같지만, 그 몰골은 "겨우 사람꼴"을 갖추고 있다. "내 할미 어미가 대처에서 돌아온 지친 남정들 머리맡 지킬 때 허벅살 선지피라도 다투어 먹인 것처럼" 시인은 온갖 짓을 다해서라도 그 사내를 거두고 싶어한다. 어머니와 어머니의 어머니, 이 세상 모든 어머니에게서 물려받은 이 품넓은 모성은 온갖 질병과 상처를 받아줄 뿐 아니라 삶 그 자체인 생명을 새롭게 배태할 수 있는 자신의 자궁에 대한 자각에서 비롯된다. "사내들의 영광은 아낙들의 눈물 / 영광은 자궁 속에 깊이 감추어 두고"(「남강시편 3」-Ⅰ)에서처럼 여성의 자궁은, 남성을 역사적 영광의 주체로 세워주고 피비린내 나는 그들의 상처를 묻어주고 품어주는, 주술과도 같은 치료의 장소이다. 시대의 온갖 상처들이 깃드는 곳도 자궁이며 생명이 움트는 곳도 자궁이다. 특히 시인이 '어디 내 사내뿐이랴'라고 할 때 그 자궁은 역사와 시대의 균열을 봉합하고 그 소외와 상처를 치유하려는 보편화된 모성의 원천으로 확대된다.

"슬픔 만한 거름이 어디 있으랴"(「탈상」-Ⅰ), "내 속에 젖 담기가 백 번 낫제/ 니놈 눈에 백태 끼이는 거 / 못 보것다"(「둥글레꽃」-Ⅰ)와 같은 구절들이 보여주듯, 시대와의 교감 속에서 생명의 비전을 확보하려는 모성적 욕망은 슬픔과 연민을 그 뿌리로 한다. 인간이 황폐해지는 것을 막아주는 가장 근본적인 감정이야말로 슬픔과 연민이다. 그같은 감정들은 내면을 향해 침잠케 하는 깊이를 가지고 있기 때문이다. 그 깊이란 좌절이나 절망 뒤에서 빛을 발하는 삶의 의미이고 그러한 실패 속에서 비로소 제 모습을 드러내는 삶의 충만성이다. 살아있는 모든 존재에게 느끼는 슬픔과 연민의 감정은 '당신'을 향한 참혹함의 정서로 발전한다.

> 킥킥거리며 세월에 대해 혹은 사랑과 상처, 상처의 몸이 나에게 기대와 저를 부빌 때 당신……, 그대라는 자연의 달과 별……, 킥킥거리며 당신이라고……, 금방 울 것 같은 사내의 아름다움 그 아름다움에 기대 마음의 무덤에 나 벌초하러 진설 음식도 없이 맨 술 한 병 차고 병자처럼, 그러나 치병과 환후는 각각 따로인 것을 킥킥 당신 이쁜 당신……, 당신이라는 말 참 좋지요, 내가 아니라서 끝내 버릴 수 없는, 무를 수도 없는 참혹……, 그러나 킥킥 당신
>
> ―「혼자 가는 먼 집」중(II)

제2시집이 보여주는 현격한 변화의 주된 전기적 요인이 서울 밥벌이의 곤고함이라는 점은 앞서 지적한 바 있다. 그러나 아버지의 죽음 또한 빼놓을 수 없는 요인이다. 「혼자 가는 먼 집」은 아버지의 죽음이라는 시인의 전기적 사실을 토대로 씌어진 것으로 보인다. 아버지의 죽음은 80년대의 우리가 증오하면서도 믿어마지 않았던 이데올로기적 신념의 무너짐과 동궤를 이룬다. 제1시집과 제2시집에서 보여주는 사랑이 각각 80년대와 90년대의 시대적 면모를 집약하고 있는 연유이기도 하다. 어쨌든, 무너진 '당신'을 향한 그리움의 정서는, 일반화된 사내를 향한 그리움으로 확대된다. 그리고 사랑의 감정은 연민에서 한 단계 나아가 참혹으로 똘똘 뭉친 비애로 전화된다.

인용시로 돌아가 보자. 시인은 '당신'을 부르며 마음의 무덤에 벌초하러 간다. 시인은 "한 슬픔이 문을 닫으면 또 한 슬픔이 문을 여는" '살아옴의 상처'와 '금방 울 것 같은 사내의 아름다움'을 떠올리며 당신을 부른다. 그러면 세월과 사랑, 그 상처의 몸들이 시인에게 기대 온다. 왜 시인에게 세월과 사랑은 모두 상처일까. 당신을 향한 사랑에는, 벗어나지 못하게 하면서 더 이상 다가가지도 못하게 하는 시간적이고 공간적인 거리가 있기 때문이다. 당신은 그 경계를 넘어 "흙으로 돌아"가 시인의 마음에 묻혀있기 때문이다. 당신이 "흙으로 돌아"간 그곳은 지금의 시인이, 시인의 마음이, 시인의 상처가 도달할 수 없지만, 시인 또한 언젠가는 혼자서 가야 할 먼 집이다. 시인과 당신, 사랑의 상처와 마음의 무덤, 환후와 치병이 만들어내는 그 아득한 거리는 버릴 수도 없고 무를 수도 없는 운명적 간극이다. 돌아올 수 없는 강을 건너가버린 백수광부와도 같이 당신은 그 경계를 훌쩍 넘어서버린 것이다.

그렇게 남은 혹은 버려진 나의 참혹, 그 참혹이 빚어내는 마음이 단속적인 말줄임표와 쉼표, 어쩔 수 없이 새어나오는 '킥킥'이라는 의성어에 배어 있다. 사유와 정서를 언어 그 자체로 감각화해내려는 의도적 산물로 읽혀진다. 그 소리는 한 시인의 지적처럼 "상처의 윤회를 다 알면서도 그 안에 뛰어들 수밖에 없는 자의, 울음과 웃음이 뒤섞인 신음"이다. 감추기와 끊김을 유도하는 그와 같은 시적 장치는 '당신'에 대한 그리움의 소용돌이와 그로 인해 흔들리는 내면을 어떻게 감추어야 할지를 자문하고 있다.

치병과 환후가 '각각 따로'이기 때문에 세월과 사랑 그리고 상처와 상처의 몸은 참혹하고 아름답다. 고통스럽고 병적인 그러나 결코 치유될 수 없는 그런 사랑의 참혹은, 사랑이라는 병을 앓는 사람이 지불해야 하는 공물일 게다.

> 몸이 상할 때 마음은 저 혼자 버려지고 버려진 마음이 너무 많아 이 세상 모든 길들은 위독합니다 위독한 길을 따라 속수무책의 몸이여 버려진 마음들이 켜놓은 세상의 등불은 아프고 대책없습니다 정든 병이 켜놓은 등불의 세상은 어둑 어둑 대책없습니다
>
> ―「정든 병」중(II)

"한 사람이 한 사랑을 스칠 때 / 한 사랑이 또, 한 사람을 흔들고 갈 때" 생기는 사랑의 상처는 해를 거듭할수록 "울울한 나무 그늘이 될 만큼 / 깊이 아프"(「청년과 함께 이 저녁」-II)다. 때문에 그는 늘 "마음이 마음에게로 가"(「울고 있는 가수」-II)고, "너의 마음 곁에 나의 마음이 눕"거나 "마음과 마음이 살 섞는"(「마치 꿈꾸는 것처럼」-II) 사랑을 열망한다. 그러나 사랑은 세월처럼 늘 그의 곁에서 흘러가버린다. 그 무정함에 시인은 병들고 아프고 상처투성이가 된다. '마음의 살들은 저리도 여'리기 때문에 마음이 버려지고 몸이 상하고 세상이 위독해지는 것이다. 흐르고 상하고 버려지고 위독한 이런 모든 현상들을 시인은 '정든 병'이라 한다. 그런데 그 병에 시인은 속수무책이다. 그 병은 '삶의 나병'과도 같은 쇼show이자 예술이며, 시이자 노래이기 때문이다. 인생의 막장이자 그 막장에서 느끼는 인생의 막막함(「바다탄광」-II)이기 때문이다.

그 병은 몸과 관계가 있으므로 몸의 병이다. 그리고 마음의 상처이므로 마음의 병이다. 굳이 가르자면 그 병은 형상이 없어 볼 수도 없는 마음의 병에 더 가깝다. 마음은 무상하고 강하지도 못하고, 힘도 없으며 견고하지도 못하다. 뿐더러 온갖 근심이 모여들어 시들고 썩기조차 한다. 그러한 마음을 통해 시인은 자신의 존재 양식을 이해하려 한다. 그 마음은 늘, 그릇으로서의 몸 혹은 세계와의 미혹한 경계를 넘어서지 못한다. 시인의 참혹이 아름다운 것은, 마음이 병들어서 몸이 병들고, 모든 '당신'이 병들어 있기에 나도 병이 들었다는 유마힐적 자각을 담고 있다. 마음이 마음에게로 잠시 흐르다 떠나버리는 참혹한 사랑의 병이야말로 시인에게는 살아가는 동력이 된다. 그 병에 걸린 동안은 현실을 건디고 무無를 이겨낼 수 있기 때문이다. 그러므로 병을 치유하는 것이 아니라 병과 더욱 정들어 가는 것, 이것이 바로 그의 삶을 버팅겨주는 사랑의 자세이며 마음의 철학이다. 치병자가 치병의 최종 단계에 이르면 병을 통해서 자신의 존재 이유를 발견하듯, 시인은 위독한 속수무책의 몸과 버려진 마음 속에서 '세상의 등불'을 발견하려 한다. 결국 그에게 있어 사랑, 당신, 세월, 마음은 같은 의미항을 이루며 그것들의 '치병과 환후'는 영영 '각각 따로'일 수밖에 없다.

또한 그의 시에서 사랑, 당신, 세월, 마음은 술어述語다. 그것들은 끊임없이 움직이며 유동하며 변화하기 때문이다. 이 술어적 속성에 의해 모든 관계는 '비통'해진다.

모든 관계는 비통하다, 지그시 목을 누르며

밥을 삼킨다

이제 나에게는 안 오지? 너한테는 잘 해줄 수가

없을 것 같아, 가까이할 수 없는 인간들끼리

가까이하는 일도 큰 죄야, 심지어 죄라구?

— 「서늘한 점심상」 중(II)

이처럼 비통한 관계 역시 시인에게는 끊어야 할 대상이 아니라 전환시켜야 할 에너지다. 그렇기 때문에 시인은, 마음이 마음을 버리고 사는 비통한 관계들 속에서 살아내기 위해 먹고 싶어한다. 인용시에서처럼 "지그시 목을 누르며 / 밥을 삼키"거나, "돌아가 밥을 한솥 해놓고 솥을 허벅지에 끼고 먹고 싶"(「마치 꿈꾸는 것처럼」 – II)어 하는 것이다. "살아내려는 비통과 어쨌든 잘 살아 남겠다는 욕망이 / 뒤엉킨 말"(「먹고 싶다……」 – II)이 바로 '먹고 싶다'이다. 그 욕망은 육체적 허기와 정신적 결핍에서 비롯되는 본능이며, 고독한 존재일 수밖에 없는 본래적인 자신을 위무하기 위한 방편이다. 떠나버린 마음과 잃어버린 사랑을 찾으려는 욕망은 이렇게 식욕과 성욕, 생존욕이 한데 엉켜 병과 아픔과 비통을 동반한다. 이때 시인은 묻는다. 마음아, 삶아, 사랑아, "그런 것이냐"(「골목길」 – II)라고.

사랑, 당신, 마음에서 비롯되는 그 모든 상처의 자리에 세월의 더께가 가라앉으면 문득 그 상처 자리가 환해지기도 한다.

한참 동안 그대로 있었다

썩었는가 사랑아

사랑은 나를 버리고 그대에게로 간다
사랑은 그대를 버리고 세월로 간다

잊혀진 상처의 늙은 자리는 환하다
환하고 아프다

환하고 아픈 자리로 가리라
앓는 꿈이 다시 세월을 얻을 때

공터에 뜬 무지개가
세월 속에 다시 아플 때

몸 얻지 못한 마음의 입술이
어느 풀잎자리를 더듬으며
말 얻지 못한 꿈을 더듬으리라

—「공터의 사랑」 전문(II)

    사랑은 나를 버리고 그대를 버리고 세월 또한 버린다. 사랑이 떠난 마음의 자리는 썩고, 그 오랜 썩음의 상처는 환하다. 텅 빈 마음의 상처 자리가 환하게 아파 올 때 마음은 또 다른 마음과 몸 섞으려 한다. 한 평자는 이를 '마음의 관능성'(시집 해설)이라 명명한 바 있다. 이러한 마음의 관능성은 제1시집에서 보였던 "소나기 한번 장하

데이 이녁도 장하게 한번 들어오이소 김또돌씨 소나기처럼 황소처럼 달려들었제"(「밤 소나기」- I)와 같은 몸의 관능성이나 건강한 에로티시즘과는 다소 변별된다. "젖은 알몸들이 / 김이 무럭무럭 나도록 엉겨붙어 무너지다가 / 문득 불쌍한 눈으로 서로의 뒷모습을 바라보는"(「불우한 악기」- II) 마음의 관능은 연민의 에로티시즘에 닿아 있다. 인용시의 마지막 연을 보면, 이 마지막 연에 관능성을 부여하는 것은 '입술이 ~ 더듬다'라는 문장이다. 그러나 그 입술이 '마음의 입술'이고 그것이 더듬는 곳이 '어느 풀잎자리'와 '말 얻지 못한 꿈'이기에 성性에 관념을 불어넣는다. 그 입술은 '마음의 천한 자궁'(「山城산성 아래」- II)과 다르지 않다. 관념화된 관능성은 에로티시즘의 기본이다. 몸을 얻지 못한 사랑이 또 하나의 몸을 얻지 못한 사랑을 더듬는, 불우한 마음의 관능성이야말로 참혹 바로 그 자체이다.

3 '경계'를 허무는 '마음의 고로古老'

> 나 내 마음의 고로(古老)를 좇아 서둘러 떠났을 때 보았다
> 무수한 생이 끝나고 또 시작하는 옛사랑 자취 끊긴 길
> ─ 「원당 가는 길」(II)

사랑은 사랑의 대상이 아닌 사랑하는 마음을 사랑하고, 욕망은 사랑의 대상이 아닌 욕망하는 마음을 욕망한다. 마음은 복수複數의 이미지요, 무수한 기의가 들어설 수 있는 초월 기표에 불과하다. 시인 허수경에게 '당신'이나 '사랑' 못지 않게 모호성이 큰 기표가 '마

음'이다. 미끄러짐을 거듭하는 마음의 언어는 일종의 상징과도 같다. 모든 움직임이나 욕망에 관계하고 있는 이 마음은 바로 삶의 암호이며 예측할 수 없는 삶에 대한 쓰라린 은유에 다름 아니다.

그는 한 시인과의 인터뷰에서 자신의 시 안에서 마음이 자유롭게 활동할 수 있도록 그 공간을 최대한으로 확장시키려 노력하지만 마음에 관한 개념 규정은 굳이 하고 싶지 않다고 얘기한 바 있다(『현대시세계』 1992년 여름호). 두 번째 시집 겉장에서 "썩어 없어질 몸은 남고 썩지 않는다는 마음은 썩어버린", 즉 악기는 남고 주법은 소실되어버린, 공후라는 '불우한 악기'를 통해 몸과 마음의 관계를 은유적으로 설명하고 있을 뿐이다. 주법에서 비롯되는 화음은, 악기 자체의 나무나 현弦보다 우월할지라도 그 자체로는 존재할 수 없다. 그것은 악기의 성질에 따라 변한다. 그러나 주법을 상실한 악기란 깎아놓은 나무에 불과하다. 인간도 마찬가지다. 악기에 위대한 음악이 깃들어 있는 것처럼, 우리 몸에는 연주되고 표현되고 노래 불러지고 춤추어질 순간을 기다리는 변화무쌍한 마음이 있다.

주법·마음·의미가 맺는 악기·몸·언어와의 관계는 흔히 안팎의 관계로 설명되곤 한다. 감추어진 것과 드러난 것, 보여지는 것과 보여지지 않는 것, 의미하는 것과 의미되는 것의 관계라 할 수 있겠다. 그러나 그 안팎의 관계는 전복되기도 한다. 예를 들어, 자신에 한해서 몸과 마음은 안과 밖의 관계를 이룬다. 그러나 타인과의 관계 속에서 그 안팎은 달라진다. 나의 마음은 몸을 통해서만 표현될 수 있는 것이기에, 타인에게 나의 마음은 겉이 되고 타인의 마음은 안이 된다. 나에게 있어서도 타인의 마음은 그의 몸을 통해 표현되는 것이기에 겉이 되는 것이고, 내 마음은 안이 되는 것이다. 결국 세계와의 관계 속에서 몸은 마음이 되고 마음은 몸이 되어 수시로 그 경계를 넘나든다. 『혼자 가는 먼 집』이 보여주는 마음의 관능은 바로 그것들 간의 불일치, 그것들의 말할 수 없는 간극을 더듬고 있는 불우에서 연유한다. 그 안과 밖이 일치될 수 없기에 모든 인간과 모든 악기는 불우한 것이고 "모든 노래하는 것들은 불우하고 / 또 좀 불우해서 / 불우의 지복을 누릴 터"(「불우한 악기」-II)이다.

따라서 안타까움, 연민, 참혹, 비통으로 이어지는 그의 마음의 풍경을 재구해 보는 일이란 허수경 시의 핵심에 접근하는 지름길이다. 그는 무슨 일이 있어도 마음만은 놓아 보낸 적 없다(「不醉不歸불취불귀」-II). 그리고는 '마음의 어깨 마음의 다리 마음의 팔이 몸을 안'(「사랑의 不善불선」-II)기를 원한다. 그의 마음은, 삶과 죽음, 나와 당신, 마음과 마음 따위가 하나가 된 몸을 안기를 원한다.

> 마음끼리는 서로 마주보았던가 아니었던가
> 팔 없이 안을 수 있는 것이 있어
> 너를 안았던가
> 너는 경계 없는 봄그늘이었는가
>
> ─「不醉不歸불취불귀」 중(II)

한 세계를 짊어진 여린 것들의 기쁨이여
그 기쁨의 몸이 경계를 허물며 너울거릴 때 때로 버려지는
아픔과 때로 노래하는 즐거움의 환호 그 환호의 여림

때로 아아 오오 우우 그런 비명들이 짚어진 세계여

때로 아련함이여

노곤한 몸이 짚어지고 가는 마음

—「저 나비」중(II)

그의 마음은 모든 세계의 '경계 없음'과 '경계 허물기'를 꿈꾼다. 「不醉不歸불취불귀」를 보면, '마음끼리 서로 마주보'는 것은 욕망으로 치켜진 팔과 필요로 내민 팔이 없을 때 가능하다. 그 두 팔을 버리고 마음이 마음을 안을 때 '경계 없는 봄그늘'이 된다. 그곳은 「저 나비」에서처럼, 한 세계를 짚어진 여린 몸으로 도달할 수 있는 곳이다. 나비로 비유되는 여린 기쁨의 몸이란 마음과 다르지 않다. 그러한 몸은, 버려지는 아픔과 노래하는 즐거움, 비명과 환호 따위의 온갖 희노애락을 짚어지고 갈 수 있을 뿐만 아니라 그것들 간의 경계를 허물 수 있다. 한 세계의 오욕칠정이 담긴 마음을 짚어지고 가는 나비의 몸, 그 여림과 노곤함이야말로 자신의 불우를 다해 노래하는 불우한 악기의 지복일 것이다.

그 나비는 '저'라는 관형사를 달고 있다. 관형사 '저'의 활용은 인용시 외에도 「저 누각」, 「저 잣숲」, 「저 山水산수가」, 「저 마을에 익는 눈」과 같은 시의 제목으로 표면화되기도 하고, 저 초라를 벗은(「불우한 악기」-II), 저 사랑의 찬가(「울고 있는 가수」-II), 저 불빛을 상하게 하네요(「연등 아래」-II), 무얼 먹어도 아픈 저 점심상(「서늘한 점심상」-II)과 같이 행간 사이에 숨겨져 있기도 하다. 일반적으로 관형사 '저'가 시야 안에 들어오는 비교적 가까운 거리를 지칭할 때 쓰인다는 점을 감안한다면, '저'의 반복을 통해 세계와의 거리를 보다 가깝게 인식하려는 시인의 의도를 읽어 낼 수도 있다.

그러나 그의 시에서는, 그렇게 가까운 거리임에도 다가갈 수 없는 막막한 거리를 더욱 강조한다. 거리란, 어쨌든 경계이고 구별이기 때문이다. 그러므로 허수경 시에서 '저'의 시학은 이쪽과 저쪽, 이것과 저것이라는 경계를 허물어뜨려 대상을 끌어들이려는 시인의 의지와, 그럼에도 불구하고 결코 허물어지지 않는 경계의 의지를 동시에 드러내고 있다. 자신의 의지(마음)를 언어(몸)로 전달할 수 없고, 언어(몸)가 세계의 의지(마음)를 반영해낼 수 없다는 회의적 시선을 엿볼 수 있는 대목이다. 그렇다면 그의 시는 자아[我]와 타자[非我], 나[我]와 세계[物], 마음[心]과 몸[身] 사이의 어쩔 수 없는 '간극' 혹은 미끄러지는 '차연différance'의 정신을 담고 있지 않은가.

몸과 마음이, 마음과 마음이 함께 가지 못하는 아득함과 막막함의 거리를 시인은 '아아 오오 우우 그런 비명'으로 노래하며 간다. 그 '비통한' 경계는 마음의, 최초이자 마지막 풍경에서 허물어진다.

    강을 넘어
    산을 넘어
    경계를 허무니 저 또한 건달 아닌가
                      — 「산수화—그 어디멘가 포크레인은」 중(Ⅱ)

    다 저녁 환한 저녁

文字문자도 없이 文書문서도 없이
滅멸조차 적적한 곳으로
화엄도 도솔도 없이 문명의 바깥으로
無望무망 속으로
환하게

―「백수광부」전문(Ⅱ)

그는 가까우면서도 도달할 수 없는 미혹의 경계에 자신의 거처를 정한다. 객관의 경계를 일시에 넘나들 수 있는 주관의 마음에 자신의 거처를 세우고 있는 것이다. 그러므로 「산수화」에서처럼, 경계를 허무는 '건달'의 이미지는 매우 중요하다. 그 건달은 산과 강의 경계뿐만 아니라 혼자 있음과 관계 맺음, 자리 잡음과 떠돎, 문명적인 것과 고전적인 것 따위의 경계들을 허물기 위해, 정처 없이 헤매고 시시껄렁 건들거린다. "인생을 너무 일찍 누설하여 시시"(「늙은 가수」-Ⅱ)한 건달은 "순교의 순정아 / 나 이제 시시껄렁으로 가려고 하네 / 시시껄렁이 나를 먹여살릴 때까지"(「봄날은 간다」-Ⅱ)라고 노래한다. 그리고는 "싸전 푸줏간 주막 사당들의 정주하지 못"하는 '헤매임'(「山城산성 아래」-Ⅱ)이나 세상 "다 받아내며 아픈 저 정처없는 건들거림"(「정처없는 건들거림이여」-Ⅱ)으로 온갖 세상의 경계를 건너려 한다. 이같은 태도는 제1시집의 시적 태도가 '순교의 열정'에 근접해 있는 것과 대조를 이룬다.

잠시 머물렀다 가는 여관, 주막, 다방 같은 곳에서 어슬렁거리며 '유리걸식'(「유리걸식」-Ⅱ)하는 건달들에게 경계란 지나가기 위해 존재할 뿐이다. 유리걸식이나 건달의 이미지는 아슬아슬하고 위태로운 몸과 마음의 흔들림을 담고 있다. 뿐만 아니라 우회적 대화, 취사의 화법, 예측을 불허하는 술어의 역동성 또한 경계를 허물며 빠져 나가려는 이 유리걸식이나 건달의 이미지와 맞물려 있다. 자신이 몸을 둔 현실이 온전히 머물 수 없는 곳이며 정주하는 본래의 자기가 부재한다는 사실을 확인해 가는 과정에서, 뿌리 뽑힘의 상처와 아픔, 기댈 곳 없는 막막한 외로움과 허기, 정처 없음의 풍경은 만들어진다.

누구도 같은 강물에 두 번 발을 담글 수는 없다. 발을 담그는 순간 이미 강물은 흘러가버리고 다시 새로운 강물이 흘러오기 때문이다. 그와 같은 마음의 부랑을 따라 시인은 정처없음을 향해 이동한다. 따라서 그에게 인생이란 시작도 없고 끝도 없는, 마음의 순례이고 부랑과도 같다. 또 다른 인용시 「백수광부」의 문자文字와 문서文書는 악기나 몸의 다른 이름이다. 문자의 이면에는 문자로 표현되지 않는 것이 존재한다. 이를테면 주법이랄까, 화음이랄까, 마음이랄까 하는 것들 말이다. 문자나 문서를 없앤다는 것은 그 이면의 것들까지를 없애는 것이다. 그러한 멸滅이 없이는 생生 또한 없다. 화엄이나 도솔이 없는데 문명이 있을 수 없기 때문일 것이다.

일체의 문자와 일체의 그 이면들을 버리고 백수광부가 이른 무망無望이야말로 허수경의 '마음'의 무덤이다. 그의 시에서 보이는 이처럼 지긋한 연치의 두께는 백수광부와 같은 '마음의 고로古老'(「원당 가는 길」-II)를 좇는 데서 연유한다. 고로古老란, 글자 그대로, 많은 경험을 쌓아 옛일을 잘 알 뿐만 아니라 그 지역에 오래 살아 그곳 사정에 밝은 노인을 뜻한다. 남도 가락이나 유행가 가락에 맞춰, 마음과 마음의 움직임을 따라 떠도는 그의 마음의 언어는 고로古老의 혜안을 닮아 있다. 안타까움이 불러일으키는 슬픔과 연민, 참혹과 비통, 그리고 결국은 마음마저 없어지는 이같은 무망無望의 담론이 아슬하게 관념이나 신비로 넘어가지 않고 있기에, 그리고 그는 누구보다도 이 세간의 혼몽을 가장 잘 먹(「쉬고 있는 사람」-Ⅱ)은 시인이기에, 시인 허수경의 언어는 감동적이며 아름다운 것이다.

무덤 위에서 덜그럭대는 그로테스크 시학
남진우론

1 유폐, 몽상, 제의, 그리고 심연

　남진우의 언어는 '재현적 상상력'을 넘어선다. 사회적 검인이나 경험적 자아를 배제한 채 다채로운 마술적 상상력을 펼쳐 보이고 있기 때문이다. 특히 그의 초기시들은 80년대 우리 시단에서 분명 새롭고 이질적인 것이었다. 그러나 같은 이유로 당시 정치·사회현실과 동떨어져 있다는 한계를 지적받기도 했다. 언어 자체에 내재한 무한한 상상력이나 비실재적인 꿈의 유희를 전략으로 삼았던 초기시의 공과와 한계는 사실 그가 몸담았던 '시운동' 동인들의 몫이기도 하다. '상상력의 저공비행', '언어혁명에 의한 시와 현실의 만남', '사회적 검인을 벗어난 창조적 상상력' 등의 다양한 기치 아래 시운동 동인들이 사용했던 언어와 상상력은 서구시적 전통과 가까이 있었으며 그 모호함과 이질성은 경원의 대상이었다. 그 한가운데서 상상력의 역동성과 깊이, 언어의 밀도, 시적 직관과 예지를 팽팽하게 견지하고 있는 그의 언어는 독자에게 결코 녹녹잖은 텍스트임에 틀림없다. 그러나 그 녹녹잖은 언어의 입구를 들어서면 미로 혹은 심연 속을 유영하는 것과도 같은 자유롭되 공포스런 상상력의 깊이를 맛볼 수 있다. 그의 상상력의 지형도를 간단하게 보여주는 다음 시를 좌표 삼아 첫 시집 『깊은 곳에 그물을』(민음사, 1990)의 세계로 들어가 보자.

> 날개를 준비할 것 낡, 혹은 우리의 좌절에 대한 대명사. 솟아오름으로 가라앉는 변증법적 사랑의 이중성.
> ―「로트레아몽 백작의 방황과 좌절에 관한 일곱 개의 노트 혹은 절망 연습」 중

그의 언어는 때로는 부드럽게 때로는 광포하게, '솟아오름과 가라앉음'의 부침을 계속하며 몽상의 공간을 유영遊泳한다. 어둠을 향하는가 하면 빛을 향해 있고, 하강 운동을 진행하는가 하면 상승 운동을 전개한다. 남성적이고 폭력적이고 동물적인가 하면, 여성적이고 포용적이고 식물적이기도 한다. 이 야누스적 운동 속에서 개개의 이미지와 상징은 서로 중첩되며 시의 의미는 애매성으로 흘러간다.

> 탁자 위에 신문을 내려놓으며
> 그대는 말했다 그건 너무 몽상적인 이야기예요
> 우리 보다 현실적인 이야기를 해요, 그렇소
> 촛불을 보며 몽상에 잠기던 시절은 지났소

벽난로는 철거되었고 우린 형광등 불빛 아래서
시를 쓰지요 포도원으로 가는 길을 아시나요
성당에선 미사가 끝나가고 사제복을 입은 신부는
잔에 가득한 피를 마십니다 너무 몽상적인가요
몽상, 몽상적, 누가 우릴 이 좁은 반도에 유폐시켰나요
실은 어제 그대에게 편지를 쓸 예정이었소
혁명보다 더 몽상적인 것은 없다고 그러나
우리 시대 전체가 구원받기엔 너무나 많은 십자가가
부족하오 달밤의 두 연인 해변을 서성이는 두 그림자
너무 낯익어서 신물이 날 삼류영화의 한 장면을 당신은 몽상적이라
는 건가요

—「몽상가」 중

현실의 배제와 몽상의 도입이라는 남진우의 시적 출발을 단적으로 보여주는 시다. 연속적으로 이어지는 대화체 문장들 사이에는 어떤 연관성도 없어 보인다. 비실재적인 상황과 대화들이 꿈의 단편처럼 파편화되어 있어 마치 부조리극의 한 장면을 보고 있는 듯하다. 때문에 "보다 현실적인 이야기를 해요"라고 말하는 화자의 의지와는 달리, '현실적인 이야기'는 '몽상적인 이야기' 속으로 함몰되어버린다. 그는 자신의 현실적 경험을 무의식의 혼돈 속으로 확장시킴으로써 현실적인 이야기가 전혀 불가능한 상황을 만들어내고 있다. 결과적으로는 '신문', '좁은 반도', '혁명', '우리 시대'와 같은 일련의 시어들이 환기하는 현실적 문맥을 떨쳐내버리고 부조리한 현실을

몽유증적 언어로 대치시켜버린다. 특히 이 시는 현실을 변형시키고 탈실재화시키려는 시인의 의지가 바로 '몽상'에 의해 실현되고 있으며, 이 몽상이 시대적 유폐의식에서부터 비롯되고 있음을 시사한다. "누가 우릴 이 좁은 반도에 유폐시켰나요"라고 묻는 시 속의 화자는 유폐되고 고립되어 있다. 하지만 그 때문에 그는 고도의 폭발력을 가진 몽상의 언어를 꿈꿀 수 있게 된다. 이때 몽상은 현실 그 자체를 동화 내지 흡수함으로써 시인의 채워지지 않는 욕망, 결핍된 욕망을 충족시켜 준다.

이처럼 현실적 유폐를 배면에 깔고 있는 그의 시적 몽상은 몇 가지 특징들로 요약된다. 첫째로 그의 몽상은 역동적이고 야누스적 진동 속에서 극히 다양한 형태들로 나타나는 듯하지만, 그 이면에는 정확하고 주도면밀한 시적 의도를 지니고 있다. 즉 그의 난폭한 몽상이 지적으로 혹은 이성적으로 통제되고 있다는 말이다. 둘째로 그의 몽상은 특히 사물을 배제시키고 현실을 파괴한다. 언어를 경험적 세계로부터 단절시킴으로써, 실제 현실을 언어 속에서만 존재하는 절대적 실체로 끌어올리려 한다. 셋째로 지성의 통제 속에서 진행되는 그의 몽상적인 환영들은 옴짝달싹할 수 없는 냉혹한 현실에서 벗어나기 위한 시적 방편이다. 몽상이 시인 스스로가 창조한 인공의 현실 속으로 들어가기 위한 수단이자 무기가 되고 있다는 말이다. 그런 의미에서 그의 몽상은 현실에 대한 무수한 굴절과 변형의 이미지인 동시에 그 현실에 대한 거대한 메타포인 셈이다.

현실이 폭력적이면 폭력적일수록 현실을 벗어나려는 남진우의 시적 몽상은 강렬한 현실 이탈의 욕망을 방출한다. 그러므로 그에게 있어서 '몽상'과 '시'는 동일한 의미를 가지며, 절대적인 비밀을 향한 개성적인 실존인 셈이다. 몽상은 분명 그 자체로는 결을 알 수 없는 공허한 환상이다. 때문에 그 몽상이 진실 혹은 진정성에 기초할 때라야 더욱 아름답게 드러날 것이라는 것은 상식적인 차원에서 할 수 있는 말일 게다. 하지만 행여 독자들이 남진우의 몽상의 진정성을 간파하지 못한다 하더라도 그의 시의 존엄성이 훼손되는 것은 아니다. 시인 스스로가 몽상 혹은 시란, 본래 탁월한 유희라고 믿고 있는 까닭이다. 이제 그의 언어들이 도달하고 있는 저 몽상의 책략 안으로 들어가 보자.

남진우 시의 몽상은 미지의 것에 도달하고, 불가시적인 것을 보고, 들을 수 없는 것을 듣고자 하는 데서부터 출발한다. 그의 시의 마력도 바로 여기서부터 시작된다.

> 모든 길은 지평선에 이르러 끝난다 태어나라 아무도 듣지 못한 소리들이여 일곱 개 약속의 기둥이 나를 중심으로 돌아가게 하라 자신의 운명을 아는 자는 장님이 되나니 나의 율법은 타오르는 불꽃
>
> (…중략…)
>
> 머지 않아 심판의 날이 오리니 모래바람이 일어나 광야를 덮고 바닷물이 땅을 휩쓸리라 버림받은 자들이 물어뜯고 싸우며 피 흘릴 때
>
> ―「부엉이」 중

녹슨 투구 하나 뒹구는 벌판엔

모래와 선인장 그리고 구름기둥

천천히 울려퍼지는 북소리 따라

나아가라, 끝없이

마지막 화살이 기다리고 있는

저 지평선 너머

―「들소」 중

'아무도 듣지 못하는 소리'를 듣고자 하는 그의 일체의 감각은, 모든 길의 끝인 '저 지평선 너머'를 향해 있다. 그 미지의 공간은 머나먼 밤, 미지의 밤(「자정」), 아득히 먼 곳(「아득히 먼 곳에서」)과 같은 미래적 이미지로 변용된다. 그 미지의 세계를 직관하고 거기에 도달하기 위해 그는 끊임없이 더 멀고, 더 높고, 더 깊은 곳에 감각의 그물을 드리운다. 일곱 개 약속의 기둥이 나를 중심으로 돌아가고, 자신의 운명을 아는 자가 장님이 되고, 나의 율법이 타오르는 불꽃이 되고, 마지막 화살이 기다리고 있는 그 미지의 세계는 곧 '심판의 날'이자 인류 종말을 암시한다. 이렇듯 그는 성경은 물론 그리스 신화나 전설 혹은 원형적 상징들을 직접 인용하거나 다른 문맥으로 전위시키기를 즐긴다. 신화와 상징 속에서 역사나 현실은 실향失鄕한다. 여기서 우리는 그의 언어들이, 신화와 상징의 원형상들이 자리하는 무의식의 세계로 침잠하고 있을 뿐 아니라 신비주의적 색채를 띠고 있다는 사실을 감지할 수 있다.

볼 수 없고 들을 수 없는 미지의 세계를 보다 깊이, 보다 철저하게, 보다 의식적으로 몽상함으로써 그는 견자_見者_가 되고자 한다. 몽상의 본질은 미래적이고 예언적인 데 있다. 위를 향해, 아래를 향해, 그리고 미래를 향해 무한히 나아가고자 하는 그의 견자적 욕망은 예언의 목소리로 표출된다. '심판의 날'이나 '예언' 따위의 구체적인 시어나 비유 혹은 이미지에서 뿐만 아니라, 청자 지향의 종결어미나 미래지향적 시제를 특징으로 하는 화자의 어조에서도 그 예언성은 두드러진다.

> 햇살이 벌판 가득 야생마를 풀어놓는 아침 나는 홀로 중심에 섰다 횃대 위에 앉은 수탉의 예언이 온 세계에 울려퍼질 무렵 둥글게 부푸는 하늘을 향하여 솟아오르는 나
>
> ―「지평선 너머」 중

내 눈을 후벼파라 부엉이여
내 머리를 바수어 거기서 흐르는 피를
마셔라 호랑이여
내 몸을 칭칭 휘감고 으스러뜨려라 구렁이여 온몸
갈기갈기 찢어 뜯어먹어라 늑대들이여
마지막 살점까지 쪼아먹어라 독수리여
하얗게 빛나는 뼈, 거기 한 점의 살도 붙어 있지 않도록
핥아라 표범이여
오직 내 가슴 찬란한 심장만 남아
온 대지를 환히 불 밝히도록 이른 아침

황금빛 태양으로 떠오를 수 있도록

—「성찬식」 전문

　　주문과도 같은 예언의 시구들이 장엄하게 울리면서 독자의 상상력을 자극하고 있다. "횃대에 앉은 수탉의 예언이 온 세계에 울려퍼지"는 것처럼 "찬란한 심장만 남아 / 온 대지를 환히 불 밝히도록 이른 아침 / 황금빛 태양으로 떠오르"고자 하는 그의 언어는 무의식의 심층으로부터 폭발적으로 울린다. 위의 인용시 「지평선 너머」나 「성찬식」에서 드러나는 예언적 목소리는, 앞선 인용시들(「들소」, 「부엉이」)에 비해 종말과 폐허의 이미지가 다소 약해지고 있다. 그러나 위악적인 피학성과 동물적인 공격성은 오히려 강조되고 있다. 이같은 피학성과 가학성은 종교적인 제의 의식을 깔고 있다. 희생양이 겪어야 하는 신성한 고통의 형상화라 할 수 있겠다. 특히 「성찬식」은 피학적인 자기해체 의식이 한 정점을 이룬다. 빠르고 격한 속도감 속에서 반복되는 돈호적 부름은 원초적인 분노와 힘, 잔인함과 난폭함에의 도취를 유발한다. 스스로를 희생양으로 간주하는 그는, 자신을 향한 짐승들의 공격이 잔인하면 할수록 자신의 상징적 죽음이 가진 신성성은 더욱 증폭되리라고 믿고 있는 듯하다. 속죄양의 고통이 가혹하면 할수록 시의 비극성은 고조되고 그 비극적 운명에 순종함으로써 대속의 구원은 더욱 환상성을 띠게 되기 때문이다.

　　이처럼 상징적 제의 의식이 잔혹성을 띠고 있다는 것은 남진우의 현실적 유폐가 자학적·가학적 몽상으로 이어지고 있으며 그 기저에는 당대 현실과 시인 스스로에 대한 지독한 부정의식이 깔려 있음을 시사한다. 그의 시에 두드러진 두려움과 분노 그리고 잔인성은 현실 폭력이라는 하나의 분화구에서 나온 것들이다. 현실의 폭력 앞에 철저히 파괴될 수밖에 없는 희생물을 등장시켜 현실의 폭력과 광기를 우회적으로 보여주고자 하는 것이다. 이때의 희생물은 보다 적극적이고 능동적인 의미를 획득한다. 이 세계를 정화시키고 새롭게 만들기 위한, 현실을 대속하기 위한, 속죄양scapegoat으로서의 자발적인 죽음의 의미를 내포하고 있기 때문이다. 기꺼이 그는 스스로가 속죄양이 됨으로써 스스로를 해체시킨다. 스스로를 파괴함으로써 도달하고자 하는 저 '미지'의 초월을 향한 난폭한 열정의 결과일 게다. 결국 폭력의 대상 즉 제물이 시인 자신이라는 점, 비극성이 최고조에 달한 순간 가장 환상적인 시적 구원을 꿈꾸고 있다는 점, 질서정연한 의도와 방향을 지닌 이성적이고 냉철한 잔인함의 실현이라는 점, 그 잔인함이 예언적 속성을 띠고 있다는 점 등이 남진우의 시적 제의가 함의하는 특징들이다.

어쨌든 그의 시에 나타난 제의성은 동물적인 충동과 악마적인 역동성을 부여함으로써 소름 끼치는 공포를 자아내고 미지의 불확실한 비밀을 예언한다. 또한 그 이미지들은 섬뜩할 정도로 생생하나 시의 내용은 매우 불투명하고, 그 의미는 자명한 것을 말하는 것처럼 보이지만 사실은 극히 불가사의한 것을 말한다. 이미지와 감각의 마술을 통한 모호하고 강력한 자기도취 속에서 그는 외치는 동시에 은폐시키고 있는 것이다. 한 마디로 그로테스크한 것, 환상적인 것, 신화적인 것, 우주적인 것들이 되는 것이다. 이러한 시적 언술은 그 자체로 예언적 속성과 맞닿아 있다.

그의 시에 자주 등장하는 '불'과 '피'의 이미지 또한 난폭한 제의성을 더욱 강조한다.

>내 어린 양의 목을 찔러 거기서 흐르는 피에
>머릴 감았으니 칼은 고요히 빛나고
>어둠은 한 치 한 치 내 목 위로 차오른다
>
>—「어둠은 내 목 위로」 중

>나를 감싸며 피어나는 불꽃들의
>이 현란한 가시덤불 오 독수리여 나를 버리고
>솟아올라라 나는 그 옛날 내가
>지상의 백성들에게 허락한 불을 다시 거두어들이련다
>어두운 대지 위에 나 홀로 서서
>
>—「불의 덤불」 중

>심장 속에서 무언가가
>날개를 파닥인다 처음엔 조용히
>점점 세차게 나는 눈을 감는다 순간
>금빛 발톱으로 내 가슴을 찢고 날아오르는
>불새 한 마리
>
>—「불새」 중

그가 기다리는 예언자는 아직 오지 않고 있다(「門 밖에서」). 그 예언의 날까지 그를 비롯한 희생양들은 뼈가 갈리고 살이 찢기면서 피를 흘린다. 그 피는 '내 살을 먹고 내 피를 마시는 자는 영생을 얻으리라'고 했던 예수의 피, 즉 대속의 또 다른 변형이다. 「어둠은 내 목 위로」에서 어린 양의 목에서 흐르는 피 또한 신을 향한 대속의 의미가 있다. 이 피들은 모두 제의에 필요한 성스러운 피임에 틀림없다. 「불의 덤불」의 불도 마찬가지다. 프로메테우스 신화를 비롯해 출애굽기의 '불타는 덤불' 혹은 세례의 불에 이르기까지, 신의 모습으로 나타났던 불은 모두 성스러운 불로서 정화의 종교적 환상에 그 뿌리를 두고 있다. 그래서 고대 사람들은 제의적 의식에서 희생양의 피를 끼얹기도 하지만, 내면적이고 보다 정신적인 다비茶毘의 불로써 제단을 지피기도 했던 것이리라. 이같은 피와 불은 필연적으로 잔인하고 난폭한 폭력성을 띤다. 그것들은 충만한 힘과 폭력적인 열광을 함축하고 있기에 창조와 파괴를 동시에 주관한다. 남진우의 예언은 피와 불의 파괴를 통해 성취되는 것이며, 그 난폭성에 의해 '지평선 저 너머'로 지칭되는 세계의 끝에서 예언의 약속은 실현될 것이다. 특히 「불새」에서처럼, 재가 되어 사막 위에 쓰러지는 내 가슴을 금빛 발톱으로 찢고 날아오르는 '불새'는 죽음 한가운데서의 삶을 욕망하는 불사조의 알레고리이자 영원한 신성의 현현이다.

이 성스러운 폭력적 제의를 통해 남진우가 도달하고자 하는 곳은 '깊은 곳'이다. 그는 늘 "나는 물밑으로 가라앉는다"(「연꽃 속에 누워」), "나는 깊이 가라앉고 싶다"(「은하」)고 욕망하곤 한다. 그 깊이는 높이를 아우른다. '머나먼', '아득한' 미지의 세계에서 자신의 비전을 찾으려는 견자적 욕망의 산물이다. 그 '깊은 곳'에서 그는 스스로가 부정하고 파괴했던 세계와 자아의 죽음을 감내한다.

> 깊은 곳에 그물을 드리우라
> 진흙과 녹슨 쇠붙이와 물고기의 뼈
> 그리고 여인의 시신이 그대 그물 속에서 기어나오리라
> 깊은 곳에 그물을 드리우라
> 울음 우는 아기는 긴 밤 더욱 어둡게 하느니
> 앙상한 겨울 나무 굳게 못질한 폐가를 지나
> 이 밤 죄수들은 사슬에 묶여 변방으로 머나먼
> 사막으로 끌려가고
> 깊은 곳에 그물을 드리우라
> 성호를 그으며 떨어지는 별똥별 하나
>
> ……깊은 곳에 드리운 그물은 너무 무거워
> 다신 거두어들일 수 없다
>
> ―「깊은 곳에 그물을」 전문

'깊은 곳'은 캄캄한 바다 한가운데, 즉 물 위에 세워져 있다. 그곳은 결코 밑이 보이지 않는 "죽은 새의 뼈와 깃털만 쌓여 있을 뿐 / 내 얼굴을 비춰 줄 물 한 방울 없는"(「깊고 둥글고 어두운」) 무덤처럼 고요하고 텅 빈 '우물'로 변형되기도 하고, 포근한 어둠을 덮고 더욱 깊이 캄캄한 지층 아래로 가라앉는 '지상의 끝'이자 '세계의 끝'(「저무는 숲의 노래」)으로 변형되기도 한다. 그 '깊은 곳'에서 그가 거두어들

이는 것은 "진흙과 녹슨 쇠붙이와 물고기의 뼈 / 그리고 여인의 시신" 따위의 죽음의 파편들이다. 그 이유는 다음 행에서 밝혀지고 있는데, 어두운 밤에 우는 아기, 못질한 폐가, 사슬에 묶여 변방이나 사막으로 끌려가는 죄수들 때문이다. 이것들은 단편적이기는 하나 현실적 문맥을 암시하는 비유로 보인다. 이처럼 현실적 문맥이 개입될 때 그는 파괴적 몽상으로 나아간다. 그때 '깊은 곳'은 검은 바다, 즉 죽음의 물이 된다. 그곳은 늘 유폐된 시인을 무겁게 압도하는 죽음의 파편들이 산재해 있다.

그러나 현실적인 문맥을 떨쳐버리고 보다 순수한 몽상에 몰입하게 될 때 남진우의 '깊은 곳'은 존재의 휴식과 안존을 상징하는 '연꽃'의 공간에 도달한다. 그 연꽃은 둥글다, 환하다라는 형상성에 의해 달과 쉽게 결합되는데, 그곳에서 시인은 사랑과 생명을 얻는다.

나는 하늘을 올려다보았다 달이 감았던
눈동자를 뜨자 그 중심으로부터
한 송이 연꽃이 피어올랐다 환히 빛을
뿜어내는 연꽃

나는 두 팔을 펼치고 한없이 그 빛을
들이마셨다 내 피를 부드럽게 물들이며
온몸 가득 번져가는 달빛 서서히 내 몸
깊은 곳으로부터 한 여인이 일어나 달을 향해
걸어 올라간다 한 걸음 한 걸음 대지에서 하늘로

	입을 벌리고 달빛을 마시며

	—「달의 메아리 속으로」 중

	속삭이며 멀어져 가고 수만 마리
	뱀들이 그대 몸을 기어오른다 은비늘
	은비늘을 번득이며 그대를 휘감고 달을 향해
	기어오르는 피리소리 날름대는 혀로
	달빛을 핥으며 뱀들은 둥글게 그대를

	—「피리 부는 소년」 중

 남진우의 '연꽃'은 달의 높이와 물의 깊이에 의해 피어난다. 「달의 메아리 속으로」에서 달과 연꽃은 변별되지 않는다. 달의 눈동자 한가운데서 연꽃이 피어오르고 그 연꽃은 환한 빛을 뿜어낸다. 일반적으로 달은 생명을 비옥하게 해주는 생장, 변화, 주기성의 상징인 별로서, 빈번히 여성의 생산 주기인 월경과 깊은 연관성이 있다. 그런 달빛을 들이마신 '내' 몸 깊은 곳에서 한 여인이 일어나 달을 향해 걸어 올라간다. 이 시에서 '나'의 실체는 불확실하다. 대지일 수도, 물일 수도, 나무일 수도, 남자일 수도, 심지어 여자일 수도 있다. 중요한 것은, 물 위의 연꽃은 하늘 위의 달과 하나가 되고 그 빛은 온 세상을 부드럽게 물들이고 있다는 점이다. 그로 인해 연꽃은 죽음에서 피어난 생명의 공간이 되며, 생산의 기능을 가진 여성적 욕망의 진앙지가 된다. 모든 삶의 기원으로서의 여성성을 상징하게 된다.
 달과 연꽃의 여성성은 「피리 부는 소년」에서 더욱 분명해진다.

그 연꽃 둘레를 돌면서 연꽃 속으로 들어가고자 하는 '나'는 나비(「마른 연못」)나 뱀(「피리 부는 소년」) 등으로 변용된다. 그리고 연꽃(달)과 뱀(피리 소리)은 한 몸이 된다. 이는 남녀의 성적 결합을 상징하는 에로티시즘의 절정을 환기한다. 흔히 뱀은 땅 속의 뿌리로부터 땅 위의 줄기나 잎에까지 수액이 오르도록 생명의 숨을 불어넣어 주는 존재로 상징된다. 따라서 숨어서 껍질을 벗고 새 모습을 얻는 뱀은, 영원한 회귀의 상징인 물 위에 뜬 달 즉 연꽃과 자연스럽게 결합할 수 있는 것이다. 만다라로서의 연꽃은 충만한 원을 상징하는데, 그 둥근 형상은 순환성과 함께 이상적인 완전한 공간성을 강조한다. 그 둥긂은 자궁이나 동굴, 궁륭과 같은 여성적 내부나 비밀한 은둔처로서의 자기 완전성을 증대시킨다. 따라서 달이나 연꽃 속으로 들어가는 것은 근원으로의 회귀를 의미한다.

특히 뱀을 싸안고 있는 연꽃의 형상은 죽음과 소생의 비밀을 간직한 관능적 다산성과 양성성을 동시에 표상한다. 이러한 연꽃은 자신의 꼬리를 물고 있는 뱀, 그러니까 순환의 주기 나아가 영원회귀를 상징하는 우로보로스Ouroboros의 또 다른 변형이기도 하다. 즉 완전한 인간과 관능적 만족을 추구하는 양성적 존재Androgyne로서의 상징성을 획득한다. 이로써 연꽃 속에 스며드는 뱀은 곧 현재적 시간과 공간을 거슬러올라 본래적 자아를 찾는 종교적이면서 관능적인 우주적 몽상이자 구원을 상징한다. 자기인식, 사랑, 구원의 삼위일체가 완성되는 순간이다. 이것이 바로 연금술사인 시인 남진우의 꿈이다.

2 나르시시즘, 사랑, 죽음, 그리고 시쓰기

첫시집에서 보여주었던 제의적 죽음은 두 번째 시집 『죽은 자를 위한 기도』(문학과지성사, 1997)에 이르면 더욱 다양한 수사의 옷을 입게 된다. 자신의 삶으로부터 스스로를 비워내거나 지워버림으로써 죽음이라는 존재의 심연을 들여다보는 두 번째 시집은 관뚜껑을 두드리며 나오는 듯한 강렬한 죽음의 이미지들로 가득하다. 그는 이제 깊은 밤마다 '더 깊은' 악몽의 바다로 나가 덜그럭거리는 주검의 '마른 뼈'를 투망질한다. "자기 살해의 꿈보다 더 감미로운 꿈이 있을까. 칼날이 심장을 관통할 때의 섬뜩함만이 인간에게 주어질 수 있는 유일한 축복이지 않을까. 오직 죽은 자만이 성스럽다"(시집 뒷장의 시작메모)라고 고백하면서 그는 어서 죽음이 찾아와주기를 기다리고 간구한다.

"나는 기억한다 나의 죽음을……"(「불멸」)이라고 단호하게 언명하는 남진우의 시편들은 신경증으로 느껴질 정도로 죽음에의 몽상에 사로잡혀 있다. 그는 삶의 도처에서 찾아낸 기괴한 죽음의 이미지 위에 자신의 미래를 포개곤 한다.

> 모든 죽음 위엔 나무가 자란다
> 무성하게 묘지를 둘러싸고 잎 없는 가지를 펼치는 나무들
> 나무가 흘린 피가 다시 땅속으로 스며들어
> 그 밑에 누운 주검을 조용히 어루만지는 오월 아침
>
> ―「공원묘지」 중

그는 현실을 공원묘지로 파악한다. 땅 속 죽은 자들의 부패한 몸에 뿌리내리고 자라나는, 공원묘지의 나무를 보면서 우리 삶의 진면목을 통찰해내고 있다. 주검을 빨아먹는 나무의 뿌리처럼 그의 촉수는 끊임없이 땅 밑 죽은 자의 세계로 뻗어가고 있는 것이다. 죽음에 대한 매혹과 공포, 그 운명적인 비극성을 근간으로 하는 두 번째 시집의 언어는 죽음에 대한 불안의 수사이자 탐닉의 수사라 할 수 있다.

먼저, 그의 죽음에 대한 성찰은 "마지막 심판 다음에 있을 그 무엇을"(「해일」)이나 "죽은 자들로 하여금 땅을 파고 / 죽은 자들을 묻게 하라 죽은 자들의 머리맡에 / 꽃을 뿌리고 죽은 자들과 더불어 춤을 추다가 / 그들끼리 어울려 잠들게 하라"(「증언」)와 같은 구절이 암시하듯, 종말에 대한 예언적 신화 혹은 종교적 상상력과 연결되어 있다. 첫시집과 연계되는 부분이다. 이와 같은 상상력은 그의 죽음의 시편들을 탈역사화된 공간, 즉 절대적이고 보편적인 재앙으로서의 세계 멸망에 대한 알레고리로 읽혀지도록 한다. 그러나 그의 죽음에의 몽상이 여기에 머물고 있다면 그 추상성과 상투성으로 인해 일정 부분의 시적 성취를 놓쳤을 것이다. 무엇보다도 그의 시편들이 빛나고 개성적인 것은 죽음에의 몽상이 '사랑'과 '시쓰기(말)'에 대한 성찰과 결합하고 있다는 데 있다. 이는 곧 무엇이 그로 하여금 그토록 죽음에 이끌리게 하는지에 대한 실제적인 대답이기도 하다.

연인들의 매혹적인 사랑과 맞물려 있는 죽음은 다음과 같은 시구를 낳는다.

　　마지막 한 겹 달빛을 사이에 두고

우린 두 손을 마주잡는다
바르르 떠는 네 입술에 내 입술을 대고
서로의 입에 머금은 달빛을 나눠 마실 때
먼 허공을 가로지르는 마른번개 한 줄기

내 품에 안긴 네 얼굴이
피를 흘리며
달빛 아래 눈부시게 타오르다 스러진다

―「혼례의 밤」 중

  연금술은 남성성과 여성성의 다양한 결합을 기본 원리로 한다. 따라서 연금술사의 언어는 몽상가의 넋 속에 결합된 아니무스와 아니마의 대화이자, 그 감정적인 언어로 이해될 수 있다. 연금술사 남진우에게 있어 달빛은 네 입술에 내 입술을 대고 서로 나눠 마시는 관능적인 사랑을 환기한다. 그러나 그 달빛은 함께 나눠 마시는 순간 사랑하는 사람의 품에 안긴 채 피를 흘리며 스러져야 하는 독배毒杯이기도 하다. 사랑, 그것은 '죽음까지 파고드는' 삶이다. 죽음은 그에게 몸을 열고 그는 죽음에게 몸을 연다. 이때 달빛은 붉은 입술이 환기하는 사랑에의 매혹과 피가 환기하는 죽음에의 유혹을 동시에 발산한다. 사랑이란 두 사람의 강렬한 교환이 아니라 서로의 자아를 부숴버림으로써 만족을 얻는 욕망인지도 모른다. 그러한 욕망의 충족 역시 폭력을 부른다.
  첫시집의 여성성·생산성·관능성의 표징인 달(빛)이, "유골단지에서 뼛가루가 쏟아져나와 사방에 흩날린다"(「달」)나 "마당 가득 깔린 / 달빛 속에서 죽은 자들이 일어선다"(「밤」)에서처럼 '죽음을 예고하는 꽃가루'로 인식될 때, '달'에 대한 집요한 은유들은 사랑의 심오한 깊이와 상징성을 새롭게 부여받는다. 즉 달빛에 죽음의 이미지가 첨가될 때 "너무도 많은 재가 쌓이는 밤 / 내 잠은 재의 무게에 눌려 점점 납작해진다"(「재의 수첩」)처럼 '재'의 이미지로 변주되는가 하면, '마른번개'와 같은 폭력성을 획득할 때 그것은 '가시'가 된다.

사랑하고 싶을 때
내 몸엔 가시가 돋아난다
머리 끝에서 발끝까지 은빛 가시가 돋아나
나를 찌르고 내가 껴안는 사람을 찌른다

가시 돋힌 혀로 사랑하는 이의 얼굴을 핥고
가시 돋힌 손으로 부드럽게 가슴을 쓰다듬는 것은
그녀의 온몸에 피의 문신을 새기는 일
가시에 둘러싸인 나는 움직일 수도 말할 수도 없이
다만 죽이며 죽어간다

(…중략…)

사랑이 끝나갈 무렵
가시는 조금씩 시들어간다 저무는 몸

저무는 의식 속에 아스라한 흔적만 남긴 채
가시는 사라져 없어진다

가시 하나 없는 몸에 옷을 걸치고
나는 어둠에 잠긴 사원을 향해 떠난다
이제 가시 돋친 말들이
몸 대신 밤거리를 휩쓸 것이다

— 「어느 사랑의 기록」 중

    사랑하고 싶을 때 돋아나는 '은빛 가시'는 서로 죽이며 죽어가는 참혹한 사랑을 부른다. 그 가시는 사방에서 부딪쳐 와 눈의 망막을 찢고 목젖에 단단한 갈고리처럼 걸려 온몸을 가시만 남게 한다. 그러고는 다시 누군가의 가슴에 박힌다(「내 그물로 오는 가시고기」). 뿐만 아니라 제 살 속에서 한시도 쉬지 않고 저를 찌르기도 한다(「가시」). 죽음에 이르는 사랑, 그 안에 내재하는 가학과 피학의 속성이 상대방을 찌르고 스스로를 찌르는 '가시'로 형상화되고 있다. 몸 속에 뼛가루처럼 들어차는 달빛(「달」), 입과 폐와 머릿속에 가득한 재(「어느 싸움의 기록」), 그리고 온몸을 산산이 찢어 헤치는 가시(「가시」)가 그러하듯, 그에게 있어 죽음은 몸의 일부나 온몸으로 감지될 수 있는 감각적인 구체성과 실체성을 띠고 다가온다. 이 외에도 죽음은 온몸을 휘감고 내 안으로 기어들어 오는 땅거미(「땅거미 속으로 저무는 풍경」)나 몸에서 스며 나오는 음산한 향기(「복도의 끝, 거울이 걸린」)로 지각되기도 하고, 때로는 목에 박혀 피를 빠는 날카로운 이빨(「공포 영화와 함께 이 밤을」)이나 입을 타고 목구멍으로 밀려와 내 속을 순식간에 메워버리는 진흙(「심문」), 몸을 파고 여기저기 박혀 오는 삽날(「식물 인간」)로 지각되기도 한다. 이러한 편집증적인 반복은 죽음의 감각성과 구체성을 환기하려는 시인의 지향성을 드러내고 있다.

인용시 「어느 사랑의 기록」 마지막 부분도 주목을 요한다. 가시 돋친 몸으로 서로를 껴안고 서로의 심장을 꿰뚫는 그 사랑이 거기서 끝나지 않고 '가시 돋친 말'로 부활하고 있기 때문이다. 몸의 사랑이 말(시쓰기)에 대한 사랑으로 전화되고 있는 것이다. 따라서 '가시 돋친 말' 속에 숨어있는 죽음의 징후들을 살펴보는 것은, 말하기와 시쓰기가 함의하는 공격성과 폭력성에 대한 점검 행위가 될 것이다.

오 말들이여
죽고 난 뒤에도 살아서 지상을 떠도는
말의 순결한 영혼들이여
그대 목덜미에서 흐르는 피는 얼마나 따스한가
피 묻은 입술로 속삭이는 사랑은 얼마나 달콤한가

피에 굶주린 자는 말을 유혹하는 법
검은 옷자락을 펄럭이며
십자가와 마을을 피해 밤을 달리면서도
나는 불 속으로 뛰어드는 나방처럼
비명 속으로 몸을 던진다

그리운 피의 샘에 입술을 처박고 오오래
결국은 내 자신의 피를 빨며, 나는 떠올린다
그림자처럼 다가온 그들이 햇불 아래서
내 사지를 절단하고 심장을 파내는 것을
그렇다면 내 마지막 사랑의 복수는
처절한 외침을 이 지상에 뿌려주는 것

내 스스로의 비명에 못박혀 나는 죽는다

―「흡혈귀」 중

    시인이란 말을 붙잡아 말과 함께 꿈꾸고 말을 낳는 자다. 애당초 남진우에게 시는 '태우지 않고 빛을 내는 떨기나무 불꽃 덤불'로 인식되었으나 지금은 그 불꽃이 사그라든 자리에 남은 '한줌 재'(「시작노트」)에 불과하다. 인용시처럼 말에 대한 사랑 혹은 시쓰기란, 오늘날 피 묻은 입술로 속삭이는 흡혈귀의 사랑으로 전락하고 있다. 뿐만 아니라 시인은 말[語]과 말[馬]을 동시적으로 환기시켜 그 말들을 다루는 푸주한과 '나'를 같은 위치에 놓는다. 이런 발상은 "푸주한만이 긴 밤 식칼을 갈며 / 내일 아침 길을 잃고 이곳에 들를 재수 없는 / 또 다른 말을 기다리고 있"(「푸주간에 가다―시인의 집」)는 정황에서 보다 분명히 드러난다. 말의 목덜미에 흐르는 따스한 피에 매혹당한 '나'는 말의 피를 빨기 위해 말의 비명 속으로 뛰어든다. 그러나 결국 스스로의 피를 빨고 스스로의 사지를 절단하고 심장을 파냄으로써 나는 나의 비명 속에 못 박혀 죽는다. 시쓰기와 시인을 떼어낼 수 없듯, 말과 '나'는 하나인 것이다. 그러므로 피에 굶주린 자는 말을 유혹한다는 표면적 진술은, 말에 굶주린 시인은 피를 부른다의 의미로 읽혀진다. 푸주한이나 시인은 모두 말들과 사랑에 빠진, 그 말들이 흘리는 피에 굶주린 흡혈귀인 셈이다.

시쓰기의 본질은 가장 어두운 곳까지 내려가는 힘에서 비롯된다. 그러한 어둠을 향한 시쓰기의 본질은 죽음의 매혹과 관계 깊다. 죽음과 친숙해지려면 죽음과 방탕을 결합시키라고 말한 이도 있지만, 남진우는 죽음과 친해지기 위해 사랑과 시쓰기를 결합시킨다. 육체의 유한성, 시쓰기의 유한성을 뚫고 나갈 힘이 있다면 그것은 죽음을 넘어선 불멸의 체험에 의해 가능해진다. 남진우는 그러한 신비체험을 육체의 에로티시즘과 시쓰기의 나르시시즘을 통해 완성해내려 한다. 이는 곧 시쓰기를 통해 '죽음까지 파고드는 삶'을 완성하려는 그의 의지를 드러내준다 하겠다. "혀 밑에서 느껴지는 쓰디쓴 재의 맛"(「재의 수첩」)이나 "뒤돌아볼 틈도 없이 진흙활자들이 / 더운 김을 뿜어내며 살갗에 달라붙는다"(「심문」), "문득 책을 펼치다 / 낯선 종이에 손을 베인다"(「책 속의 칼」)와 같은 구절들에서도, 그의 죽음이 말하기 혹은 시쓰기와 연결되어 있음을 다시 확인할 수 있다.

이렇듯 '사랑'뿐 아니라 '시쓰기'와 결합된 그의 죽음의 이미지들은 너무도 강렬하고 집요하여, 단순한 공포를 넘어 '어디까지 가려나, 어쩌려고 이러나'하는 불안까지를 자아내게 한다. 그러나 안심하시라. 그의 시에서 죽음은 대부분 '잠(악몽)' 속에서 감지되고, '거울'을 통해서 인식되고 있기 때문이다. 그는 이 세계를 죽음에 이르는 '잠'의 언어로 변형하고 이 세계를 죽음으로 반사되는 '거울'의 언어에 투사시킨다. 그것은 곧 몽상의 시적 장치이기도 하다.

> 심심하면 잠자는 내 목을 휘감아 조르기도 하고
> 유리창에 제 모습을 비춰보기도 하다가
> 사방 연속무늬로 번져나가는
> 천장과 벽을 일순간 피로 물들이기도 한다
> 악몽 속의 온갖 모습을 춤추며 일렁거리다가
> 내장은 새벽이 되기 전 간신히 제자리로 돌아온다
> ―「잠」 중

> 이윽고 멈춰선 너의
> 감긴 두 눈에서 눈물 대신
> 검은 머리카락이 흘러내린다
> 입에서도 귀에서도 검은 머리카락 쉴새없이 흘러내린다
> 거울을 마주보고 서 있는 네 몸에서 스며나오는 음산한 향기
> ―「복도의 끝, 거울이 걸린」 중

가시(뿔), 달(빛), 재와 같은 죽음을 부르는 대부분의 상징들은 「잠」에서처럼 '잠' 속의 꿈, 즉 악몽의 옷을 입고 있다. 잠에 들면, 내 몸의 일부였던 온갖 내장들이 빠져나와 부유하며 죽음의 악몽을 펼치곤 한다. 때문에 그에게 있어 죽음의 시작은 바로 꿈의 시작이다. 그것은 곧 죽음이 몽상 속에서 연출되고 있다는 것을 의미한다. 그의 죽음이 그토록 괴기스럽고 생생하게 묘사되고 있음에도 현실

과 일정한 거리를 유지하는 까닭이기도 하다. 밤의 꿈은 우리에게 속하지 않고 그 밤에는 미래가 없다. 그래서 발레리는, 꿈이란 자리를 비운 사람을 잘못 착각했다는 듯이 찾아오고 밤에는 다른 어떤 사람이 꿈을 꾼다라고 하지 않았던가. 남진우는 이 밤과 잠의 시간을 선택해 죽음에의 환영을 흩뿌린다. 악몽으로 이어지는 죽음에의 몽상은 한밤의 몽상이다. 그렇다고 그의 죽음이 '꿈에 지나지 않는다'는 것을 얘기하려는 게 아니다. 단지 그의 죽음의 시편들은 천천히 그리고 현실과 일정한 거리를 두고 읽혀져야 한다는 것이다. 몽상의 본질 자체가 우리를 현실로부터 해방시켜주듯 그가 꿈꾸는 죽음에의 몽상이 현실의 삶에 대한 적극적이고 능동적인 도피인 동시에 삶을 이끌어 가는 원동력이라 믿으면서 말이다.

자세히 들여다보면 시인 또한 죽음으로부터 일정한 거리를 유지하고 있다. 이를테면, 죽음을 향해 팔짱을 낀 채 고개를 가로젓거나(「우리 시대의 표류물」), 죽음의 배에 불을 질러 더 먼 바다로 떠나보내려는(「검은 돛배」) 데서 죽음에 대한 시인의 거리의식을 읽을 수 있다. 이 외에도 창문 저편에서 지켜 보고 있는 '누군가의 시선'(「우리 시대의 표류물」, 「죽은 자를 위한 기도」), 넌 이미 죽었다고 전해 오는 죽은 자들의 차디찬 '음성'(「목소리―심야 통화」)이나 '전화벨 소리'(「고요」), '공포영화'(「공포 영화와 함께 이 밤을」) 등에 의해서도 죽음에의 간접화 장치는 마련되고 있다. 환시나 환청, 허구의 양태에 의해 죽음이 전달되고 있는 것이다. 그가 느끼는 죽음의 공포는 역설적이게도 이처럼 죽음을 간접화하고 객관화하는 데서 오는 것인지도 모른다. 그런 의미에서 그는 단지 죽음을 탐닉하는 자가 아니라 죽음을 예견하고 경고하는 자다. 그는 죽음을 불러들임으로써 삶을 부정하는 것이 아니라 죽음을 불러들임으로써 삶을 초월하고 완성시키려 한다.

밤을 배경으로 하는 악몽은 또한 어두운 골방에 처박힌 내게 아득히 먼 세상 이야기만 들려주는 물(「해일」)이나 피처럼, 끈적거리고 한량없이 어두운 웅덩이에 고인 검은 물(「그때 그곳에서」)로 변용된다. 그 검은 물이나 피는, 인용시 「복도의 끝, 거울이 걸린」에서처럼 시인의 예고를 강하게 드러내는 나르시시즘의 '거울'이 된다. 시집 해설에 따르면 이를 '검은 나르시시즘'이라 명명하고 있다. 나르시시즘적 인간이 선택할 수 있는 가장 아름답고 은밀한 유희는 죽음이다.

남진우는 일체의 전망을 상실한 이 세기말의 막골목에서 죽음의 유희를 선택함으로써 시인으로서의 위의威儀를 보호하려는 것인지도 모른다. 「잠」의 '잠'이 그의 몸 속으로 죽음이 고여들도록 하는 기능을 한다면, 「복도의 끝, 거울이 걸린」의 '거울'은 그의 몸 속에 고인 죽음을 드러내는 기능을 한다. 그러나 그것이 잠이든 거울이든, 현실에 대한 두려움의 뿌리 드러내기라는 점에서는 같다. 눈과 입과 귀에서 흘러내리는 검은 죽음들로 검게 쪼그라든 '실뭉치'가 되어버린 시적 자아를 되비추는 '거울'이 걸린 복도 끝, 그의 예지력은 남보다 빨리 그 섬뜩한 곳에 당도한다. 이 거울 속에서 그는 죽음의 심연을 들여다본다. 이 역시 그의 사랑 혹은 시쓰기가 '거울'에 비춰진 나르시시즘에 뿌리를 두고 있음을 다시 한 번 확인시켜 준다. 자기파괴를 꿈꾸는 나르시시즘이 시인으로 하여금 철저하게 죽음과 대면케 한다고 할 때, 이때 '잠' 혹은 '거울'은 죽음에의 몰입을 차단시켜 그 자체를 미학적 구조로 형상화해내도록 하는 장치가 되고 있다.

남진우의 곁에는 항상 죽음이 있다. 유한한 존재인 인간이 죽음이라는 자신의 무한한 심연을 꿈꾼다는 것에는 이미 고통과 폭력이 내재해 있다. 물론 그 꿈은 저 위대한 연금술사들의 욕망과도 상통할 것이다. 그러므로 무한을 유한 속에 담으려는 어찌 보면 터무니없는 그의 시편들을 읽어내는 일이란 기괴하면서 신비롭고, 고통스러우면서도 아름답다. 그러나, 그럼에도, 결국 삶이란 죽음을 부정한다. 생명이란 죽음을 단죄하고 배척한다. 그러기에 죽음에의 저항 혹은 두려움이야말로 만물의 영장인 인간에게 가장 강하게 드러나는 것이 아닐까. 사실 문명 사회가 보여주는 죽음 앞에서의 장엄한 의식과 그것에 대한 경외심은 죽음에 대한 엄청난 저항과 두려움의 다른 표현이다. 그의 시편들 역시 죽음에서 삶의 분출을 느끼게 하고 삶으로부터 죽음의 폭력성을 느끼게 한다. 죽음이 삶과 이어져 있으며, 죽음은 삶의 표징이자 무한한 삶을 향한 열망의 다른 이름일 뿐이다. 그래서 카프카는 문학이 고열이라 했던가. 열을 내리게 하는 것으로 건강하게 되는 것이 아니라 그 고열만이 문학을 정화하고 빛나게 한다고 했던가. 남진우가 죽음을 넘나들며 고열에 들떠 다음과 같이 읊조리고 있는 이유도 여기에 있다.

> 내가 끌고 온 관에 누워
> 검은 빗줄기가 관뚜껑을 두드리는 소리를 들으며
> 다시 하룻밤을 청하는 나날이여
> 　　　　　　　　　— 「나그네는 길에서도 쉬지 않는다」 중

뱃집 좋은 곡비哭婢의 노래
문정희론

문정희는 뱃집 좋고 맷집 좋은 시인이다. 뱃구레라고도 하는 이 뱃집이 좋다는 것은 배의 통이 크다, 뱃심이 좋다, 배짱이 세다는 의미다. 매를 맞고도 견딜 만한 튼실한 몸집, 이름하여 맷집이 좋다는 것도 유사한 맥락이다. 그의 큰 몸집, 자신만만한 몸놀림과 손짓, 우렁찬 목소리는 당당하고 떠들썩한 여장부를 연상시킨다. 그러나 그와 잠시만 얘기해 본다면 온몸에 넘쳐흐르는 이 호방한 에너지 속에는 상대방에 대한 섬세하고 부드러운 배려가 잘 갈무리되어 있음을 금세 알 수 있다. 그의 단단한 뱃집 혹은 맷집이 싸안음의 넓이 혹은 깊이를 확보하고 있는 것이다. 이 뱃집을 이루는 품·배·자궁 등의 인체 기관은 원형적인 여성 형상인바, 가운데가 비어있음으로 해서 채움 혹은 품음의 그릇이 될 수 있다. 특히 맷집이라는 단어는, 시인에게 가해졌던 여성으로서의 인습적 편견과 '무리짓지' 않음으로 해서 소외되었던 문학적 평가를 연상시킨다. 그럼에도 불구하고 문정희의 배의 집 한가운데는 결코 굴하지 않고 길들여지지 않는 야성野性이 당당하게 버티고 있다. 그곳은 절망과 희망의 배양소이자 죽음과 생명의 거소이다. 삶을 향한 불꽃 같은 열정을 담고 있는 그의 언어는 머리나 가슴이 아닌 바로 이 배의 집에서 끌어올려진다. 때문에 그에게 있어 시는 "목적이 아니라 정열이며, 또한 직업이 아니라 건강"(시작노트-Ⅵ)이다.

뱃집 좋고 맷집 좋은 사람들이 그렇듯, 시인 문정희는 입심도 좋다. 그의 언어는 어떤 대상이든 막힘이 없고 어떤 형식이든 자유롭다. 그는 분방한 상상력을 자연스러운 설명이나 산문적·극적인 표현 방식을 빌어 편안하고 쉽게 담아내곤 한다. 무엇보다도 30여 년이 넘는 긴 시력詩歷과 20여 권이 넘는 다채로운 장르의 시집들과 산문집들이 이를 증명해 보이고 있다. 그러나 이처럼 방대한 입심은 평론가들을 난감하게 하는 일임에 틀림없다. 한정된 시간 안에 이 모두를 살펴보는 일도 힘에 부치는 일이거니와, 그의 시세계를 꿰뚫는 일목요연한 척도 내지는 특징을 찾아내는 일도 지난한 작업이기 때문이다. 따라서 이 글에서는 대표적인 서정 시집들에 한정해, 모든 존재의 근원으로서의 배의 집, 그 안에 깃든 그의 야성적 여성성을 추적해 보고자 한다.[1]

---

[1] 문정희는 지금까지 7권의 시집을 상재한 바 있다. 『문정희시집』(월간문학사, 1973)-Ⅰ, 『새떼』(민학사, 1975)-Ⅱ, 『혼자 무너지는 종소리』(문학예술사, 1984)-Ⅲ, 『찔레』(전예원, 1987)-Ⅳ, 『하늘보다 먼 곳에 매인 그네』(나남, 1988)-Ⅴ, 『별이 뜨면 슬픔도 향기롭다』(미학사, 1993)-Ⅵ, 『남자를 위하여』(민음사, 1996)-Ⅶ 등이 있다. 이 글에서 로

1 곡비哭婢의 싱싱한 주술

다만 허허벌판에
새들은 먼 하늘로 흘러가고

내가 만든 바람
그 넓고 싱싱한 울음이
나를 흔드네.

― 「갈대의 노래」 중(Ⅰ)

나는 검은 새를 기르는
저 큰 물결 위의

아프고 찬란한 노을이 되어
노을 속 어머니의 노래가 되어

흔들리고 있을 뿐이다.

― 「감기」 중(Ⅰ)

━━━━━━
마 숫자를 명기하지 않은 인용시는 『남자를 위하여』 이후에 발표한 작품들이다. 이 외에도 고등학교 시절 각대학 백일장 입상작품 모음집 『꽃숨』(한국공판사, 1965), 연시집 『제 몸 속에 살고 있는 새를 꺼내주세요』(들꽃세상, 1990), 장시집 『아우내의 새』(일월서각, 1986), 시선집 『그리운 나의 집』(예전사, 1987), 『우리는 왜 흐르는가』(문학사상사, 1987), 『어린 사랑에게』(미래사, 1991) 등이 있으나 여기서는 논외로 한다.

첫시집에 수록된 이 시들에는 그의 시적 특징이 집약되어 있다. 그가 즐겨 사용하는 새·바람·울음·물(결)·어머니·노래·흐름 혹은 흔들림 등의 시어는 물론, 한 행이 4음보를 넘지 않고 각 연이 2행으로 되어 있으며 전체가 7연 정도의 호흡을 이루는 초기시의 주된 형식적 특성도 잘 드러나고 있다. 그는 자주 시적 자아를 '새'에게 투사시키곤 한다. 인용시들에서도 멀고 큰 세계를 향한 자유에의 의지를 담고 있는 새는 '나'와 한 몸 되어 있다. 날아오르는 모든 것들은 존재에 눈을 뜨며 존재에 참여한다. 그 눈뜸의 순간 몸은 육신을 떠나 확장되기 때문이다. 「갈대의 노래」의 '바람'이나 「감기」의 '노을'은 새의 비상과 그 비상의 확장성을 증폭시킨다. 거기서 비롯되는 '넓고 싱싱한 울음'이나 '어머니의 노래'도 마찬가지다. 그러나, 문정희의 새는 대부분 자유로운 존재에의 비상으로 나아가지 못한 채 '흐르거나' '흔들리고' 있다. 인용시뿐 아니라 그의 시전체에서도 이 '흐른다'와 '흔들린다'는 중요한 술어다. 울다, 날다, 지나가다 등의 파생 술어와 함께 강물의 지속성이나 눈물의 유출성을 환기시키곤 하기 때문이다. 그 흐름 혹은 흔들림은 하늘과 땅, 비상과 추락, 자유와 유폐, 나와 너, 남성과 여성, 기쁨과 슬픔, 삶과 죽음 사이에 끼인 시인의 현실태다. 이 부정형의 유동성은 비상에의 욕망에 부합하지 못하는 존재의 무거움과 상처를 보여주고 있다.

흐름 혹은 흔들림에서 비롯되는 넓고 싱싱한 울음이나 아프고 찬란한 어머니의 노래는, 상가喪家를 찾아다니며 '전문적으로 대신 울어주는' 곡비의 곡哭으로 구체화된다. 위에서 언급한, 삶과 죽음을 비롯한 그 모든 경계 한가운데 자리잡고 앉아 그 경계를 잇거나 무화시키는 존재가 바로 곡비다.

> 이 세상 가장 슬픈 사람들의 울음
> 천지가 진동하게 대신 울어주고
> 그네 울음에 꺼져버린 땅밑으로
> 떨어지는 무수한 별똥 주워 먹고 살았다.
> 그네의 허기 위로 쏟아지는 별똥 주워 먹으며
> 까무러칠 듯 울어대는 哭곡소리에
> 이승에는 눈 못 감고 떠도는 죽음 하나도 없었다.
> 저승으로 갈 사람 편히 떠나고
> 남은 이들만 잠시 서성일 뿐이었다.
>
> ―「哭婢곡비」중(Ⅴ)

'가장 아프고 가장 요염하게' 울면서 '哭곡을 팔고 다니는 哭婢곡비', '옥례엄마'는 시인의 다른 이름이다. '전문적으로 우는 법' '이 세상 사람들의 울음 / 까무러치게 대신 우는 법'을 깨우친 사람이야말로 시인이기 때문이다. 눈물과 소리가 어우러진 곡은, 눈과 귀에 의한 물과 바람의 이미지를 종합적으로 환기한다. 시인은 물과 바람의 이미지에 의해 표표(飄飄)히 풀어지고 흘러갈 때 세상 모든 대립적인 것들을 화해시키고 세상 모든 날카로운 것들을 감싸안을 수 있다고 보는지 모른다. 이처럼 흐르면서 번지고, 풀어지면서 흡수되는 곡소리가 바로 그의 언어다. 그는 물과 바람이 지니고 있는 그 유동의 힘 혹은 생명력을 간파하고 있는 시인임에 틀림없다. 그 곡소리는 감염을 통한 확산, 즉 자연스런 스밈이나 체험의 육화를 특징으로 한다. 때문에 시인 내면에 가라앉아 있던 여러 생각과 감정들이 이 곡을 통해 발현된다.

그러나 한 가지 짚고 넘어가야 할 것은, 말하듯 편하고 그리고 노래하듯 자연스러운 그 언어들이 때로 시의 의미를 미끄러지게도 한다는 사실이다. 곡비의 울음이 세련되면 될수록 그 슬픔이 미끄러지듯, 일상화된 가락 혹은 리듬은 의미를 상쇄시킬 수 있기 때문이다. 그렇다면, 곡비가 된 시인은 무엇을 울고 있는가.

> 날을 수 없는 時間시간의 가지 위
> 눈멀고 말 못하고
> 부호로만 울던 새
> 어디서 죽나.
>
> 내 안에서 죽어
> 詩시 쓰는 저녁
> 불로 살아나고
>
> 허공밖의 눈이 되어
> 아픔으로 서성이고
>
> ―「새의 行方행방」 중(Ⅱ)

시대와 허위

그리고 하늘 한가운데 떠있는
저 완강한 우리들의 폭군을 향해
작두날 위에서
봉두난발 무당춤을 한바탕 추고나서
나는 망령 같은 머리를 풀고
비로소 그의 완벽한 폭풍 속에 누어
오래 울음 운다

― 「폭풍 속에서」 중(Ⅴ)

눈물 속에는 눈물 속에는
나의 어린 새끼손가락 가시를
서럽게 파내시던
어머니의 모습이 자라고 있습니다.

― 「하늘」 중(Ⅰ)

 먼저 그의 울음의 밑바닥에는 「새의 行方행방」의 '눈멀고 말 못하고 부호로만' 떠도는 언어에 대한 절망과, 「폭풍 속에서」의 허위로 가득 찬 시대적 어둠이 자리하고 있다. 제대로 보지 못하고 제대로 표현할 수 없는 죽은 언어란 시인에게 가장 치명적인 절망의 씨앗일 것이다. "다시 노래가 되고 / 노래는 흐르고 흘러서 / 아, 감동의 푸른 나무로 부활"(「참회 詩시Ⅰ」–Ⅱ)하는 언어야말로 모든 시인이 꿈꾸는 이상이다. 그러나 '불로 살아나는' 그와 같은 언어는 어둠 속에서 '온몸으로 통곡'함으로써 가능하다. 말로써 감동하던 시대는 이미

갔고, 이 시대는 허위와 폭압으로 가득 차 있기 때문이다. 그러나 보다 문정희다운 울음은 「하늘」에서 확인된다. 그의 눈물은 할머니에서 어머니에게 또 어머니에서 나에게로 '대대로 내려오는 눈물 사마귀'이며, '내 운명 속의 천국과 지옥'(「사마귀를 뽑으며」- V)의 노래이다. '눈물 끝, 그리움의 끝, 죽음의 끝'에서 '가장 시리운 시간이면 기어 나오는 / 저 뼈의 아우성'(「이번 겨울」- I)이기도 하다. 이처럼 '뼈에서 나는' 시인의 울음은 시간에 대한 비극적 인식과 여성의 성性에 대한 운명적 인식을 근간으로 하고 있다. 시간과 역사, 성性과 육체, 관습과 도덕이 바로 그를 가장 슬피 울게 하는 요인이다.

곡비 문정희의 울음은 이처럼 죽은 언어, 허위와 폭압의 시대적 어둠, 고루한 인습 따위를 겨냥한 싱싱한 주술의 소리다. 그리고 자신과 세계에 대한 열정과 연민, 회한과 사랑이 뒤섞인 그 울음은 시인의 자궁 속에서부터 터져나오는 여성의 소리다. 시인의 내면에 감춰진 야성적 본능인 '천 도의 불'과 '만 도의 뜨거움'으로 꿈을 태우고 영혼을 살라 만든 어머니의 노래이며, 그 야성의 지혜로 '이 세상 가장 슬픈 사람들의' 상처를 치유하고 새로운 삶을 창조하게 하는 양수羊水의 노래이다. 그같은 울음을 통해 문정희만의 "솔바람보다도 창창하고 / 종소리보다도 은은한 / 노래" 혹은 "온몸으로 받아들이되 / 자신은 그림자조차 드러내지 않는 / 오래도록 못 잊을 / 사랑"(「유리창을 닦으며」-VI)은 발현된다.

2 사포의 섬, 레스보스의 여전사女戰士

시인 문정희가 "나의 언어는 포르노나 음흉한 악녀를 꿈꾸며 낯설고 / 버르장머리없는 무법자가 되어 언제나 불새처럼 날고 싶다"(시작노트)라고 당당하게 벼릴 때, 사포Sappho가 태어나 자란 레스보스Lesbos(문학을 애호하는 그리스 여성의 지적 활동의 중심지)의 여전사를 떠올리게 한다. 그는 마치 사포처럼 아니 레스보스의 여전사처럼, 여성의 원죄의식에 저항하고 자유를 갈망하는 광기와 폭력의 상상력을 펼쳐 보인다. 그와 같은 위악적 일탈은 자아의 상실이라기보다 '여성적 자아'를 보호하고 '여성적 야성성'을 발현하는 구실을 한다. 여성적 모험의 은유인 셈이다.

가령 별이라거나
길이라거나
우리들의 시선이라거나 하는
낯익은 풍속에
그만 작별을 고하고 싶다.

어느 나라 어느 산맥의
자비하신 신의 손길도
씻을 수 없는 죄의 여자
빛나는 칼날 위에 춤 추며
맨살 호려내는

> 폭풍 같은 무녀의 피
> 그런 속도 속에 서 있고 싶다.
>
> ―「새 주소」 중(Ⅲ)

　시인은 여성적인 것이라고 강요된 '낯익은 풍속'으로부터 벗어나고자 한다. '낯익은 풍속'의 굴레 안에서 여성의 야성적 욕망을 충족시킬 수 있는 길은 극히 제한되어 있다. 아니 그런 욕망이야말로 치욕스런 '씻을 수 없는 죄'이기에 긴 머리칼로 감추고 살아야 한다. 그러나 시인 안에 깃든 야성성, 여걸女傑의 그림자는 이 '낯익은 풍속'과 원초적인 '죄'의식을 과감히 떨쳐버린다. 그는 먼저 여성의 씻을 수 없는 원죄를 거부한다. 그리고 칼날 위에서 맨살로 춤추는 '무녀의 피', 그 거칠고 통제할 수 없는 광기의 속도에 몸을 맡긴다. "태어날 때부터 나의 피 속에는 / 죄도 없이 죄의 피 흐르고 있었다. / 골골이 뜨겁게 광기와 바람으로 달아 있었다"(「수숫대」-Ⅴ)라고 토로할 때, 그 '광기와 바람'은 '무녀의 피의 속도'의 또 다른 변형이다. 그것들은 모두 여성으로서의 원초적인 삶 그 자체이거나 그 안에 내재한 관능적 사랑의 다른 표현인바, 여성 안에 깃든 신성한 야성성의 발현에 대한 예고다. 이 신성한 점화를 북돋아주는 것이 바로 '속도'다.

　그는 단순히 원죄를 거부하는 데서 그치지 않고, "누구도 다스릴 수 없는 / 아름다운 죄 짓는 거 즐거워라"(「사과를 먹으며」-Ⅰ)라며 기껍게 죄를 선택한다. 현존재가 얻을 수 있는 가장 큰 쾌락이 위험한 삶이라고 역설하고 있는 듯하다. 그는 이제 결핍이나 열등에서 당당한 타자the Other로서 저항하며 반역한다. 그리고 반역과 위반의 쾌락을 통해 그는 여성으로서의 완전한 원형을 해방시키고자 한다. 반역과 위반의 원동력인 '광기와 바람'은 시집들 도처에서 굶주린 '불'로 표출된다.

    누운 산을 일으켜
    불을 지르자.

    향기로운 피
    큰 물과 같이 흘러 내리면

    온몸에 빛나는 말鱗을 달고
    이 산속에 숨은 뱀들아
                      —「사과를 먹으며」중(Ⅰ)

    신보다 더 가까이 꽃불이 타고 있어
    내 몸이 이글이글 꽃불에 익고 있어
    도덕처럼 차가운 무쇠솥에 넣어둔
    촛농이 남몰래 끓고 있어서
                      —「어느 親展친전」중(Ⅲ)

    젊은 날엔 내 몸 안에
    눈뜬 짐승 한 마리 살고 있어

> 느닷없이
> 밤에도 울었는가 하면
> 사흘 낮 사흘 밤을 굶어도
> 배고프지 않아
> 우르르 모닥불로 타올랐는데
>
> ―「나이의 窓창」중(V)

　「사과를 먹으며」에서 불의 이미지는 물 이미지와 결합된 '향기로운 피'와, 동물 이미지와 결합된 '뱀'으로 표출된다. 「어느 親展친전」에서는 신성이 부여된 '꽃불'과 도덕이라는 차가운 무쇠솥을 뚫는 '촛농'으로, 「나이의 窓창」에서는 굶주린 수성獸性이 첨가된 '모닥불'로 변용되고 있다. 그 불은, 물과 불, 동물과 식물, 인간과 신, 도덕과 본능, 일으키다와 숨다, 차갑다와 끓다(타다)와 같은 온갖 모순되고 대립되는 이미지들을 혼융시키는 용광로 구실을 한다. 그런데 이 불이 모두 '갇힌 몸' 안에서 발화發火하고 있다는 점에 주목할 필요가 있다. 갇힌 몸이란 여성적 자아가 몸담고 있는 현실적 조건을 의미한다. 여성의 몸에 가해지는 도덕적이고 관습적인 억압이 제어할 수 없는 지경에 이를 때 그 몸은 파괴적 욕망으로 불붙는다. 그 폭력적인 욕망은 일종의 해방과도 같다. 숨어 있다가 성난 뱀처럼 대가리를 쳐들고 이글거리는 꽃불이나 모닥불은 여성적 원동력이다. 특히 "도덕이란 오히려 뜨거운 사랑 / 감정에 정직하고 몸이 말하는 대로 / 꾸밈없이 사는 거"(「연극대사조로」)라 토로할 때, 시인은 각질화된 도덕이나 관습을 사랑의 불로 태워버리고 있다.

도덕에 대한 이러한 역逆정의, 전도된 정의야말로 여전사로서의 면모를 보여주는 부분이다. 이 야성성의 회복으로 시인은 비로소 "삶이란 원래 생생한 것이었"(「사하촌(寺下村)」-Ⅶ)음을, 그리고 "대장간을 만드는 것은 / 칼이 아니라 불꽃"이며 "삶은 순전히 불꽃"(「농담」)이었음을 자각하게 된다. 이때 불은 "눈부신 화살처럼 날아가 / 지극히 짧은 일격으로 // 네 모든 생애를 바꾸어버리는 / 축전"(「전보」-Ⅵ)과도 같다. 반역과 위반에 의해 역동적 힘을 얻은 문정희의 불은, 그런 의미에서 니체적 불을 환기한다. 불꽃·폭풍·전광電光처럼 맹렬한 순간성을 지닌 이 불은 너무나 격렬하게 그 역逆을 지향하는 전도顚倒의 의지를 담고 있기 때문이다.

관습적 질서를 전복시킴으로써 새로운 세계를 희구하고자 하는 시인의 의지는 '황진이'라는 인물을 통해 집약적으로 표출된다.

> 나는 바람인가 봐요.
>
> 담도 높은 대궐 안엔
> 문도 많은데
> 문마다 모두 열어 젖히고 싶어요.
>
> 닿는 것마다
> 흔들고 싶어요.
>
> 지체있는 뭇 별들을

죄다 따고 싶어요.

아니어요.

작은 햇살에도 얼굴 부끄러운
풀꽃 같은
사랑 하나로
높은 벽에 온몸 부딪고
스러지고 싶어요.

—「황진이의 노래 1」 전문(Ⅲ)

　황진이는 관능과 위반의 대명사다. '담도 높은 대궐', '지체있는 뭇 별', '높은 벽'들은 기생 황진이에게 "산 것들을 / 길들게 하던 / 인습"(「새장」—Ⅲ)의 상징물이다. 그것들은 또한 금기의 영역인 동시에 도전의 영역이며, 위반의 대상인 동시에 파괴의 대상이다. '~하고 싶어요'라는 원망願望의 보조술어를 이끄는, 열다·흔들다·따다·부딪다·스러지다 등의 주술어는 도덕의 거부와 육체적 욕망의 발견이라는 시인의 의지를 담고 있다. 그와 같은 의지는 또한 '바람'의 이미지로 집약되는데, 주목할 부분은 그 바람이 점차 광기가 아닌 '사랑'으로 순화되고 있다는 점이다. '풀꽃 같은 사랑'이 바로 그 단적인 예다. 따라서 "가시와 굴레 / 천 권 책에 길든 나를" 흔드는 '바람둥이'(「방」—Ⅲ)로서의 바람은 관습화된 삶에 생기를 불어넣는 역동적 힘의 증여자다. 남성들이 만든 온갖 금기에 도전하는 황진이를 통해 시인은 자신의 성적 정체성을 되확인한다. 관능, 위험, 방황, 위반, 모독을 긍정하는 황진이는 시인의 현존이고 얼굴이고 육체이고 냄새이다. 그리고 과거인 동시에 현재다. 이처럼 문정희에게 삶이란 끝없는 자유를 향한 모험이다. 스스로를 모험에 노출시키는 일이며 신성한 폭력에의 꿈이다. 또한 파괴되지 않는 혹은 파괴될 수 없는 자아를 확보하기 위한 싸움의 방식이기도 하다.

  자유와 위반의 정신으로 무장한 레스보스의 여전사는 현실비판에서도 당당하다. 일상화된 그러나 뜻하지 않는 순간에 발각되는 속물근성과 허위의식, 천박하고 속악한 현대문명에 시인은 냉담한 아이러니의 메스를 들이대곤 한다. 그 메스는 나, 너를 가리지 않는다.

>나는 아무래도 나쁜 시인인가 봐.
>민중 시인 K는 유럽을 돌며
>분수와 조각과 성벽 앞에서
>귀족에게 착취당한 노동을 생각하며
>피 끓는 분노를 느꼈다고 하는데
>
>고백컨대
>나는 유럽을 돌며
>내내 사랑만을 생각했어
>목숨의 아름다움과 허무
>시간 속의 모든 사랑의 가변에

목이 메었어.

—「나는 나쁜 시인」중(Ⅵ)

　이 시는 일견, 유럽의 거대한 문화유적 앞에서 '귀족에게 착취당한 노동'이 아닌 '목숨의 아름다움과 허무'나 '사랑' 따위에 목메는 시인 스스로를 반성한다. 그 유적 앞에서 분노하는 것이 아니라 감동하고 있는, 시인의 낭만적이고 유미적 속성 혹은 문화적 속물성을 비판하고 있다. 그러나 좀더 주의 깊게 들여다보면 이데올로기로 경직된 우리 사회의 허위의식을 비꼬고 있다. 한 번의 칼질로 두 겹의 속물근성과 허위의식을 벗겨내고자 하는 그의 아이러니는 오히려 경쾌하다.
　온갖 가식의 허울을 벗기고 자신과 세계를 정확히 응시하고자 하는 시인의 시선은 도처에서 발견되는데,「내 안에 사는 문화인」(Ⅶ)에서는 시인 내면에 잠재한 문화적 속물주의를,「배꼽나라」에서는 보수주의와 위선이 가득한 세태를 시원스럽게 풍자하고 있다. 더 나아가 현대문명의 위험을 경고하기도 하는데,「딸기를 깎으며」(Ⅵ)에서는 농약에 오염되어 있는 우리의 일상을,「문민시대 어느 날 오후」(Ⅶ)에서는 겉만 번지르한 문민시대의 과시적 문화정책을,「자동차가 되어」(Ⅶ)에서는 방향을 잃고 달려만 가는 문명사회의 단면을,「이동전화기와 쥐떼」(Ⅶ)에서는 검은 기계문명에 끌려다니는 현대인의 모습을 그려 보이고 있다. 유머와 기지가 가득한 그의 현실비판은 신랄하지는 않지만 여운이 있고, 또 가볍지 않으면서도 유쾌하다.

3 사랑의 관능성, 그 이중불꽃

　사랑은 하나의 육체와 하나의 영혼에 대한 매혹이다. 사랑은 몸에서 영혼을 찾고 영혼에서 몸을 찾는다. 문정희에게 있어 사랑은 완전한 인간을 향한 욕망이다. "사랑의 불꽃과 향기로 숨쉬고 있는 생명"(시작노트-VI)을 바라보며 늘 외경에 떨곤 하는 그는, "꿈결처럼 / 초록이 흐르는 이 계절에 / 무성한 사랑으로 서있고 싶"(「찔레」-IV)어 한다. "돌 맞고 / 피 흘리며 / 미끄러지며 // 이렇게 / 미치게 사랑하다 죽"(「폭풍치는 밤」-V)고 싶어한다. 시인 안에서 꿈틀대던 '광기와 바람'이 이제는 사랑으로 전화되고 있는 것이다.

　문정희 시에서 사랑은 불의 관능성과 물의 관능성, 성性의 발견과 생명에의 발아로 나아가는 이중불꽃이다. 시인 스스로가 "저의 시에서 관능은 원초적 생명성을 기본으로 하면서도 기존 질서가 가지고 있는 편견에 대한 저항의 의미를 동시에 가지고 있는 것"(『시와시학』 1998년 가을호)이라고 할 때, 불의 관능은 욕망의 분출이라든가 가부장적 질서에 대한 거부로 나아가고, 물의 관능은 생명력의 생성으로 나아간다. 다음 시는 '불'의 관능적 감수성이 감각적 이미지와 결합하고 있는 예다.

　　　허허벌판에 누워서
　　　깨끗한 남자를 기다린다.

　　　불꽃이 울면서 짐승같이

젖무덤 밑으로 기어든다.

나무들이 간지러워
푸른 소리를 지르고

드디어 그 남자가
길을 무찔러 오는 소리.

— 「떠오르는 방」 중(Ⅰ)

　사랑이 생각이 아니라 감정이자 본능이고, 이성異性에 대한 열정적인 끌림이라는 사실을 강조할 때, 그 사랑은 관능성으로 나아간다. 짐승같이 울면서 젖무덤 속으로 기어드는 '불꽃', 간지러워 푸른 소리를 지르는 '나무', 낄낄거리며 흩어지는 '뱀과 미친 깃털'은 모두 관능적 교감, 성적 교합의 이미지들이다. 그것들은 모두 피라미드 형태를 이루며 위로 상승하는 가장 정교한 감각들이다. 문정희는 사회적·이성적 산물로서의 성이 아닌, 완전한 본능으로서의 성에 보다 공을 들여 표출한다. 그는 '기다리고', 사내는 '무찔러온'다. 그가 기다리는 남자는 "내 허리를 휘감아줄" "저 야생의 히스크리프처럼 털이 세고 / 하나밖에 다른 것은 모르는 밤의" 사내(「폭풍우」-Ⅰ)이다. "싱싱하게 몸부림치는 / 가물치처럼 온몸을 던져 오는 / 거대한 파도"와 같은 사내나, "불꽃을 찾아온 사막을 헤매이며 / 검은 눈썹을 태우는 / 진짜 멋지고 당당한 잡놈"(「다시 남자를 위하여」-Ⅶ)으로 변용되기도 한다.

그러나 성에 대한 시인의 태도는 이중적이다. 막상 사내가 '무찔러오면', 그는 부끄러워하고 도망치고 숨곤 한다. 자연스러운 것이면서 억압적인 것, 신비롭고 성스러운 것이면서 더럽고 추한 것, 자유로운 것이면서 은밀한 것, 경험해 보고 싶은 것이면서 피하고 싶은 것, 이 모순된 태도는 본능으로서의 성이 규범과 관습으로서의 성과 충돌하면서 형성된 인지상정의 태도일 것이다. 기다리면서도 그 절정의 순간에 도망치거나 숨어버리는 시인의 태도도 여기에 기인한다. 시인이 사랑 혹은 성을 난폭하게 인식하는 이유이기도 하다. 때문에 관능의 현장을 '야수의 무덤'이라고 표현하고 그것을 '용납하는'이라는 술어로 수식하고 있다. 그러나 유의하자. 제목이 '떠오르는 방'이라는 사실을. 마치 여성적 욕망의 표출이나 여성 성의 발견과도 같은 의미를 지니고 있지 않은가.

그런가 하면 난폭함은 관능적 교접을 위한 필요조건이기도 하다. 때문에 '울고' '소리를 지르고' '무찔러오고' '도망치'는 것이다. "내 사랑은 / 팽팽히 잡아당긴 활시위처럼 / 언제나 너를 쓰러뜨리기 위"한 "생애를 건 치열한 전쟁"(「내 사랑은」-Ⅵ)이었다는 시인의 토로는 일차적으로 관능적 사랑이 함의하는 폭력성과 공격성의 발현으로 이해할 수 있다. 뿐만 아니라 그의 삶을 억압하는 남성중심적 사랑, 그 길들여진 현실과 맞서 벌이는 치열한 접전으로도 이해할 수 있다. 시인은 그러한 관능이야말로 진정한 생명의 탄생을 가로막는 이 불임시대를 향한 존재론적 대응 자세라 본다. 이것이 문정희가 그려 보이는 난폭한 '불'의 사랑이다.

그는 또한 관능성을 생명의 희열과 창조의 모태로써 구현하기도 한다. 그 관능은 '물'의 상상력에 의해 '눈 틔워'진다.

> 몸 속의 뼈를 뽑아내고 싶다.
> 물이고 싶다.
> 물보다 더 부드러운 향기로
> 그만 스미고 싶다.
>
> 당신의 어둠의 뿌리
> 가시의 끝의 끝까지
> 적시고 싶다.
>
> 그대 잠속에
> 안겨
> 지상의 것들을
> 말갛게 씻어내고 싶다.
>
> 눈 틔우고 싶다.
>
> ―「비의 사랑」 전문(IV)

그가 이렇게 '비의 사랑'을 노래할 때 그 아름다운 물의 관능성은 한없는 여성적 사랑으로 나아간다. 자신의 몸 속에 있는 딱딱한 '뼈'가 상징하는 공격성과 폭력성을 뽑아버리고, 온전한 액체의 존재가 되어 상대방의 '어둠의 뿌리', '가시의 끝의 끝까지'를 적시고자 한다. 이로써 지상의 모든 것들을 말갛게 씻어내고 눈 틔우고자 하는 것이다. 생명의 발아를 향한 이와 같은 욕망이 여성적 형태의 물, 즉 '비'의 움직임 속에서 태어나고 있다. 그에게 있어 사랑은 물처럼 흐른다. 그 물은 정화와 발아의 싹을 제공하며 무궁한 비약을 보여준다. '스미고' '적시고' '씻어내고' '눈 틔우는'과 같은 중심 술어들은 여성의 '욕망'이 물의 유동성에 의해 확산되고 지속된다는 사실을 시사한다. 그같은 물의 흐름은 억압과 무게와 단절을 허무는 해체와 융화의 힘을 지닌다. 때문에 딱딱하고 굳은 '뼈'가 뽑히고 '물'처럼 '향기'처럼 풀어지고 흘러갈 때 가장 아름다운 생명의 풍경이 만들어진다. 그같은 생명성은 물질 원소 간의 성적 교합의 이미지를 환기시키며 또한 부드러움, 느릿느릿함, 평화 등 아니마의 몽상과 부합된다.

　이상적인 관계는 '상대편에 스며들' 때 형성된다. 신비란 내부에 있고, 인간적인 내면의 신비란 물질의 신비 속으로 들어가는 자에게 열리기 때문이리라. 시인 문정희는 '물'의 물질성 속에서 사랑의 열망을 구현해낸다. 그는 세상의 모든 사랑이 물이 되어 흐른다면, 그래서 그 사랑이 물의 흐름으로 전달된다면 모든 대립적인 것들을 화해시킬 수 있다고 본다. 나와 너, 여성과 남성, 관능과 도덕의 경계를 허물고 모든 대립과 갈등의 벽을 풀어내는 물의 흐름 속에서 사랑이 발현되고 있는 것이다. 이때 사랑은 완벽한 물의 나라, 바로 여성의 자궁과 만난다. 양수 이미지는 흔히 물 입자의 미동, 물과 같은 여성, 공기나 적당한 온기 같은 이미지를 환기한다. 여기에서 우리는 문정희의 물의 사랑이 가진 모성적 특성을 엿볼 수 있다. 싹을 눈뜨게 하고 샘을 넘치게 하는 물은 자궁에서 생겨나며 자궁에서 나온다. 자연스러운 삶을 억압하는 것들에 대한 시인의 또 다른 대응의 자세는 이런 부드럽고 가벼운 물의 사랑에서 나오고 있다.

4 위대한 대모신, 가이아의 여정

문정희가 부드러운 물의 사랑을 실천할 때, 난폭한 불의 사랑의 대상이었던 '사내'는 이제 '오빠'로 인식된다. 그 오빠야말로 '아버지'라는 이름의 '아름다운 어른'이다.

> 딸의 아랫도리를 바라보며
> 신이 나오는 길을 알게 된다.
> 아기가 나오는 곳이
> 바로 신이 나오는 곳임을 깨닫고
> 문득 부끄러워 얼굴 붉힌다.
> 딸에게 뽀뽀를 하며
> 자신의 수염이 때로 독가시였음도 안다.
> 남자들은
> 딸을 낳아 아버지가 될 때
> 비로소 자신 속에서 으르렁거리던 짐승과
> 화해한다.
> 아름다운 어른이 된다.
>
> ―「남자를 위하여」 중(Ⅶ)

그의 시에서 '오빠'는 남자 안에 깃든 "모든 짐승이 사라지고 / 헐떡임이 사라진"(「오빠」-Ⅵ), 어린 날처럼 순수하게 그 "팔에 매달리고"(「키 큰 남자를 보면」) 싶은 대상이다. "이 자지러질 듯 상큼하고 든든한 이름"의 오빠는 시인 스스로가 밝히고 있듯, 성적 욕망의 대상도 아니고 아버지나 아들과 같이 세대 간의 차이가 있는 존재도 아니어서, 동지애라고 할까 우애라고 할까 그런 느낌을 주는 존재다(『시와 시학』 1998년 가을호). 인용시에서도 "딸의 아랫도리를 바라보"거나 "딸에게 뽀뽀를 할" 때 남자는 "자신 속에서 으르렁거리던 짐승", 즉 인습적인 억압자로서의 남성성 혹은 동물적인 수컷으로서의 남성성을 순치한다. 모든 남자는 남성으로서가 아니라 혈연적이고 운명적인 '아버지'나 '오빠'의 눈으로 여성을 봄으로써, 자신의 남성성 안에 있던 '독가시'를 뽑아낸다는 것이다. '아버지'나 '오빠'를 바라보는 시인의 눈도 마찬가지다. 모든 남성을 혈연적이고 운명적인 끈으로 묶인 '오빠'로 바라봄으로써 남성을 향한 적대감을 거세시키고 있다.

그러나 이 따스한 이름의 심리적 '아버지'나 '오빠'는 시인의 뱃집 안에 버티고 있는 강하고 씩씩한 야성성의 발현체라고도 볼 수 있다. 그 야성성은 아버지나 오빠는 물론 영혼의 보조자, 동지, 친구, 연인, 할아버지도 될 수 있다. 그들은 남녀양성의 특징을 지니고 있다. 이 건강한 아니무스는 또한 주체적이고 창조적인 인생을 살고자 하는 여성들이 간직하고 있는, 이른바 '야성의 어머니'이기도 하다.

'야성의 어머니'를 발견한 시인은 이제, 시인 안에 갇혀 있던 남성적 에너지를 해방시켜 삶의 원천으로서의 모성이 지닌 그 굳건한 힘과 사랑으로 회귀한다. 모성이야말로 "세상에서 가장 부드럽고 /

슬픈 것"이고 "세상에서 가장 아름답고 / 강한 것"(「사랑하는 것은」-Ⅵ)이다. 특히 "그래, 나는 한낱 짐승이다. / 눈물하고 짐승밖엔 가진 것이 없다. // 아느냐, 이것이 어머니, / 내가 가진 전재산인 것을"(「눈물과 짐승」-Ⅵ)이라고 노래할 때 시인은 자신의 내부에 잠재한 모성이 얼마나 원초적이고 치명적인가를 역설하는 것이다. 생명의 환함에 겨운 '눈물'과 새끼를 향한 맹목이라는 '짐승'이 만나는 자리, 그것이 모태母胎다. 문정희는 이 위대한 슬픔과 맹목 속에서 생명을 만들어내는 어머니의 본질을 보고 있다.

시인의 어머니는 "흙을 다스리는 여자"(「콩」-Ⅱ) 혹은 "어머니라고 하는 흙 / 어머니라고 하는 검은 인화지"(「나팔꽃」) 등으로 형상화된다. 여성은 이미 자연의 체계와 함께 흐른다라고 서양의 한 여성학자도 일갈한 바 있지만, 그는 이제 자연과 더불어 말을 한다. 자연에서 들려오는 다산의 목소리를 듣는 것이다.

쉽게 흔들리지 않는
수목이나 서방 삼아

크낙새 같은 새끼들이나
주르르 낳았어도 좋았을 것을

크낙새같이 귀한 자식들
퍼덕 퍼덕 길러 봐도 좋았을 것을

— 「수목 사이로」 전문(Ⅵ)

수목을 서방으로 삼아 크낙새 같은 새끼들을 주르르 낳아 기르고자 하는 그의 다산성은 생명을 북돋우는 여성의 힘, 자연의 힘을 표상한다. "사람도 자연의 일부라는 것"(「친구처럼」–Ⅶ)을 인식한 시인은 이제 가이아Gaia의 여정에 참여하게 되는데, 이로써 가이아를 비롯한 모든 위대한 지모地母들의 풍요한 사랑과 자양력이야말로 시인의 궁극적 지향점이 된다. 여성의 공간, 모성의 공간이 자연 깊숙한 곳에서 열리게 되는 것이다. 이때 시인은, "비로소 어머니인 / 산"이 되었다가 "새로이 모나고 둥근 것으로 / 태어나기 시작"(「돌」–Ⅲ)한다. 그 새로운 모남과 둥긂은 원시적인 생명성을 환기한다.

자연으로서의 어머니를 향한 지향성은 시인이 태어나고 자랐던 고향을 재조명하게 한다. "느린 사투리 쓰며 / 흰옷 입고 내 고향 / 전라도"(「돌아가면」–Ⅳ), 그리고 "떠날 적마다 데리고 떠나도 / 그대로 남은" "죄같은 육자배기의 寶城보성"(「고향 생각」–Ⅱ)은 원초적 그리움의 근원지인 셈이다. 그의 야성적 여성성이 오빠, 어머니, 자연의 발견에서 이제 고향으로 귀결되고 있다.

> 바람 속에 쑥부쟁이 냄새 나는
> 그리운 고향에 가서
> 오늘은 토란잎처럼 싱싱한 호미를 들고
> 진종일 흙을 파고 싶다.
> 힘줄 서린 두 다리로 땅을 밟으며
> 착하고 따스한 눈매를 가진
> 사람이 되고 싶다.

> 겨드랑이에 정직한 땀내가 풍겨
> 수줍음 타는 처녀가 되고 싶다.
>
> ―「그리움 속으로」 중(Ⅵ)

  시인 문정희가 "토란잎처럼 싱싱한 호미를 들고" 자연의 어머니, 그 고향의 흙에서 일구어내고자 하는 것은 '따스한 눈매를 가진' '수줍음 타는 처녀'다.
  고향은 공간의 넓이라기보다는 물질의 깊이이다. 이를테면 바람 속 쑥부쟁이 냄새거나 토란잎이거나 흙이거나 따스한 눈매거나 정직한 땀내와 같은 것들이다. 그것들은 근원적인 물질이다. 특히 '힘줄 서린 두 다리'와 겨드랑이의 '정직한 땀내'는 생명의 근원체로서의 여성 몸을 향한 회귀를 읽을 수 있는 구절이다. 시인은 처녀지, 여성성과 시원성을 간직한 곳으로 고향을 설정하고 있는 것이다. 그와 같은 고향은 몸 안에 깃든 몸의 힘, 여성의 몸 안에 깃든 야성적 힘을 발현케 하고, 또한 야성적인 영혼에로의 귀향을 유도한다. 그곳에서 그는 '언제나 처녀였고' 또 '어김없이 다시 처녀가 된다'. 이 처녀의 수줍음은 관능이라는 의미 범주를 넘어서서 큰 생명의 모습을 나타낸다. 자신의 여성성을 보면서 자신의 존재 속으로 깊게 뛰어들어 하나의 원천이 된 모습이다. 그러므로 모든 여자들, 여자 자체는 영원한 원천으로서의 처녀이자 위대한 어머니이고, 우리의 시작이자 우리의 끝이다. 여기 귀향에 이르기까지 시인 문정희가 일관되게 성취하고자 하는 것은 참된 여성성의 복권이다. 여성의 갇힌 몸에서 벗어나 관능적 · 생명적 · 우주적 확장을 거듭하여 자연의 몸이 되고자 하는 것이다. 이 참된 자기복권이야말로 문정희 자신의 복권일 것이다.

그리움의 불멸화와 반복의 미학

안도현론

1 그리움을 불러내는 반복의 노래

'안도현' 하면, 『연어』나 『관계』와 같은 어른을 위한 동화작가로 먼저 떠올리는 사람들이 많을지도 모른다. 그러나 안도현은 시인이다. 그것도 이 시대의 탁월한 서정시인이다. 그는 81년 『대구매일신문』 신춘문예에 「낙동강」이, 84년 『동아일보』 신춘문예에 「서울로 가는 전봉준全琫準」이 당선되어 서정적이면서도 첨예한 민중시인으로 문단에 입성했다. 90년대 들어서 문득 연시풍의 시들을 쓰는가 싶더니 최근에는 자연과 생명의 발견을 담은 아름다운 서정시들을 발표하고 있다. 20여 년에 이르는 시력詩歷의 결실을 다섯 권의 시집으로 맺고 있다.[1] 그의 시세계는 91년도에 상재한 연시풍의 제3시집 『그대에게 가고 싶다』를 기점으로 크게 변별되는데, 제1, 2시집 『서울로 가는 전봉준』과 『모닥불』이 80년대의 민중정서를 구현하고 있는 시집들이라면, 제4, 5시집 『외롭고 높고 쓸쓸한』과 『그리운 여우』에 실린 시들은 90년대 중반 이후에 씌어진 작품들로 일상과 자연에의 친화를 그 특징으로 한다.

이 다섯 권의 시집을 정독하면서 나는 안도현 시의 일관된 특징을 대략 세 가지로 짚어 봤다. 첫 번째 특징은 '따뜻한 그리움'의 정서에서 찾을 수 있다. 시인 안도현의 최초의 열망이자 최후의 열망이 될 이 그리움의 정서는 그가 세상을 '관계맺기'로 파악하고 있음을 시사한다. 그 관계는 인간과 사회, 인간과 인간, 그리고 인간과 자연으로 그 중심점을 옮겨가고 있다. 관계에서 비롯되는 대상과의 따뜻한 화해를 그는 '그리움'의 정서로 표출하고 있는데, 앞서 구분한 세 시기에 따라 그 그리움의 대상은 변하고 있다. 초기시들이 '전봉준'으로 표상되는 역사적 인물 혹은 그 비전을 그리워한다면, 중기시들은 보편화되고 추상화된 연인으로서의 '그대'를 그리워한다. 그리고 최근시들에서는 '여우'로 상징되는 본원적인 그러나 오늘날 상실해 가고 있는 자연과 생명의 근원체를 향한 그리움을 해맑게 노래한다. 보다 거칠게 개괄하자면 그의 시는 사회적 변혁을 열망하는 민중시에서, 만남과 채움을 열망하는 연애시로, 그리고 비움과 그 깨달음의 순간들을 열망하는 자연시로 변하고 있다고 할 수 있다. 때문에 안도현 시에서 그리움은 언제나 현재진행형이다.

---

1 『서울로 가는 全琫準전봉준』(민음사, 1985)-Ⅰ, 『모닥불』(창작과비평사, 1989)-Ⅱ, 『그대에게 가고 싶다』(푸른숲, 1991)-Ⅲ, 『외롭고 높고 쓸쓸한』(문학동네, 1994)-Ⅳ, 『그리운 여우』(창작과비평사, 1997)-Ⅴ.

이같은 변화는 우리 시단의 주된 흐름과 맞물려 있을 뿐만 아니라 보다 거시적으로는 80년대와 90년대라는 급격한 사회문화적 변화와도 맞물려 있다. 그는 언제나 온몸으로 자신의 시대를 살았으며, 동시대 다수와 함께 그 정서와 언어로 호흡하고 그 다수의 시선으로 고민했던 것이다. 그런 의미에서 그는 타고난 시인詩人이며, 시인時人이고 시인視人이다. 이는 달리 표현하자면 그의 시적 보루가 언제나 '현실' 혹은 '삶'이라는 토대 위에 세워져 있었다는 말과 통한다. 그의 시세계를 관통하는 두 번째 특징은 바로 현실 내지는 삶에 그 뿌리를 둔 일상의 시화詩化에서 찾을 수 있다. 때문에 그가 20대에 쓴 시에는 역사와 이데올로기, 대학생활, 군대생활, 하숙생활과 연애가 주된 모티브를 이루고, 30대에 쓴 시에는 교직생활, 전교조생활, 결혼생활 및 가족들의 이야기, 일상에서 접하는 자연 등이 자연스럽게 배어 나고 있다. 그 저변으로는 공동체적 삶을 향한 따뜻한 인문주의자의 면모가 면면히 흐르고 있음은 물론이다.

그의 시세계를 일관하는 세 번째 특징은 시형식에 있다. 반복 구조가 바로 그것이다. 시에서 반복은 근본적으로 리듬 형성에 기여한다. 나아가 정서적 고양, 의미의 점층적 전개와 강조, 의미의 부정 혹은 전복, 주술적 기능으로까지 확대될 수 있다. 안도현은 어느 시인보다도 이 반복을 탁월하게 구사해 우리말의 가락과 맛을 살리는 데 능한 시인이다. 그를 일컬어 '민중시인'이라거나 '타고난 서정시인'이라고 일컬을 때 그 일차적 근거는 반복의 효과적 구사에서 비롯되는 서정적 운율, 정서에 있다 하겠다. 시인 스스로 "제 시쓰기의 방법이나 목적은 모든 이분법을 무화無化시키는 일이라 할 수 있습니다. 이 또한 남루라면, 저는 이 남루를 재산으로 삼고 살아갈 도리밖에 없겠습니다"(소월시문학상 수상소감)라고 자신의 시작 태도를 밝혔을 때, 모든 이분법을 무화시키려는 그 남루를 그의 시의 대들보로 전환시켜주고 있는 것이 바로 이 반복 형식이다. 시인이 무화시키려는 '모든 이분법'이 시적 자아와 사회·인간·자연 간의 관계맺기 혹은 그 버성김에서 비롯되는 것임은 쉽게 짐작해볼 수 있는 사실이다. 이때 시인은 반복을 통해 대상을 향한 시인의 그리움을 담아내고 또 그리운 대상을 불러낸다. 그리하여 그의 반복은 시 전체를 통해 갈등보다는 화해로, 얽힘보다는 풀림으로, 복잡미묘함보다는 단순함으로 의미화된다. 또한 그리운 대상과의 온전한 관계는 물론 자연의 질서를 지향하는 따뜻한 그리움의 정서를 더욱 증폭시켜주는 '노래'가 되도록 한다. 이와 같은 반복의 의미화는 그의 시의 주된 성격인 풀림과 화해의 긍정적인 자세와 연결될 것이다. 이 글에서는 반복 형식을 중심으로 그의 시세계를 개괄해 보자.

2 통일과 민중을 향한, 의미 강조와 정서의 고양

「서울로 가는 全琫準전봉준」은 초기시의 반복 구조를 단적으로 보여준다. "통일되면 가야지, 그것은 / 앉은뱅이 그리움이다 / 그리움을 일으켜 세워 큰길로 나서자 / 누구나 가야 할 길 / 백두산 가는 길"(「백두산 가는 길」— I), "백성 민자 주인 주자" "말만 들어도 절로 신명나는 민주주의"(「급훈」— I) 등에서 단적으로 보여주듯, 이 시기의 그리움의 실체는 통일과 민중의 세상을 향한 염원으로 집약된다. 이 시기에는 "백두산에서 삼남까지 / 큰 목청 한 번 틔우려고 / 쉼없이 꿈틀대며 달려 내려오는"(「산맥노래」 – I) 크나큰 그리움으로, '쓸쓸한 분단 조국'의 '우리 현대사'를 조망해낸다.

    눈 내리는 萬頃만경들 건너 가네
    해진 짚신에 상투 하나 떠 가네
    가는 길 그리운 이 아무도 없네
    녹두꽃 자지러지게 피면 돌아올거나
    울며 울지 않으며 가는
    우리 琫準봉준이
    풀잎들이 북향하며 일제히 성긴 머리를 푸네

    그 누가 알기나 하리
    처음에는 우리 모두 이름 없는 들꽃이었더니
    들꽃 중에서도 저 하늘 보기 두려워
    그늘 깊은 땅 속으로 젖은 발 내리고 싶어하던
    잔뿌리였더니

    그대 떠나기 전에 우리는
    목 쉰 그대의 칼집도 찾아주지 못하고
    조선 호랑이처럼 모여 울어주지도 못하였네
    그보다도 더운 국밥 한 그릇 말아주지 못하였네

못다한 그 사랑 원망이라도 하듯
속절없이 눈발이 그치지 않고
한 자 세 치 눈 쌓이는 소리까지 들려오나니

그 누가 알기나 하리
겨울이라 꽁꽁 숨어 우는 우리나라 풀뿌리들이
입춘 경칩 지나 수군거리며 봄바람 찾아오면
수천 개의 푸른 기상나팔을 불어제낄 것을
지금은 손발 묶인 저 얼음장 강줄기가
옥빛 대님을 홀연 풀어헤치고
서해로 출렁거리며 쳐들어 갈 것을

우리 聖上성상 계옵신 곳 가까이 가서
녹두알 같은 눈물 흘리며 한목숨 타오르겠네
琫準봉준이 이 사람아
그대 갈 때 누군가 찍은 한 장 사진 속에서
기억하라고 타는 눈빛으로 건네던 말
오늘 나는 알겠네

들꽃들아
그날이 오면 닭 울 때
흰 무명띠 머리에 두르고 동진강 어귀에 모여
척왜척화 척왜척화 물결소리에

귀를 기울이라

—「서울로 가는 全琫準전봉준」 전문(Ⅰ)

　다소 길지만 시 전체의 반복 구조를 한눈에 볼 수 있도록 전문을 인용했다. 이 시의 묘미는 역사적 인물을 새롭게 차용하고 있다는 점과 반복 형식을 다채롭게 구사하고 있다는 점에 있다. 전자가 현실 변혁의 강렬한 메시지를 간접화한다면, 후자는 시 전체에 일정한 리듬을 주면서 감정 고조와 의미 강조에 기여한다. '못다한 사랑', 그 실패한 혁명을 뒤로 하고 '그리운 이 아무도 없이' 홀로 외롭게 서울로 압송돼 가는 '누군가 찍은 사진 한 장 속'의 전봉준을 소재로 시는 출발하고 있다. '우리'와 '琫準봉준이'의 관계 속에서 우리 근대사를 조명하고 있는데, 비록 혁명은 실패했을지라도 '타는 눈빛으로' 그가 던지고 간 민중혁명의 메시지는 우리들에게 봄기운으로 남아있음을 시사하고 있다. 이때 전봉준은 마지막 연의 '척왜척화'로 수렴되는 사회역사적 비전의 상징적 인물인바, 그가 바로 시인이 그리워하는 대상이다.

　반복 구조를 보자. 일반적으로 반복은 다른 것을 같게 하고, 같은 것을 다르게 한다. 그럼으로써 의미를 중첩시키거나 의미에 눌어붙은 묵은 때를 씻어내기도 하며, 감춰진 정서의 두께를 찾아내기도 한다. 1, 3, 5연의 '~하네'라는 종결형 어미의 반복과 2, 4연 첫행 '그 누가 알기나 하리'의 반복은 이 시 전체에 통일된 리듬감을 부여하면서 비장하게 가라앉은 그리움의 정서를 점진적으로 고조시킨다. 또한 2연의 '그 누가 알기나 하리 / ~이었더니 / ~이었더니'라는 통사구조는 4연에서 '그 누가 알기나 하리 / ~을 / ~을'로 변용된다. 이러한 구조도 정서적 고양은 물론 시인의 신념을 개진하는 의지 표출에 기여한다.

  5, 6연의 호격 '~ 아'와 6연의 명령형 종결어미 '~ 하라'는 그가 초기시에서 자주 활용하는 특징적 어조다. 이 격앙되고 단호한 어조는 구어口語적 특징을 부각시키면서 남성적인 호소력과 선동성을 증폭시켜준다. 1연의 '우리 琫準봉준이'도 5연에서 '琫準봉준이 이 사람아'로 변용되고 있는데, 이러한 변용은 그리움의 대상인 전봉준을 더욱 가깝고 친밀하게 끌어들이는 흡인력을 발휘한다. 특히 '척왜척화'의 반복은 80년대에 드높았던 반외세적 외침을 물결 소리에 빗대 음성적으로 형상화해낸 구절이다. 이렇듯 인용시의 반복은 민중 세상을 향한 시인의 사회역사적 비전을 강조할 뿐 아니라 실패한 혁명이 우리에게 남긴 비장한 그리움의 정서를 효과적으로 고양하는 기능을 담당한다.

    가리야
    가리야
    지금 여기 풀밭에는 앉지 못하리야
    지금 여기 잠들면 두 눈 감으면
    더 깊은 그늘
    능지처참의 시대가 오리야
    우리들 깎은 머리보다 시퍼렇게
    동 트는 하늘 그 새벽

못 보리야 다시는 못 보리야

—「行軍행군」 중(Ⅰ)

　이 시도 초기시의 반복 구조를 단적으로 보여 준다. 메시지의 차원에서 보자면 이 시 역시 비장한 정서적 고양에 힘입어 폭압적인 한 시대의 고통을 의지적 차원에서 극복하려 한다. 의지적이고 미래 지향적인 '~리야'라는 종결어미의 반복과 2음보와 3음보의 율격적 배치를 통해 결연한 시인의 의지를 더욱 두드러지게 하고 있다. 단순한 반복으로 결연한 의지를 강화하고자 하는 것이다. 특히 "가리야 / 가리야 / 지금 여기 풀밭에는 앉지 못하리야"나 "못 보리야 / 다시는 못 보리야"와 같은 구절에는, '형님 형님 사촌 형님'과 같은 aaba 형식의 민요적 반복이 녹아 있다. 인용 부분에서는 생략되어 있지만 '어화 넘차 어화넘'과 같은 민요의 후렴구를 그대로 차용하고 있기도 하다. 시인은 민요조의 반복을 통해 민중적 공감대 형성을 용이하게 하고 나아가 통일과 민중 세상을 향한 시적 메시지를 강하게 전달하고자 한다.

3 '그대'를 향한, 산문화된 나열과 열거

　제3, 4시집 『그대에게 가고 싶다』와 『외롭고 높고 쓸쓸한』은 일종의 전환기 혹은 모색기의 작품들로 보인다. 그가 "80년대는 꿈이 아니었다, 죽도록 갚을 빚이었다"(「白石백석 선생의 마을에 가서」–Ⅱ)라고 토로할 때 우리는 80년대를 향한, 채 갚지 못한 시인의 부채의식을 짐작할 수 있다. 또한 "80년대가 벌써 / 흑백사진이라니!"(「억새밭에서」-Ⅴ)와 같은 구절에서는 80년대를 뒤흔들었던 민중적 비전의 와해, 그 허망함에 대한 쓸쓸한 자각을 보여주기도 한다. 한 마디로 이 시기의 시들은 지난 시대를 향한 부채의식과 허망한 자각 사이에서 시적 방황을 보여주는 작품들이라 할 수 있다.

그리움의 대상 또한 통일과 민중의 상징물에서 연애 대상으로서의 '그대'로 변화한다. 그러나 '그대'는 반드시 연인으로만 한정되지 않는다. 길이나 강물, 눈송이, 밤 불빛, 새벽 거리는 말할 것도 없고 별이나 조국, 보잘것없어 소중한 모든 이름들, 그리고 나 자신에 이르기까지(「그대」-Ⅲ), "서로 그리워하는 만큼 / 닿을 수 없는 / 거리가 있는 우리"(「철길」-Ⅲ) 모두가 시인의 '그대'가 되고 있다. 이 시기의 반복은 산문화된 나열이나 열거를 특징으로 하는데, 이로써 시인은 '그대'를 향한 열망을 부연하면서 지속시킨다. 논리(인과)적 구문이나 문어체적 특징도 강화된다.

해 뜨는 아침에는
나도 맑은 사람이 되어
그대에게 가고 싶다
그대 보고 싶은 마음 때문에
밤새 퍼부어대던 눈발이 그치고
오늘은 하늘도 맨 처음인 듯 열리는 날
나도 금방 헹구어낸 햇살이 되어

그대에게 가고 싶다

그대 창가에 오랜만에 볕이 들거든

긴 밤 어둠 속에서 캄캄하게 띄워 보낸

내 그리움으로 여겨다오

사랑에 빠진 사람보다 더 행복한 사람은

그리움 하나로 무장무장

가슴이 타는 사람 아니냐

진정 내가 그대를 생각하는 만큼

새날이 밝아오고

진정 내가 그대 가까이 다가가는 만큼

이 세상이 아름다워질 수 있다면

그리하여 마침내 그대와 내가

하나되어 우리라고 이름 부를 수 있는

그날이 온다면

봄이 올 때까지는 저 들에 쌓인 눈이

우리를 덮어줄 따뜻한 이불이라는 것도

나는 잊지 않으리

―「그대에게 가고 싶다」 중(Ⅲ)

    인용시는 "그대와 내가 / 하나 되어 우리라고 이름 부를 수 있는 / 그 날"을 향한 열망을 노래하고 있다. 1연에서는 '～에는(~하는 날) / ～이 되어 / 그대에게 가고 싶다'라는 구문이, 2연에서는 '～만큼'과

'~한다면'의 구문이 반복되고 있다. '그대'를 향한 '나'의 다가감이 다양한 관점으로 묘사 반복되면서 시인이 표현하고자 하는 그리움과 격정이 점차 결연해지고 있음을 알 수 있다. 여기서도 반복은 '그대'를 향한 친밀함과 관계지향성을 표출하기 위한 방편이 되고 있다. 그러나 '그대'를 향한 '나'의 매개적 상관물 '맑은 사람', '금방 행구어낸 햇살', '창가에 오랜만에 드는 볕'과 같은 표현들이나, '새날', '저 들에 쌓인 눈이 우리를 덮어줄 따뜻한 이불이라는 것'과 같은 표현들은 일견 동어반복처럼 보인다. 그 표현들이 가지고 있는 상투성 때문이기도 하겠지만 그것들이 비슷한 시각과 힘으로 반복적으로 나열되는 데서 오는 반복의 평면성 때문이기도 하다.

대사회적인 강렬한 메시지나 감정적 호소를 견지했던 초기시의 반복과 달리, 이 일련의 연시에 이르러서는 시적 성취와 힘을 놓치는 경우가 종종 눈에 띈다. "겨우 이만큼 열거법으로밖에 표현하지 못하는 / 나 자신한테 또 열받는다"나 "열거는 궁핍의 증거이므로"(「나를 열받게 하는 것들」-IV)에서처럼, 시인의 우려가 시적 긴장의 궁핍으로 사실화되기도 하는 것이다. 그 일차적인 이유는 '그대'라는 그리움의 대상이 지극히 보편화됨으로써 그 관계가 고정되고 시의 의미 또한 닫히게 된다는 데 있다. 반복을 통해 주관적인 의지의 힘으로 밀고 나가려는 관념적인 성향을 강하게 드러낸 결과이기도 하다. 이러한 관념성은 연시의 단순함이 가지는 필연적 산물이기도 하다.

특히 이 시기에는 ①'~ 때문에 ~이다'나 '~ 것은 ~ 때문이다', ②'~ 않았으니 ~ 아니다'나 '~이 아니라(않고)' '~인 것이다', ③'~다면 ~해야 한다', ④'~을(를)'과 같은 논리적이고 설명적인 문어체 호응 구문을 반복적으로 활용한다.

> 내가 자작나무를 그리워하는 것은 자작나무가 하얗기 때문이고
> 자작나무가 하얀 것은 자작나무숲에서 일하는 사람들이
> 때묻지 않은 심성을 가졌기 때문이라고
> ―「자작나무를 찾아서」 중(IV)

> 너나없이 창문 큰 집을 원하는 것은
> 세상에 그만큼 훔치고 싶은 것이 많기 때문인가
> ―「집에 대하여」 중(IV)

인과나 설명을 근간으로 하는 반복은 의미의 새로움이나 사유의 깊이를 담지하지 못할 경우 자칫 시의 산문화에 복무케 할 수 있다. 여기서 산문화란 단지 리듬 혹은 율격적 측면에서의 산문화를 의미하는 것이 아니라 평면적인 시적 진술로서의 산문화를 일컫는다. 게다가 반복이 '~며' '~고' '~되어(하여)'와 같은 단순한 나열이나 열거로 이루어질 때 그 시적 긴장은 더욱 풀어지게 된다. 그럼에도 불구하고 안도현은 '때문'이나 '것'과 같은 인과적이고 설명적인 호응을 이루는 연결 어미들을 효과적으로 반복함으로써, 원래 그것들이 가진 일상화된 용법의 구김들을 펴주기도 한다. 시적 궁핍으로서의 나열이나 열거가 아닌, 삶이 무엇인지, 사랑이 무엇인지를 깨우쳐주기 위한 형식적 선택이 될 때 그렇다. 뿐만 아니라 '그대'와 내가 이어져 있다는 것을 거듭 확인시켜주거나 '그대'를 향한 그리움을

간직할 수 있는 힘을 지속시켜 줄 때도 그렇다. 특히 시집 「그리운 여우」에서 그와 같은 전략은 탁월한 시적 개성을 확보한다.

4 자연과 생명을 향한, 의미 유보와 여백

시집 『그리운 여우』에 해당하는 최근시들은 시인이 90년대의 사회문화적 변화를 체득한 후 비로소 시적 활로를 개척한 성과물로 보인다. 시인은 이제 "오래 시달린 자들이 지니는 견결한 슬픔"(「군산 앞바다」-Ⅳ)을 "백석의 시처럼 가난하고 외롭고 높고 쓸쓸한 / 한 편의 서정시"(「군산 동무」-Ⅳ) 속에 담는 데 성공한 것이다. 그는 먼저 강과 산과 길, 꽃과 나무, 잠자리와 바람과 여우와 억새밭, 순댓국 들이 인간과 이루고 있는 조화를 시인 특유의 맑디맑은 그리움의 시선으로 읽어내고 있다. 시인의 언어로 말하자면, "우리가 쓰는 시라는 것, / 아마 여치 우는 소리를 닮으려는 인간들의 꿈의 부스러기가 아닐는지요?"(「여치」-Ⅴ)라고 반문하면서 자신의 시 속에 '여치 우는 소리'를 담아낸다. "그런 일이 생기지 않는다 해도 할 수 없는 일"이라고 한 발 물러설 줄도 안다. 그 물러섬은 적당한 타협이나 자기방기가 아니다. 그것은 "이렇게 한번쯤은 나를 비우고 / 누가 나를 두드리면 소리가 나도록 / 텅텅, 살고 싶어지는"(「혼자 사는 집」-Ⅴ) 조용한 자기비움이고, "그래야 / 안쪽이 따뜻해지"(「이 가을에는」-Ⅴ)고 "안과 밖을 따로 구분짓지 않는"(「경계」-Ⅴ) 따뜻한 경계해체이다.

이같은 자기비움이나 경계해체는 시집 도처에 편재하는 사물화된 시선, 즉 "어린 눈발들이, 다른 데도 아니고 / 강물 속으로 뛰어내리는 것이 / 그리하여 형체도 없이 녹아 사라지는 것이 / 강은, / 안타까웠던 것이다"(「겨울 강가에서」 – Ⅴ)와 같이, 인간 중심의 관점을 배제하고 자연의 관점이 부각되는 시들에서도 확인된다.

> 아 글쎄 그 여우 한 마리가, 아는 척도 하지 않는 사람들이 야속해서
> 세상을 차듯 뒷발로 땅바닥을 더러 탁탁 쳐보기도 했을 터인데
> 먹을 것은 없고
> 눈은 지지리도 못난 삶의 머리끄덩이처럼 내리고
> 여우 한 마리가, 그 작은 눈을 글썽이며
> 그 눈 속에도 서러운 눈이 소문도 없이 내리리라 생각하고 나는
> 문득 몇해 전이던가 얼음장 밑으로 빨려들어가 사라진
> 동무 하나가 여우가 되어 나 보고 싶어 왔는지도 모른다는 생각을 하고
> 자리를 차고 일어나 방문을 확 열어제껴보았던 것인데
> 눈 내려 쌓이는 소리 같은 발자국 소리를 내며
> 아아, 여우는 사라지고 —
> 여우가 사라진 뒤에도 눈은 내리고 또 내리는데
> 그 여우 한 마리를 생각하며
> 이렇게 눈 많이 오시는 날 밤에는
> 내 겨드랑이에도 눈발이 내려앉는지 근질근질거리기도 하고
> 가슴도 한없이 짠해져서 도대체가 잠을 이룰 수가 없었던 것이다
>
> ─「그리운 여우」 중(Ⅴ)

백석의 「남신의주 유동 박시봉방」의 호흡을 연상케 하는 시다. 무려 세 쪽에 해당하는 41행의 긴 산문시건만, '여우 한 마리가 ~했던 것이다'라는 단 하나의 문장으로 이루어져 있다. 그러나 이 시는 7, 8개의 연이나 문장으로 분절되어 있는 듯한 착각을 일으킨다. 7번이나 반복되는 '여우 한 마리가'라는 주어가 '~이며', '~해서', '~인데'라는 순접 및 역접의 연결 어미로 계속 이어지고 있기 때문이다. 이 '여우 한 마리가'라는 주어에 앞뒤의 수식어나 부사어, 지시어 등을 첨가하여 다채롭게 변용시키고 있음은 물론이다. '~했던 것이다'라는 이 단 하나의 종결어는 자신의 이야기를 남 이야기하듯 서술의 객관성을 확보하게 하며, 독자로 하여금 거리감을 가지고 읽을 수 있도록 한다.

　　특히 이 시의 묘미는 연결 어미의 반복적 활용에서도 찾아볼 수 있다. 그 연결 어미들은 일단 길고 산문적인 문장에 시적인 리듬을 부여해 호흡을 자연스럽게 하고 시의 의미를 확장시키는 역할을 한다. 연결어미의 반복은 또한 '내리고 또 내리는' 눈의 조용한 움직임과도 맞물린 채 '여우'를 향한 시인의 그리움을 이끌고 있다. 무수히 반복되는 한겨울의 눈내림을 계속해서 이어지는 끝나지 않는 문장으로 담아냄으로써, 시 형식으로도 모든 것을 끌어안는 눈의 이미지를 형상화하고 있다. 그것은 곧 그리움을 지속시키는 데 큰 몫을 담당한다. 특히 짐작이나 추측의 의미를 강조하면서 서술 내용을 간접화시켜주는 '~터인데'나 '~라 생각(을)하고'와 같은 연결 어미와 서술어의 반복은 그 그리움에 여유로움과 느긋함을 불어넣고 있다.

　　'나를 홀리려' 하고 '말로만 듣던', 눈도 털도 '빨간' 그 여우는 시인이 그리워하는 대상이다. 시인이 지금껏 그리워했던 통일된 조국이나 민중 세상, 혹은 연인으로서의 그대에 이은 자연의 표상물이다. 그 표상물이 굳이 여우인 것은, 여우라는 동물이 '홀린다', '내가 사는 세상 바깥에 산다', '굶주려 있다', '사람들과 관계를 원한다', '존재를 인지하는 순간 늘 사라진다' 따위의 속성을 가지고 있기 때문일 것이다(매혹적인 여성 이미지를 놓치지 않고 있다!). 그와 같은 속성은 바로 잃어버린 자연의 속성이자 그리움의 본질적 속성과 닮아 있다. 때문에 시인은 여우를 거듭 '생각하며' 그리워하는 것이다. 시인은 여전히 '반복함으로써', 그리워하면 할수록 더욱 심해지는 그리움에의 갈증, 그 애잔함과 허기를 감싸 안으려 한다. 이는 초기시와 다른 반복 효과를 유도하는바, 시인의 그리움이나 갈구를 안으로 삭히면서 오히려 감정의 고양을 절제토록 한다. 그리하여 여전히 미지의 존재인 여우와 내가 이어져 있다는 것을 거듭 확인하고 여우에 대한 그리움을 간직할 수 있는 낙관적이고 긍정적인 희망을 견지하도록 도와준다.

> 산서고등학교 관사 앞에 매화꽃 핀 다음에는
> 주조장 돌담에 기대어 산수유꽃 피고
> 산서중학교 뒷산에 조팝나무꽃 핀 다음에는
> 산서우체국 뒤뜰에서는 목련꽃 피고
> 산서초등학교 울타리 너머 개나리꽃 핀 다음에는
> 산서정류소 가는 길가에 자주제비꽃 피고
> ―「3월에서 4월 사이」 전문(V)

단순하면서 여백을 극대화하는, 최근시의 반복 미학을 단적으로 보여주는 짧은 시다. 의미를 생략함으로써 의미의 여백을 만드는 데 기여하는 이같은 병렬적 반복 형식이다. 시인은 단순한 반복이 만들어내는 행간 혹은 여백 속에 아주 자연스럽게 시적 깨달음의 순간을 계시한다. 위의 시처럼 한 행으로 이뤄진 동일한 통사구문의 병렬적 반복은 이미 「이 세상 아이들이 없다면」(Ⅳ)이나 「덤벼들면」(Ⅳ)에서도 선보인 바 있다. 그러나 이전의 시들이 설명적인 또 다른 연(마지막 연)을 덧붙임으로써 병렬적으로 반복했던 앞 연의 의미를 수렴하고 시적 완결성을 갖추었던 반면, 인용시는 최근시의 병렬적 반복 그 자체로, 즉 미완의 구조로 마무리짓고 있다. 시인은 '3월에서 4월 사이'라는 시간적 질서와 '산서'라는 공간적 질서에 의해 전개되는, 있는 그대로의 사실을 객관적으로 반복 서술하고 있을 뿐이다.

이같은 미완의 병렬 구조는 병렬의 한 대칭이 결핍된 상태라고 할 수 있다. 미완의 종결은 시가 지면상으로는 끝이 났으나 주제상, 형태상으로는 끝나지 않은 여분의 기대를 남겨 독자가 그 나머지를 채울 수 있도록 참여의 여지를 만든다. 시인이 이야기할 부분을 의도적으로 생략함으로써 독자에게 삶과 자연에 대한 의문을 새롭게 던지고 이를 여러 의미로 읽을 수 있는 가능성을 열어놓는 것이다. 때문에 이같은 결핍은 그 자체가 공백인, 표현적인 것이 된다. 부질없는 것을 피해 마음의 저 깊이를 되찾게 하는 한가로운 봄을, 그 자연의 질서를, 이처럼 담백하게 노래한 시는 그리 흔치 않다. 이 객관적이고 단순한 시선은 사소하고 보잘것없는 세상의 만물이 저 나름의 이법理法과 충만한 생명력을 가지고 있음을 긍정함으로써 가능해지는 것이리라. 단순하게 반복되는 지속적 움직임(행위)을 통해 관념적인, 그러나 분명히 있다고 여겨지는 영원한 자연을 형상화해내고자 하는 시인의 의지를 보여주는 반복의 형식이라 하겠다.

의미를 연장시키거나 유보시킴으로써 여유나 여백의 효과를 유도하는 최근시들의 반복 형식과 맞물려 있는 특징적인 어조를 짚고 가야겠다. 시인의 위치를 한껏 낮춘 부드러운 여성적 어조나 유보적인 말건넴의 어조, 이야기체의 어조가 바로 그것이다. 특히 이야기체의 어조는 이미 「그리운 여우」에서 살펴본 바 있다.

> 모악산 물고기들 모두 자기가 기르는 거라고요,
> 자기가 주인이라고 했다지요
> 지금 거기 버들치가 여남은 마리
> 어린 새끼들 데리고 헤엄치는 것은요,
> 다 그 거짓말 덕분이지요
> ―「모악산 박남준 시인네 집 앞 버들치에 대하여」중(Ⅴ)

> 내 몸 바깥에는
> 바람이 좀 불고요,
> 겨드랑이 아래로 낙엽 지는 소리 나고요,
>
> 이 가을에는
> 그래야 안쪽이 따뜻해지는가 봅니다
> ―「이 가을에는」전문(Ⅴ)

'~라고요' '~했다지요' '~은요' '~이지요'와 같은, '하오체' 종결어미의 반복적 활용 역시 그리움의 대상에 대한 시인의 여유와 충만함을 환기하는 것으로 보인다. 앞서 언급한 자기비움이나 경계 해체나 거기서 비롯되는 사물화된 시선은 인간으로서의 자신의 위치를 한껏 낮추었을 때 또한 가능한 것이리라. 시인은 여성이나 어린이, 혹은 불확정적인 인격체의 옷을 입고 독자를 향해 나직이 말을 건넨다. 그 외의 여지를 충분히 감안하고 포용하려는 이같은 태도는 시인이 동경하는 자연의 품을 닮아 있다.

안도현 시가 주는 서정적 미감은 이렇듯 '그리움'의 불멸화와 체화된 반복 구조로부터 출발한다. 내용과 형식, 그 안팎의 관계로 상호작용하는 이 두 특징은 그의 시세계의 변화를 변별하는 척도이기도 하다. 사회적 변혁을 꿈꾸었던 80년대에 쓴 초기시들이 감정을 고조시키고 의미를 강조하고 시적 호소력을 환기하기 위해 반복한다면, 보편화된 대상에 대한 전일적인 사랑을 그리고 있는 90년대 초반의 시들은 의미를 부연하고 덧붙임으로써 산문화에 기여하고 친밀함과 관계지향성을 환기하기 위해 반복한다. 그리고 일상화된 자연 속에 무르녹아 있는 범상치 않은 깨달음을 담아내고 있는 90년대 중반 이후의 시들은 의미를 확장시키거나 생략함으로써 의미의 여지 혹은 여백을 만들기 위해 반복한다. 이같은 반복의 특징들은 각각, '격앙된 호격과 단호한 명령형'의 어조, '문어체적이고 논리적' 어조, '유보적인 여성적 말건넴'의 어조와 같은 화법의 변화와도 긴밀한 관계를 맺고 있다. 이렇듯 일관되게 그는 현실의 고통을 구체적이고 직접적인 진술로 정면돌파하기보다는 반복을 통해 정서적으로 의지적으로 극복하려 한다. 따라서 '그리움'을 불러내는 이 반복 형식에 대한 이해는, 노래로서의 그의 시가 가진 서정의 힘과 지속적이고 긍정적인 생명력을 이해하는 지름길이기도 하다.